MEINUNGEN ANDERER

Wir leben in der wichtigsten Periode unserer Geschichte. Gott wirkt auf noch nie dagewesene Weise unter den Nationen dieser Welt. Gleichzeitig sucht eine ganze Generation verzweifelt nach ihrem Lebenssinn. Du selbst bist ein entscheidendes Element in der Ausführung von Gottes Plan für die Nationen dieser Welt. Deshalb ist es genauso entscheidend, dass du gemäß deiner Berufung lebst und in Übereinstimmung mit seinem Willen für dein Leben bist. Vergleichbar mit einer Straßenkarte ist ***„Lebe – bevor es zu spät ist"*** eine Orientierungshilfe für jeden Gläubigen, der herausfinden möchte, was Gott für ihn geplant hat und welche Rolle er in dieser wichtigen Stunde der Geschichte zu spielen hat. In einer sehr inspirierenden und gleichzeitig sehr praktischen Art geht Daniel Kolenda mit bemerkenswerter Einsicht und Offenbarung die Fragen an, die wir uns alle bei der Suche nach unserer Bestimmung stellen. Mit seinem engagierten und motivierenden Stil ruft Kolenda die Gläubigen auf, sich voll und ganz der Berufung Gottes hinzugeben. Dieses Buch ist nichts für Verzagte, es ist ein radikaler Ruf zu einer Hingabe mit ganzem Herzen. Gott möchte, dass du ihm dein ganzes Leben auslieferst, doch erst wenn du dich völlig auf ihn einlässt, wirst du deine Bestimmung erkennen. Dein Leben soll den Lauf der Weltgeschichte beeinflussen. Alles andere reicht nicht an das heran, was Gott für dich vorgesehen hat.

Banning Liebscher
Direktor von Jesus Culture

„Lebe – bevor es zu spät ist" wird für jeden Leser zu einem überaus großen Segen werden. In meinem über 50-jährigen christlichen Dienst habe ich festgestellt, dass die Frage, die mir die Leute am häufigsten stellen, die Frage nach dem Willen Gottes für ihr Leben ist. Daniel Kolenda hat in einem Buch alles zusammengefasst, was jeder, der wirklich danach sucht, über den Willen Gottes für sein Leben wissen muss. Seine inspirierenden Worte erklären in einzigartiger Einfachheit, worum es geht, und weisen ganz konkret den Weg, wie man Gottes Willen entdecken, sich daran freuen und ihn ausführen kann. Ich empfehle dieses Buch voll und ganz dem gesamten Leib Christi, ob Alt oder Jung. Bereiten Sie sich auf eine Lektüre vor, die Ihr Leben völlig umkrempeln wird.

Dr. Tony Stone
Internationaler Evangelist und Lehrer

Daniel Kolenda weiß, wie man im Willen Gottes lebt und wandelt! Er war im Zentrum des Willens Gottes, als er vor dreizehn Jahren an unserer Bibelschule studierte, und er ist auch heute im Zentrum des Willens Gottes, indem er Millionen von Menschen auf der ganzen Welt zu Jesus führt. Die ganz praktischen Weisheiten in diesem Buch werden Ihnen helfen, den wunderbaren Willen Gottes für Ihr Leben zu entdecken und Sie befähigen, mit Leidenschaft darin zu wandeln. Wer weiß, was der Herr noch alles für Sie geplant hat?

Dr. Michael Brown
Vorsitzender der "Fire School of Ministry"
Concord, North Carolina

Wie viele Schriftsteller, bringt auch Daniel Kolenda in diesem Buch etwas zum Ausdruck, in einer Weise, wie nur Künstler es vermögen. Es handelt sich nicht einfach nur um eine Bleistiftskizze, völlig abstrakt und ohne Definition. Sein neustes Buch lässt mich eher an eine Leinwand denken, auf der jeder Pinselstrich eine neue Farbexplosion hervorruft, in der man das Innerste seiner Seele erkennen kann. Jedes Kapitel führt uns tiefer in das hinein, was er uns über die Berufung und den Willen Gottes für unser Leben mitteilen möchte.

Daniel Kolenda hat an der *Brownsville Revival School of Ministry* studiert, und ich verfolge seinen Weg schon seit einiger Zeit. Ich glaube, dass er eine neue Stimme ist, die dazu beitragen wird, Evangelisation im 21. Jahrhundert zu definieren.

Pastor John Kilpatrick
Gründer und Präsident von John Kilpatrick Ministries
Daphne, Alabama

Daniel Kolenda hat eine glühende Leidenschaft dafür, das Evangelium von Jesus Christus zu predigen, und eine wahre Berufung als Evangelist. Sein Leben und sein Dienst demonstrieren die kraftvolle Dynamik eines Mannes, der ganz der Stimme des Heiligen Geistes gehorcht. Ich kenne Daniel Kolenda schon seit einigen Jahren und habe aus erster Hand miterlebt, wie er sich selbst aufgegeben hat, um in die ganze Welt zu gehen und das Evangelium zu predigen, indem er Menschenmassen aufruft, der rettenden Gnade von Jesus Christus zu vertrauen.

In diesem gewaltigen und trotzdem sehr leicht lesbaren Buch offenbart Daniel Kolenda das Herz Gottes für alle, die die Stimme des Heiligen Geistes hören und ihr gehorchen wollen. Mit viel Einsicht und ausdrucksvoller Autorität wird dieses Buch Sie dahin führen, die ewige Bestimmung zu verstehen, die darin liegt, auf den Ruf Gottes für Ihr Leben und Ihren Dienst einzugehen.

Evangelist Nathan Morris
Gründer und Präsident von Shake the Nations Ministries
Rotherham, Großbritannien

Ich kann mir kein relevanteres Thema vorstellen als den Willen Gottes! So viele Menschen verbringen ihr gesamtes Leben in ständiger Unsicherheit darüber, was Gottes Willen für ihr Leben ist. Als junger Mann, der offensichtlich sehr wohl herausgefunden hat, was Gottes Plan für sein Leben ist, ist Daniel Kolenda genau der Richtige, um über dieses Thema zu schreiben. Dieses Buch wird zweifellos viele Unklarheiten beseitigen und Ihnen helfen, die Bestimmung Ihres Lebens zu erkennen. Ich schätze und liebe sowohl diesen Mann als auch seinen Dienst und dieses Buch!

Pastor Jonathan Stockstill
Bethany World Prayer Center
Baton Rouge, Louisiana

Es begeistert mich zutiefst zu sehen, wie eine neue Generation heiliger, demütiger und gesalbter Männer und Frauen Gottes sich erhebt und ihren Platz einnimmt. Daniel Kolenda trägt in seinem Herzen eine Begeisterung und eine Leidenschaft für Jesus, und auch eine Salbung, die Botschaft des Evangeliums mit Feuer mitzuteilen. Ich habe in meinem Leben schon viele Menschen getroffen, die von sich behaupten „Evangelisten" zu sein, doch nur selten habe ich den Weg von Menschen gekreuzt, die so wie dieser junge Mann wirklich verstehen, welches Gewicht diese Berufung hat.

Daniel Kolendas Buch ***Lebe – bevor es zu spät ist*** ist ein Weckruf und ein praktischer Wegweiser für alle, die aus der Bedeutungslosigkeit ihres Lebens heraustreten und sich auf den Weg machen wollen, damit ihr Leben für die Ewigkeit zählt. Machen Sie sich darauf gefasst, dass Gott zu Ihnen spricht. Und seien Sie bereit zu handeln!

Evangelist Steve Hill
Gründer und Präsident von Steve Hill Ministries
Irving, Texas

Ich habe schon sehr viel Material studiert, um Predigten über das Thema „Wie finde ich Gottes Willen" vorzubereiten, doch dieses Buch ist bei Weitem das umfassendste und praktischste Werk, das ich je gelesen habe. Daniel Kolenda behandelt dieses lebenswichtige Thema in aller Tiefe und schafft trotzdem, es für den Leser verständlich zu schreiben. Es ist vollgepackt mit lebendigen Illustrationen aus der Bibel und mit persönlichen Erlebnisberichten. Das einzige Problem für mich war, das Buch sehr schnell durchlesen zu müssen. Immer wieder musste ich innehalten, um über eine neu gefundene Einsicht oder eine neue Herausforderung nachzudenken.

Pastor Wayne Hilsden
King of Kings Community Jerusalem

[Gottes Willen für dein Leben entdecken]

LEBE bevor es zu spät ist

DANIEL KOLENDA

WIDMUNG

Für meine vier wunderbaren Kinder, an denen ich meine Freude habe:
Elijah, Gloria, London und Lydia

Jemand hat mich gefragt, welches meine Zielgruppe für dieses Buch ist. Die Wahrheit ist, dass ich es für euch geschrieben habe. Ich habe immer an euch gedacht, während ich Kapitel um Kapitel mit der Entstehung dieses Buches gerungen habe. Ich habe gebetet, dass Gott mir hilft, das aufzuschreiben, was ich euch von ihm ausrichten soll, wenn ihr euch jetzt auf den lebenslangen Weg macht, Gottes Willen für euer Leben zu entdecken und auszuführen. Ich kann es gar nicht erwarten zu sehen, was er für euch bereithält. Denkt immer daran: „Wem viel gegeben wurde, von dem wird viel gefordert."

INHALTSVERZEICHNIS

DANKSAGUNG

Bücher werden nicht aus einem Vakuum heraus geschrieben. Viele waren daran beteiligt, dass dieses Projekt Wirklichkeit werden konnte. Ich möchte mich bei folgenden Personen aus tiefstem Herzen bedanken:

Meine wunderhübsche Frau Rebekah: Du bist für mich die Inspiration, die mich vorantreibt, der sichere Hafen, der mich schützt und der Anker, der mich festhält. Ich danke dir für all die Opfer, die du für die Arbeit des Evangeliums bringst. Ich bin sicher, dass dein Lohn im Himmel noch größer sein wird als meiner. Ich liebe dich, mein Schatz!

Meine vier wunderbaren Kinder: Elijah, Gloria, London und Lydia. Ich sehe, dass die Hand Gottes auf jedem eurer kostbaren Leben ruht. Ich habe dieses Buch in erster Linie als einen Brief an euch geschrieben, und viele der Lektionen, die darin enthalten sind, habe ich von euch gelernt. Ihr seid für mich ein Schatz, der mir mehr wert ist als das Leben!

Meine Eltern, die sich in mich investiert und mich mehr als irgendjemand sonst beeinflusst haben. Eure Worte und eure Weisheit sind mir immer gegenwärtig. Danke für euer makelloses Vorbild der Integrität, der Aufrichtigkeit und der rückhaltlosen Hingabe an Christus.

Meine vier Schwestern: Sarah, Stephanie, Kimberly und Michelle. Ich habe mein Leben mit euch geteilt, wie mit niemandem sonst und habe so viel von euch gelernt. Ihr seid mir sehr kostbar. Am liebsten würde ich jeder von euch ein Buch widmen.

Mein Mentor, Freund und geistlicher Vater Reinhard Bonnke. Du hast dein eigenes Leben an mich weitergegeben. Ich verdanke dir so viel, dass mein Leben nicht ausreicht, um dir diese Schuld der Dankbarkeit zurückzuzahlen. Dieses Buch enthält unzählige Lektionen, die ich von dir gelernt habe. Ich habe dich und Annie von Herzen lieb. Danke!

Meine Helden Peter und Evangeline van den Berg. Was ihr für CfaN und für mich getan habt, kann man mit Worten nicht ausdrücken. Eure Selbstaufopferung und Demut sind unvergleichlich. Danke für den tiefen Eindruck, den ihr in meinem Leben hinterlassen habt.

Mein bester Freund Russell Benson. Seit dem Tag, an dem wir uns als Teenager bei Burger King zum ersten Mal getroffen haben, sind wir so unzertrennlich wie David und Jonathan. Du hast eine sehr wichtige Rolle dabei gespielt, dass ich den Willen Gottes für mein Leben gefunden habe. Danke für deine treue Freundschaft.

Das CfaN-Team auf der ganzen Welt. Ich liebe euch wie meine eigene Familie. Wir sind vereint durch eine gemeinsame, alles verzehrende Leidenschaft für die Ernte. Wir werden nicht aufhören, „um Golgathas willen die Hölle zu plündern und den Himmel zu bevölkern".

Die Mitarbeiterschaft von Charisma Media. Es war so angenehm, mit euch zu arbeiten. Danke für eure herausragende Tatkraft und Initiative.

John Shiver, für deine unschätzbare Hilfe bei diesem Buch. Unsere Partnerschaft ist von Gott gestiftet worden.

Meinem Herrn und Erlöser Jesus Christus. Worte sind nicht genug, deshalb gebe ich dir mein Leben, um dir ganz einfach zu sagen: „Ich liebe dich!"

HINWEIS

An verschiedenen Stellen in diesem Buch wirst du QR-Codes finden.

Zu den Inhalten dieser mobilen Strichcodes haben Smartphone-Benutzer Zugang. Jeder Code wird dich direkt zu Videos und zusätzlichen Lehreinheiten bringen, in denen die Konzepte aus dem Buch ***„Lebe – bevor es zu spät ist“*** noch eingehender behandelt werden.

Scanne den QR-Code

oder besuche
www.kolendabuch.de

Selbst wenn du mit QR-Codes noch nicht vertraut bist, ist es ganz einfach, Zugang zu diesen Informationen zu bekommen. Wenn du ein Smartphone besitzt, kannst du einen QR-Code-Reader deiner Wahl (es gibt viele Gratisprogramme) herunterladen und einfach die Codes einscannen, um Zugang zu dem zusätzlichen Material zu bekommen. Wenn du kein Smartphone hast, dann ist das nicht weiter tragisch. Unter jedem QR-Code ist auch eine Internetadresse aufgeführt, auf der du das gleiche Material einsehen kannst. Ansonsten kannst du auch die Internetseite www.kolendabuch.de besuchen und auf die verschiedenen Links klicken.

VORWORT

... damit ihr prüfen könnt, was der gute und wohlgefällige und vollkommene Wille Gottes ist.

Römer 12,2 (S)

Die kommunistische Doktrin wurde auch als dialektischer Materialismus (Diamat) bezeichnet. Karl Marx und Friedrich Engels, die Begründer des Sozialismus, lehrten, dass die Geschichte ein nie endender, durch die menschlichen Konflikte bestimmter Prozess sei. Ein Ereignis würde ein entgegengesetztes Ereignis hervorbringen, die beiden würden sich bekämpfen, um sich dann zu vereinen, und dann würde der Prozess wieder von Neuem beginnen. Sie glaubten, dass am Ende ein perfekter Staat daraus entstehen würde. Dort wären keine Gesetze mehr nötig, die Perfektion würde erreicht sein. Wer die kommunistische Lebensart nicht akzeptierte, würde als Reaktionär abgestempelt und durch die unabwendbare Entwicklung der Dinge zurückgelassen werden. Allerdings ist der Diamat genau das Gegenteil von dem, was man im wahren Leben beobachtet.

Auch Christen glauben, dass die Geschichte ein Prozess ist, aber nicht im Sinne des Diamat. *Die Geschichte spielt sich gemäß dem Willen Gottes ab.* Alles ist beständig seiner Herrschaft und Autorität unterworfen – auch das Rebellische. Obwohl Menschen sich innerhalb gewisser Grenzen dem Willen Gottes widersetzen, schreitet die Geschichte als Ganzes unaufhaltsam *„nach dem Rat **seines** Willens"* voran (Epheser 1,11 – eigene Hervorhebung). Niemand kann dem ausweichen. Diese Welt ist Gottes Welt, und die Geschichte ist seine Geschichte. Sie funktioniert so, wie er sie geschaffen hat.

Und doch hat Gott den Menschen nach seinem Bilde geschaffen, was bedeutet, dass wir die Fähigkeit besitzen zu wählen, zu entscheiden und die Richtung festzulegen. Unser Wille ist unabhängig, frei, souverän. Diese Willenskraft unterscheidet uns von den Tieren und kennzeichnet uns als menschliche Wesen.

Es war Gottes Plan, dass Männer und Frauen sich dafür entscheiden sollten, mit ihm zu wandeln – nicht nur im physischen, sondern auch im moralischen Sinn. Gott hat uns gemacht, damit wir sein wunderbares Wesen widerspiegeln, und die Bibel sagt uns: *„Gott ist Liebe"* (1. Johannes 4,8). Er ist völlig uneigennützig, er gießt sich aus für immer und ewig, so wie die Sonne, die unaufhörlich Licht und Wärme schenkt. Hätte der Mensch sich an diesem Bild orientiert, hätte er auf der ganzen Welt nur Harmonie geschaffen, denn Adam hatte die Herrschaft über Gottes Schöpfung.

Gott hat Adam in seinem Bilde geschaffen mit dem Potenzial, einen gottähnlichen Charakter zu entwickeln, und zwar *aus freiem Willen,* nicht aus Zwang. Gott wollte die Menschen nicht dazu zwingen zu lieben, sie nicht so formen, dass es ihnen unmöglich wäre zu hassen, oder sie automatisch davor schützen, selbstsüchtig zu sein. Er wollte, dass der Mensch seinen freien Willen einsetzt und selbst seinen Weg wählt.

Gottes Absicht war, dass der Mensch seinen freien Willen als eine Gabe einsetzt, um auf der Erde in seinem Namen zu regieren. Wenn jedoch dieser freie Wille falsch eingesetzt wird, entwickelt er sich zu einer Gefahr. Leider wurde Adam das Opfer seiner eigenen Wahlfreiheit: Er traf eine Entscheidung entgegen dem Willen Gottes. Der Wille Gottes und der Wille des Menschen gerieten in Konflikt, und so entstand eine gefallene und ungerechte Welt. Das ist im Grunde das, was wir Sünde nennen. Es ist diese Spannung zwischen dem Schöpfer und seinen Geschöpfen. Heute leben wir mitten in diesem Konflikt zwischen dem Willen Gottes und dem Willen des Menschen.

Sehr oft stellen Leute die folgende schwierige Frage: Wenn Gottes Wille souverän ist, wie können wir dann frei sein? Wenn Gott schon alles weiß, was je sein wird, wie können wir die Zukunft durch unseren eigenen freien Willen beeinflussen? Für manche ist die Antwort schlichtweg, dass der Mensch im Grunde keinen freien Willen hat. Andere sagen sogar, dass es überhaupt keine Freiheit gibt, denn egal was passiert, es ist Gott, der es so will. Das nennt man Fatalismus. Mit dieser Philosophie fährt man so lange gut, bis man selbst vom Schicksal geschlagen wird. Die Muslime nennen es *Kismet,* und meinen damit, dass alles nach dem Willen Allahs geschieht. Jedes Schicksal ist festgelegt. Die Griechen der Antike sprachen auch davon, dass die Zukunft aus den Schicksalen der Menschen gesponnen wird. Andere frühe Denker meinten, dass alles schon vorherbestimmt sei und sich in alle Ewigkeit wiederholen würde. Auf diese Weise haben die Menschen mit der Frage nach der Koexistenz von „Gottes Willen" und dem „freien Willen" der Menschheit gerungen.

Die Antwort der Bibel auf diese Frage ist jedoch eher einfach. Gott selbst hat dem Menschen einen freien Willen gegeben, und die Art und Weise, wie er seinen Willen neben dem freien Willen des Menschen ausübt, stellt für ihn kein Problem dar. Nur für uns ist es ein Problem, weil wir nicht den Überblick über Zeit und Ewigkeit haben, so wie Gott ihn hat. Gott ist vollkommen, er ist voller Freude, sein Wille ist der Ursprung der Schöpfung, und durch seinen Willen wird sein Plan zur Vollendung gebracht. Er dirigiert die sündhafte menschliche Geschichte hin zu seiner sündlosen Perfektion und der vollkommenen Freude in Christus. Gottes Wille ist, die gesamte Schöpfung zurück in die herrliche Harmonie mit seinem Sohn Jesus zu bringen!

Jesus wird als König aller Könige regieren. Das bedeutet, dass sein Ratschluss für immer bestehen wird: Seine Gnade, Güte und Liebe werden alles auf Erden durchdringen und wieder in Einklang bringen. Könige werden sich um die alltäglichen Dinge kümmern, doch der König aller Könige wird diese Könige regieren und darauf achten, dass es keiner Gesetzgebung an seiner Weisheit und Gerechtigkeit mangelt. Wir freuen uns auf diesen Tag, an dem Gottes Wille vollkommen *„auf Erden wie im Himmel"* (Matthäus 6,10) geschehen wird.

Doch bis dieser Zeitpunkt kommt, geschieht der Wille Gottes nicht vollkommen auf dieser Erde. Sogar Jesus hat gesagt, dass er

Jerusalem gerettet hätte, aber dass die Menschen es nicht wollten (Matthäus 23,37). Deshalb hat er uns gelehrt zu beten, dass sein Wille auf Erden geschehen soll.

Wir wissen, was sein Wille ist, weil er ihn uns offenbart hat. Gott macht daraus kein Geheimnis. Er hat uns seinen Willen in seinem Wort offenbart. Obwohl wir Gottes wundersame Wege einerseits nicht verstehen können, ist er doch in unsere Welt gekommen und ließ sich von uns genau betrachten und erforschen. Er trat durch seinen Sohn in eine Beziehung zu uns und zeigt uns seine Pläne durch sein Wort. Wie Paulus sagte: *„In aller Weisheit und Einsicht [hat] er ... uns ja das Geheimnis seines Willens zu erkennen gegeben"* (Epheser 1,8-9). Der wahre Gott möchte nicht, dass sein Wille für uns ein Geheimnis bleibt.

Doch Gott überlässt uns die freie Wahl. Es gibt Leute, die meinen, Gott hätte einen ganz genauen Plan und Entwurf für das Leben eines jeden Menschen. Ich weiß nicht, wo diese Vorstellung herkommt, aber sie ist sehr weit verbreitet, fast wie eine Epidemie. Eine solche Denkweise hat viele Christen dazu veranlasst, sich hinzusetzen und nichts zu tun, in der Erwartung, dass Gott ihnen seinen genauen Plan „offenbart". Es stimmt, er führt uns, aber *nur, wenn wir in Bewegung sind.* Er leitet uns auf *unseren* Wegen, nicht auf seinen. Er respektiert unseren Willen. Ich kann Menschen nicht verstehen, die meinen, es sei schwierig, Gottes Willen für ihr Leben zu kennen. Ist Gott so? Wenn man einen Klempner bestellt, damit er für uns eine bestimmte Arbeit erledigt, würde man ihm nicht sagen, um welche Arbeit es sich handelt? Oder würden wir nur schweigen und ihn jedes Mal, wenn er kommt, raten lassen, was er zu tun hat?

Manche fragen sich, warum Gott ihre Gebete nicht erhört und ihnen seinen ganz spezifischen Willen für ihr Leben zeigt. Sie verstehen nicht, dass sie vielleicht schon genau das tun, was Gott von ihnen möchte. Sie nehmen an, dass er etwas anderes für sie hat, etwas Wichtigeres oder Aufregenderes. Doch was er wirklich von uns möchte, ist, dass wir werden wie er, dass wir lieben wie er und dienen wie er, wo immer wir uns befinden.

Gott hat uns seinen Willen gezeigt. Nun möchte er, dass wir uns aufmachen und ihn tun, indem wir für ihn und mit ihm arbeiten. Er bietet uns die gleiche Freude und Begeisterung bei all den guten Werken, an denen auch er sich freut. Denn Gottes Wille ist gut, ist immer ein „Wohlwollen", immer besorgt um das ewige Wohlbefinden und bringt immer gute Frucht im Leben der Menschen, die wir berühren, hervor.

Daniel Kolenda hat die Wahrheit über Gottes Willen wirklich auf sehr eindrückliche Weise dargelegt. Er ist einer dieser jungen Männer, von denen Joel gesagt hat, sie würden „prophezeien" (Joel 2,28). Er hat eine starke Salbung für die Kraft und die Kenntnis des Evangeliums. Dafür ist dieses Buch ein lebendiges Beispiel. Es ist eine „Prophetie" für diese Generation, die dich – ja, auch dich! – ruft aufzustehen und den Willen dessen zu tun, der in Zeit und Ewigkeit regiert. Ich empfehle dir Daniel Kolenda von ganzem Herzen. Lies dieses Buch öfter durch. Du wirst dadurch reich gesegnet werden, und Gott wird es gebrauchen, um dich *„völlig auszurüsten zu jedem guten Werk, damit ihr seinen Willen tut"* (Hebräer 13,21 – S).

Reinhard Bonnke

Reinhard Bonnke ist der Gründer des internationalen Werks „Christus für alle Nationen", in dem Daniel Kolenda als Präsident dient. Seit den frühen 1980er Jahren hat Pastor Bonnke überall in Afrika Großevangelisationen durchgeführt, mit bis zu 1,6 Millionen Teilnehmern pro Veranstaltung. Zum Zeitpunkt des Erscheinens dieses Buches hat CfaN 72 Millionen Entscheidungen für Christus dokumentiert, seit 1987 damit begonnen wurde, Entscheidungskarten zu registrieren.

Scanne den QR-Code

oder besuche
lebe.kolendabuch.de/intro

EINLEITUNG

Tausende hatten sich versammelt, um das kurze Schauspiel zu beobachten, das sich zwischen dem weißen Sand und dem blauen Himmel – der größten Theaterbühne der Welt – abspielen sollte. Uns kam das Warten wie eine Ewigkeit vor, die Augen gespannt auf den Horizont gerichtet. Keiner wollte den entscheidenden Augenblick verpassen. Und dann geschah es. Was für ein fantastischer Anblick! Sogar aus dieser großen Entfernung war die Explosion von Energie absolut beeindruckend. Die Feststoffraketen wurden gezündet und erzeugten dabei eine Explosion, die eine Startschubkraft von 1,3 Millionen Kilogramm generierte.[1] Der Boden begann zu beben, während das Space Shuttle gen Himmel raste und eine dicke Rauchspur hinter sich ließ. Innerhalb von Sekunden hatte es die Begrenzungen der Schwerkraft überwunden und war außer Sichtweite. Ich stand mit meiner Frau und meinen Kindern voller Staunen auf dem Strand in Titusville in Florida, während direkt vor unseren Augen Geschichte geschrieben wurde: Es war der letzte Start der Raumfähre *Atlantis.*

Nachdem die Raumfähre die Mesosphäre durchlaufen und eine Höhe von etwa 50 Kilometern erreicht hatte,[2] wurden die ausgebrannten Raketen, sogenannte Booster, nicht mehr benötigt und abgeworfen, um auf die Erde zurückzufallen. Während *Atlantis* zum letzten Mal in den Weltraum raste, erkannte ich in diesen beeindruckenden Boostern eine eindrückliche Metapher. Die Raketen besaßen zwar eine riesige Kraft, aber sie hatten keinen eigenen Existenzgrund. Sie sind dafür konzipiert, etwas voranzutreiben, was größer ist als sie selbst. Ihr Ruhm liegt darin, völlig zu verbrennen – für ein höheres Ziel. Noch lange, nachdem sie abgefallen sind, bewegt sich das Shuttle weiter voran. Das Shuttle und seine Mission sind der Grund und die Bedeutung für die Existenz dieser Raketen.

DEIN LEBEN ALS SCHLAGZEILE

Der 25. Juni 2009 ist einer jener Tage, die ich nie vergessen werde. Zwei berühmte Ikonen meiner Generation starben am gleichen Tag, nur wenige Stunden zeitversetzt. Farrah Fawcett war die hübsche Schauspielerin aus der TV-Serie *„Drei Engel für Charlie"*, und Michael Jackson war der unbestrittene „King of Pop". Beide starben einen frühzeitigen Tod, was die Welt überraschte und die gesamte Nachrichtenwelt wochenlang mit Schlagzeilen versorgte. Ich glaube, ich habe an diesem Tag stundenlang in den Nachrichten immer wieder die gleichen Reportagen angeschaut, in der Hoffnung, mich dadurch von dem überwältigenden Gefühl irdischer Vergänglichkeit abzulenken, das mich etwas nachdenklicher und sentimentaler stimmte als sonst.

Das Leben, das Farrah Fawcett und Michael Jackson geführt hatten, war so gewaltig, so einflussreich, in der Öffentlichkeit so bekannt, und doch war das, wofür sie berühmt waren, im Licht der Ewigkeit so unbedeutend. Es stimmt, Michael Jackson hat das meistverkaufte Album aller Zeiten produziert. Es stimmt, Farrah Fawcett war wunderschön und besitzt einen Stern auf dem Hollywood Walk of Fame. Doch was bewirkt das wirklich im Blick auf die Ewigkeit? Wenn man ein wenig Abstand nimmt, liest, was in den Gedenkschriften steht, die über diese beiden Personen verfasst wurden, und das in den größeren Kontext dessen stellt, was in der Welt passiert und was wirklich wichtig ist, wird man von einem Gefühl der völligen Sinnlosigkeit übermannt. Und doch – in den Augen der Welt waren sie zwei der berühmtesten Menschen, die je unter uns gelebt haben.

Über die meisten von uns wird bei unserem Ableben sicher nicht in den Abendnachrichten berichtet werden, aber stellen wir uns einmal vor, es wäre so. Stell dir vor, ARD, ZDF, SAT.1, ProSieben, RTL, N24, CNN und Fox News würden stundenlang immer wieder über deinen Tod und über die Bedeutsamkeit deines Lebens berichten. Stell dir vor, deine gesamte irdische Existenz würde in einen Satz gepackt werden, der als Nachrichtenband am unteren Bildschirmrand entlangläuft, oder würde als Schlagzeile auf der Titelseite einer Tageszeitung erscheinen. Wie würde dieser Satz lauten? Oder besser gefragt: Wie sollte er deiner Meinung nach lauten? Was ist der eine Grund, warum dein gesamtes Leben es wert war, gelebt zu werden?

Wenn man auf die „Fühl-dich-gut"-Weisheiten der heutigen Zeit hört, die uns aus dem Fernseher, der Musik, den Magazinen und Selbsthilfebüchern ständig zugerufen werden, könnte man glauben, dass das höchste Ziel des Daseins ist, in dieser Welt Glück und Erfolg zu finden. „Nur der Himmel ist deine Grenze!" wird man uns sagen. „Du kannst nach den Sternen greifen, und selbst einer werden." „Du kannst alles werden, was du willst." „Du bist Herr über dein Schicksal."

Doch die Wahrheit ist, dass es an und für sich völlig unbedeutend ist, wie viel Geld man verdient, wen man kennt und was für einen Bekanntheitsgrad man selbst erreicht. Eines Tages wird all der materielle Besitz, den man angehäuft und für den man gekämpft hat, unter den Hinterbliebenen aufgeteilt oder für ein Butterbrot auf dem Flohmarkt verkauft werden. Wie bei den meisten, wird auch unser Name eines Tages keinem mehr bekannt sein und unser Gesicht keinem mehr etwas bedeuten. Wie die Booster der Raumfähre, die ich zuvor beschrieben habe, wird unsere irdische Lebenskraft eines Tages aufgebraucht sein und im Meer der Vergessenheit versinken. Und doch, liebe Freunde, das ist nicht das Ende der Geschichte. Obwohl unser Leben eines Tages zu Ende gehen wird, wird das Reich Gottes trotzdem voranschreiten und auf den Sieg zuhalten. Und darin liegt unsere größte Chance. Mit unseren sterblichen Händen können wir dazu beitragen, Gottes ewiges Reich zu bauen, und das ist das größte Vorrecht, das ein Mensch überhaupt haben kann!

> Der Sinn deiner Existenz liegt nicht darin, das eigene Glück oder den eigenen Erfolg zu erlangen. Deine Aufgabe liegt darin, etwas voranzutreiben, was größer ist als du selbst.

Es geht in diesem Buch nicht darum, wie man seine Träume wahr machen oder ein Star werden kann, denn am Ende ist keines dieser Dinge wirklich von Bedeutung. Wenn der Inhalt dieses Buches für dein Leben Sinn oder Bedeutung haben soll, musst du verstehen, dass der Sinn deiner Existenz nicht darin liegt, das eigene Glück oder den eigenen Erfolg zu erlangen. Deine Aufgabe liegt darin, etwas voranzutreiben, was größer ist als du selbst. Die Wellen, die unser Leben schlägt, werden die Welt weiter zum Guten oder zum Schlechten beeinflussen, noch lange nach unserer irdischen Existenz. Doch unser Leben wird nur so bedeutungsvoll sein, wie das, was wir damit vorantreiben.

DAS LEBEN VERLIEREN – UM ES ZU FINDEN!

An der Wand des südlichen Seitenschiffs in der Westminster Abbey ist ein Gedenkstein für John und Charles Wesley angebracht, auf dem steht: „Gott begräbt seine Arbeiter, aber er führt sein Werk weiter." Das Leben der Wesley-Brüder war wie solch ein Booster in den Händen Gottes. Die Wesleys sind schon seit vielen Generationen tot, doch das ewige Reich Gottes ist immer noch auf dem Vormarsch, und den kleinen Beitrag, den sie in diesem göttlichen Plan geleistet haben, macht ihr Leben kostbar und bedeutsam.

Vor seinem Tod sagte Paulus zu Timotheus: *„Denn ich werde schon als Trankopfer gesprengt, und die Zeit meines Abscheidens steht bevor"* (2. Timotheus 4,6). Für Paulus war sein Leben etwas, was für das Evangelium eingesetzt und verbraucht wird. Er ließ sich wie ein Trankopfer ausgießen, um am Ende wie eine ausgebrannte Antriebsrakete abgeworfen zu werden, doch nicht ohne zuvor etwas bewirkt zu haben, was von ewiger Bedeutung ist. Durch sein sterbliches, begrenztes Leben trug er dazu bei, Gottes ewige Herrschaft voranzutreiben. Dieses Wissen war für Paulus eine Quelle völliger Zufriedenheit.

In Wirklichkeit verbraucht jeder von uns sein Leben und verbrennt das begrenzte Maß an Treibstoff, das ihm gegeben ist, doch so viele von uns verschwenden so wenige Gedanken daran, wofür sie eigentlich leben. Ich möchte dich fragen, lieber Freund: Wofür lebst du? Wodurch zählt dein Leben wirklich? Was treibst du voran durch den Einsatz deiner Zeit, deiner Energie, deiner Finanzen und deiner Leidenschaft?

Jesus hat gesagt: *„Denn wer sein Leben retten will, wird es verlieren; wer aber sein Leben verliert um meinetwillen und um des Evangeliums willen, wird es retten"* (Markus 8,35). Wenn wir wirklich wollen, dass unser Leben zählt, dann gibt es nur eins zu tun: Wir müssen es wegwerfen. Wir müssen unser Leben hingeben für den Dienst an dem Einen, der uns das Leben überhaupt erst gegeben hat.

GERETTET UM ZU DIENEN

„Wenn ich dir das Leben retten würde, was würdest du tun?" Das war die Frage, die Cyrus, der König von Persien, einem Rebellenführer namens Cagular stellte, der gefangen genommen worden war und jetzt hingerichtet werden sollte. Cagular antwortete: „König, ich würde dir für den Rest meines Lebens dienen." Dieses Treueversprechen Cagulars scheint uns eine angemessene Reaktion auf die Begnadigung durch den König zu sein. Auch Cagular wusste ganz genau: Wenn der König ihm das Leben rettete, stand er für den Rest seines Lebens in dessen Schuld und war deshalb verpflichtet, ihm zu dienen.

In Römer 1,14-15 schreibt Paulus: *„Sowohl Griechen als auch Nichtgriechen, sowohl Weisen als auch Unverständigen bin ich ein Schuldner. Dementsprechend bin ich, soviel an mir ist, willig, auch euch, die ihr in Rom seid, das Evangelium zu verkündigen."* Wir müssen verstehen, dass zu Paulus' Zeiten, gemäß der traditionellen Denkweise der religiösen Elite, jeder Dienst, den sie als Gottes auserwähltes Volk den Nichtjuden zuteil werden ließen, als ein edelmütiges, unverdientes Almosen an die Heiden zu sehen war. Paulus hingegen sah sich als jemand, dem Gott große Gnade erwiesen hatte, weswegen er in der Schuld der gesamten Menschheit stand. Für ihn war es keine gnädige Herablassung, den Heiden das Evangelium zu predigen, sondern die einzig angemessene Reaktion auf Gottes wunderbare Gnade und Barmherzigkeit. Paulus war klar, dass er gerettet war um zu dienen.

Paulus sagte den Römern weiter, dass sie sich ebenfalls als lebendiges Opfer Gott hingeben sollten und fügte hinzu: *„Das ist euer vernünftiger Gottesdienst"* (Römer 12,1). Anders ausgedrückt: Ihr tut Gott damit keinen großzügigen Gefallen. Er hat euch erkauft und erlöst durch das Blut seines Sohnes. Er hat euch von Sünde und Gebundenheit befreit. Er hat euch in Christus mit jeder geistlichen Segnung in der Himmelswelt gesegnet. Angesichts all dessen, was er für euch getan hat, ist euer Dienst für ihn lediglich eine „vernünftige" Reaktion. Ihr seid errettet um zu dienen.

GETRIEBEN DURCH DIE LIEBE

„Wer gibt mir Wasser zu trinken aus der Zisterne von Bethlehem, die im Tor ist?" seufzte König David (2. Samuel 23,15). Als drei seiner Soldaten diesen sehnsüchtig ausgesprochenen Wunsch hörten, griffen sie nach ihren Schwertern und verschwanden in der Dunkelheit der Nacht. Sie handelten nicht auf einen Befehl hin und waren in keiner Hinsicht verpflichtet zu handeln. Doch sie waren angetrieben von einer Kraft, die größer war als jeder Ruf der Pflicht: die Liebe zu ihrem König. Diese Liebe trieb sie dazu, in das Lager der Philister einzudringen, Wasser aus dem Brunnen zu schöpfen und es David zu bringen.

David war von dieser mutigen Tat so berührt, dass er es nicht über sich bringen konnte, das Wasser zu trinken. Stattdessen goss er es vor dem Herrn aus. Dabei war es nicht das eingegangene Risiko, das ihn so beeindruckte. Für einen Soldaten ist es ganz selbstverständlich, sein Leben zu riskieren. Doch das hier war anders. Sie taten es nicht für Israel, für Juda, für den Krieg oder für eine Schlacht. Es war ein persönliches Opfer für David und mit Sicherheit die kostbarste Gabe, die dieser König je erhalten hatte.

Jemand hat einmal zu mir gesagt: „Ich habe keine Last für ein bestimmtes Land." Damit war er seiner Meinung nach disqualifiziert und damit entschuldigt für den Dienst. Doch wenn unsere Last für Menschen die einzige Motivation ist, die uns dazu treibt, das Evangelium zu predigen oder dem Herrn zu dienen, dann ist das lediglich eine gewisse Art von Humanismus.

Nachdem Jesus von den Toten auferstanden war, stellte er fest, dass Petrus wieder zu seiner vorigen Beschäftigung zurückgekehrt war, seiner Arbeit als Fischer. Nachdem er für Petrus ein Frühstück zubereitet hatte, stellte er ihm die Frage: *„Simon (Petrus), Sohn des Johannes, liebst du mich mehr als diese? Er spricht zu ihm: Ja, Herr, du weißt, dass ich dich lieb habe. Spricht er zu ihm: Weide meine Lämmer!"* (Johannes 21,15). Es ist interessant zu bemerken, dass Jesus nicht gefragt hat: „Petrus, liebst du meine Lämmer?", um danach zu sagen: „Weide meine Lämmer!" Sondern Jesus fragte: „Petrus, liebst du *mich*?" Der Dienst von Petrus unter den Lämmern sollte in erster Linie durch seine Liebe zu Christus motiviert sein, nicht durch seine Liebe zu den Lämmern.

Lieben wir Jesus? Das ist die entscheidende Frage. Und das sollte genügen, um uns dazu zu bringen, unser Leben auszugießen im Dienst für unseren König. Das ist die Ambition, die über allen anderen steht, sogar dem Wunsch, das Königreich Gottes voranzutreiben, das Volk Gottes aufzubauen oder sogar diese verlorene und sterbende Welt zu retten. Die erste und höchste Motivation, die jemand haben kann, ist einfach Liebe: Liebe für den Einen, der uns so sehr geliebt hat, dass er seine Tränen, sein Blut und sein Leben vergossen hat. Wenn wir seine Gabe des Lebens empfangen, die Jesus sein eigenes Leben gekostet hat, wie können wir unser Leben dazu verschwenden, unseren eigenen Ambitionen, Gelüsten und Befriedigungen nachzujagen? Davor möge Gott uns bewahren! Stattdessen sind wir durch eine große Ehrfurcht und tiefe Liebe gezwungen, unser Leben wieder vor ihm auszugießen wie ein Trankopfer, indem wir nichts zurückhalten und alles geben, was wir sind, um dem einzigen König zu dienen, der in alle Ewigkeit herrschen wird. Wir sollten uns nicht täuschen lassen – so zu handeln ist keine Verschwendung. Es ist unser vernünftiger Gottesdienst. Wir sind errettet um zu dienen.

IST DAS, WOFÜR DU LEBST, ES WERT, DASS CHRISTUS DAFÜR STARB?

Während des Vietnamkriegs war ein amerikanischer Soldat drauf und dran, auf eine Landmine zu treten, die er nicht sehen konnte. Sein Kamerad auf der anderen Seite des Schlachtfelds, der von seinem Standort aus die drohende Katastrophe erkennen konnte, richtete sich hinter seiner Schutzbarrikade auf und rief seinem Freund eine lebensrettende Warnung zu. In genau diesem Augenblick wurde er von einem feindlichen Gewehrschuss verletzt und starb daran. Einige Jahre später hatte der so gerettete Soldat bei einem Gedenkgottesdienst in den USA die Gelegenheit, die Ehefrau und den Sohn des verstorbenen Freundes kennen zu lernen. Der Sohn, der erst sieben Jahre alt war, hatte seinen Vater nie wirklich gekannt. Der Soldat konnte sehen, dass der Junge sehr, sehr traurig war, und so kniete er sich neben ihm nieder und legte dem Kind die Hand auf die Schulter. „Ich möchte, dass du weißt", sagte der Soldat, „dass dein Vater mir das Leben gerettet hat." Der kleine Junge schaute zu ihm auf, die Tränen liefen ihm die Wangen herunter. „Sir", sagte er, „waren Sie es denn wert?"

Leonard Ravenhill stellte einmal die Frage: „Ist das, wofür du lebst, es wert, dass Christus dafür starb?" Wir wurden nicht errettet, damit Gott uns wie dekorative Nippes-Figuren in ein Regal im Himmel stellt, wo wir für alle Ewigkeit einen Platz beanspruchen. Wir sind zu einem bestimmten Zweck gerettet worden, und diesen Zweck zu erfüllen, ist die einzig angemessene Reaktion auf das großartige Geschenk der Erlösung. Wir haben eine Verpflichtung, eine Schuld und eine Verantwortung dem Einen gegenüber, der sein Leben für uns hingegeben hat. Wir sind gerettet, nicht um der Errettung willen, sondern wir sind errettet um zu dienen.

Wenn das so ist, was sollten wir also tun? Vielleicht empfindest du das Bedürfnis, darauf zu reagieren, indem du dein Leben wie eine Antriebsrakete, ein Booster, hingibst, um das Reich Gottes voranzutreiben, aber du bist dir nicht sicher, womit du anfangen sollst? Als Saulus, der später der Apostel Paulus wurde, dem Herrn auf dem Weg nach Damaskus begegnete, war das genau seine Frage: *„Herr, was soll ich tun?"* (Apostelgeschichte 9,6). Und genau an dieser Stelle beginnt auch unsere Reise mit einer einfachen Frage. Diese Frage lautet nicht: „Was will ich mit meinem Leben anfangen?", sondern: „Herr, was willst *du* mit meinem Leben anfangen?"

Dieses Buch unterscheidet sich insofern von vielen ähnlichen Büchern, als dass es hier nicht in erster Linie um Karrierewahl, persönliche Erfüllung oder Selbstrealisierung geht. Ob dich diese Reise aufs Missionsfeld oder ins Medizinstudium führt, ob du Bauarbeiter, Geschäftsmann, Koch oder Pastor wirst, den Willen Gottes für dein Leben zu entdecken ist nicht eine Frage danach, was *du* willst, sondern was *ER* will. Es ist eine geistliche Entdeckungsfahrt von höchster Bedeutung, und der Heilige Geist muss darin die Führung behalten. Aus diesem Grund lade ich dich ein, diese Reise mit einem Gebet zu beginnen, einem Gebet um Leitung und Führung:

Himmlischer Vater, ich stelle mich dir heute als ein lebendiges Opfer zur Verfügung. Weil du deinen Sohn für mich hingabst, will ich mich dir auch völlig hingeben. Das ist mein vernünftiger Gottesdienst. Ich lege meine Wünsche und meine Träume zu deinen Füßen nieder und bitte darum, dass dein Wille in meinem Leben geschieht. Gebrauche meine sterblichen Hände, um ein unsterbliches Reich zu bauen. Gebrauche mein Leben, um deine Pläne voranzutreiben. In Jesu Namen, Amen.

TEIL 1

FÜNF GRUNDLEGENDE FRAGEN ÜBER GOTTES WILLEN

KAPITEL 1

HAT GOTT WIRKLICH EINEN PLAN FÜR MEIN LEBEN?

Es war Erntezeit in Israel und die Angst lag fühlbar in der Luft. Jeden Moment könnten die beunruhigten Bauern, wenn sie aufblickten, eine Horde Midianiter-Soldaten von den Hügeln herunterströmen sehen, wie eine Flutwelle durch einen gebrochenen Damm. Die Bibel beschreibt die Midianiter als ein Volk von „Heuschrecken" (Richter 7,12). Jedes Jahr, wenn die Ernte reif war, fielen sie in Israel ein und zerstörten Felder und Ernte, gleich einer Schar Heuschrecken, die nach ihrem Durchzug nichts übrig lassen außer Verwüstung und Zerstörung. Die Israeliten begaben sich in die Defensive, indem sie sich in Höhlen kauerten, in den Bergen versteckten oder schützende Festungen bauten. Die nervösen Erntearbeiter brachten so schnell wie möglich alles ein, was sie konnten, und versteckten es vor der drohenden Invasion.

Gott hatte einen Plan, um Israel aus den Händen der Midianiter zu befreien, und er hatte sich auch schon einen Mann dafür ausgewählt. Doch in diesem Fall schien die Wahl Gottes ziemlich zweifelhaft zu sein. Gideon war wirklich kein Superheld – selbst mit sehr viel Fantasie. Er war ein Opfer seiner gesellschaftlichen Umstände, ein Mann, der durch eine Atmosphäre der Feigheit geprägt war, welche die Israeliten verkrüppelt und versklavt hatte. Seine Angst hielt ihn so gefangen, dass er sich in einer Weinpresse versteckte, um seine kleine Weizenernte zu dreschen (Richter 6,11).

Eine Weinpresse ist kein geeigneter Ort, um Weizen zu dreschen; es ist ungefähr so, als würde man seine Kleider in einem Geschirrspüler waschen. Doch Gideon hatte diesen ungeeigneten Ort gewählt, weil er sich vor den Midianitern fürchtete. Er hatte Angst davor, seine Ernte und sein Leben zu verlieren, deshalb versteckte er beides unter der Erde. In diesem Kerker der Angst suchte der Herr Gideon auf – einen frustrierten, zitternden und schwitzenden Gideon.

Der Engel des Herrn erschien ihm und sagte: „Der Herr ist mit dir, tapferer Held!“ Richter 6,12.

Niemand hätte zu diesem Zeitpunkt eine derartige Aussage vom Herrn erwartet. „Gideon“, sagte der Herr, „du bist ein starker Mann, furchtlos und mutig!“ Wo andere nur einen Feigling sahen, sah Gott einen Befreier!

Ich bin so froh darüber, dass Gott uns nicht so sieht, wie wir uns oft selbst sehen. Wenn wir in den Spiegel schauen, sehen wir vielleicht jemanden, der nicht sehr gebildet oder der unerfahren ist. Wir sehen vielleicht jemanden, der nicht der richtigen Gesellschaftsschicht angehört, oder der richtigen Rasse oder dem richtigen Geschlecht. Wir sehen vielleicht jemanden, der zu jung oder zu alt ist. Und es gibt immer Millionen von Ausreden, warum Gott uns nicht gebrauchen kann. Doch Gott sieht mehr in uns als wir, und unsere Handikaps, unser Versagen und unsere Schwächen machen ihm keine Angst.

Ich bin auch froh darüber, dass Gott uns nicht so sieht, wie andere Leute uns sehen. Oft ist es so: Wenn wir beginnen, aus den alten Verhaltensmustern und Denkweisen auszubrechen, die uns so lange zurückgehalten haben, wenn wir den gegenwärtigen Zustand abschütteln und uns nach etwas Höherem ausstrecken, dass unsere engsten Freunde, die Mitglieder unserer Gemeinde oder sogar unsere Familienmitglieder zu unseren größten Widersachern werden. Es ist in der Tat interessant zu beobachten, dass die Midianiter, die auch von Abraham abstammten, eigentlich die Cousins Israels waren. Genau diese Familienmitglieder, wenn man so will, hatten Israel so unterdrückt, dass sie sich ängstlich versteckten, anstatt siegreich zu leben.

Der Feind weiß ganz genau, wie er gerade die Menschen, die uns am nächsten stehen, gebrauchen kann, um uns zu entmutigen. Sie werden sagen: „Was denkst du denn, wer du bist? Meinst du, du bist besser als wir? Wir kennen dich schon, seit du ein kleines Kind warst. Wir haben all dein Versagen mitbekommen und wir kennen deine Fehler. Du bist einfach einer von uns. Geh wieder an deinen Platz!"

Vor einiger Zeit fing ich an, mich für den Kauf eines Aquariums zu interessieren. Als ich begann, mich diesbezüglich zu informieren, war ich überrascht, wie viele verschiedene Arten von Aquarien man kaufen kann. Es gibt kleine und große Aquarien, Aquarien für Süßwasser und für Meerwasser. Es gibt Aquarien für Fische, Aquarien für Korallen, Aquarien für Reptilien und Aquarien für wirbellose Wassertiere. Was mich völlig faszinierte, war ein Aquarium für Krebse. Ich entdeckte, dass diese spezielle Art von Aquarium keinen Deckel hat, und ich fand es äußerst amüsant, als ich den Grund erkannte. Anscheinend braucht man für ein Aquarium für Krebse keinen Deckel, denn sobald einer der Krebse versucht hochzukriechen, werden die anderen ihn wieder nach unten ziehen. Ich dachte: „Ich kenne eine ganze Menge krebsähnlicher Christen." Wir mögen es anscheinend nicht, wenn jemand an der Stelle Erfolg hat, wo wir versagt haben. Neid und Eifersucht machen aus Gottes Kindern Konkurrenten und Rivalen. Brüder und Schwestern sind durch verletzende und richtende Worte verwundet, heruntergezogen und daran gehindert worden, ihr Potenzial voll auszuschöpfen.

Und leider geschieht das in Gemeinden ständig. Wenn Gott zum Beispiel einen Pastor erhebt und seinen Dienst segnet, stellen sich die anderen Pastoren der Stadt gegen ihn und verbreiten Gerüchte und Gerede. Sie werden alles tun, um ihn zurück in das Aquarium „Kirche wie gehabt" zurückzuziehen. Ein solcher Pastor oder ein solcher Christ oder eine solche Gemeinde sollten sich nicht entmutigen lassen. Jemand hat mir einmal gesagt: „Mitleid kriegst du umsonst, aber Neid musst du dir verdienen." Jesus selbst wurde von seinem eigenen Volk ausgeliefert, um gekreuzigt zu werden – weil sie neidisch auf ihn waren (vgl. Matthäus 27,18). Wie oft sind wir dadurch entmutigt worden, was jemand anders über uns gedacht oder gesagt hat? Doch zum Glück ist es eine wunderbare Tatsache, dass Gott uns nicht so sieht wie andere Menschen uns sehen.

GOTT, DER MEISTERKÜNSTLER

In der Weinpresse sehen wir einen zitternden, schwitzenden Feigling, der sich aus Angst um sein Leben versteckt, als der Engel des Herrn Gideon erscheint und ihn einen „mächtigen, mutigen Mann“ nennt. Zunächst klingen diese Worte fast grausam und sarkastisch, doch der Engel grinste nicht hämisch. Gott machte sich nicht über Gideon lustig, und er verwechselte Gideon auch nicht mit jemand anders. Gott sah in Gideon etwas, was niemand sonst sah, nicht einmal Gideon selbst. Wie tröstlich ist es doch zu wissen, dass Gottes Wege nicht wie unsere Wege sind, und seine Gedanken nicht wie unsere Gedanken. Oh, mein Freund, wenn du erkennst, was Gott sieht, wenn er dich anschaut, dann wird es dein Leben umkrempeln. Das möchte ich durch folgendes Beispiel erläutern.

DAVID-SKULPTUR
Scanne den QR-Code

oder besuche
lebe.kolendabuch.de/1

Anfang des 15. Jahrhunderts arbeitete ein 25-jähriger Künstler und Bildhauer unermüdlich mit Hammer und Meißel an einem riesigen Block aus kaltem Marmor. Andere Künstler hatten den Stein schon verworfen, weil er Unreinheiten aufwies, und so hatte er jahrzehntelang unberührt dort gelegen, ehe der junge Bildhauer etwas Wunderschönes darin erkannte. Er arbeitete Tag und Nacht mit zwanghafter Hingabe. Als er gefragt wurde, warum er so hart an diesem kalten Stein arbeitete, antwortete er: „Weil sich in diesem Felsen ein Engel befindet, der heraus möchte.“[1] Fast drei Jahre nach Beginn dieser Arbeit enthüllte dieser junge Künstler, Michelangelo, sein unsterbliches Meisterwerk: eine über 5 Meter hohe Skulptur, die heute auf der ganzen Welt als die *Davidstatue* bekannt ist.

Jeder Kunsthandwerker wird zugeben, dass ehe ein Meisterstück geschaffen wird, es zuerst in der Vorstellung seines Schöpfers existiert. Ehe ein Pinsel über die Leinwand gleitet oder ein Meißel den Stein berührt, ehe der Ton auf die Töpferscheibe gelegt wird, ehe der Künstler ein Gemälde, eine Skulptur oder eine Töpferarbeit beginnt, ehe der Künstler auch nur irgendetwas Greifbares vorzuzeigen hat, hat er zuallererst einen Traum. In seiner Vorstellung sieht der Künstler bereits, was er erschaffen will, noch bevor es in der sichtbaren Welt existiert. Michelangelo sah in diesem Steinblock schon etwas, noch bevor irgendjemand anders es sah. Andere Künstler hatten darin nur die Fehler und Mängel gesehen, doch Michelangelo sah ein Meisterstück, das in dem verworfenen Felsblock gefangen war, und er arbeitete hingegeben daran, es freizusetzen.

Was auch immer sein Traum für dein Leben sein mag, eins ist sicher: Sein Wille für dein Leben geht weit über das hinaus, was du dir erbitten oder vorstellen könntest!

Unser Gott ist der Meister der Kunst! Man braucht sich nur die unaussprechlich herrliche Schöpfung anzuschauen, die sogar in ihrem gefallenen Zustand die Genialität ihres Schöpfers erahnen lässt, der in seiner unendlich weiten Vorstellungskraft jedes kleine Detail bis hin zum kleinsten Atom gesehen hat, als noch nichts davon vorhanden war. Man muss es sich einmal vor Augen führen: Der Architekt des Universums sprach die Welten ins Sein durch sein Wort, doch Adam, den Menschen, schuf er mit seinen eigenen Händen und hauchte ihm mit seinem eigenen Mund den Lebensatem ein! Gott hat seine Schöpfung mit einem Meisterstück gekrönt, das sich dadurch auszeichnet, dass es vom großen Schöpfer persönlich „handgearbeitet“ ist. Und auch heute noch formt Gott Menschen mit eigener Hand. In Psalm 139,13 wird uns gesagt: *„Du hast alles in mir geschaffen und hast mich im Leib meiner Mutter geformt“* (NL).

Der Meister des Universums, der ewige, unsterbliche, unsichtbare Gott aller Weisheit hat dich mit seinen eigenen Händen gemacht! Doch ehe er damit angefangen hat, dich im Leib deiner Mutter zu formen, hat er dich schon in seiner ewigen Vorstellung gesehen, bis ins kleinste Detail. Und noch ehe du geboren wurdest, hatte er einen Traum für dein Leben. Als er dich im Leib deiner Mutter gewoben hat, hat er sich vielleicht gedacht: „Ich werde aus diesem Jungen einen mächtigen, mutigen Krieger machen!" Oder: „Ich werde aus diesem kleinen Mädchen eine mächtige Prophetin ihrer Generation machen!" Was auch immer sein Traum für dein Leben sein mag, eins ist sicher: Sein Wille für dein Leben geht weit über das hinaus, was du dir erbitten oder vorstellen könntest!

KLARE HINWEISE AUF UNSERE BESTIMMUNG

In Tausenden von Klassenzimmern auf der ganzen Welt werden naive und leicht zu beeindruckende Schüler von Lehrern dahingehend indoktriniert, dass sie nichts weiter als ein Zufallsprodukt sind, das Ergebnis von Millionen von Jahren aufeinander folgender, zufälliger Anomalien und glücklicher Deformationen, oder dass alles, was sie mit ihrem Leben anfangen, lediglich eine Frage ihrer Neigungen ist, und dass es keinen göttlichen Designer gibt, der sie für einen bestimmten Zweck geschaffen hat. Doch die Bibel sagt uns, dass Gott uns mit einer bestimmten Absicht geschaffen hat. Der Psalm 139, Vers 14 spricht davon, dass wir *„auf erstaunliche, ausgezeichnete Weise geschaffen"* sind. Erst in den letzten Jahren, durch die Fortschritte in der Wissenschaft, fangen wir wirklich an zu begreifen, wie wahr diese Worte sind. Unser Körper ist ein absolut atemberaubendes Meisterstück der Ingenieurskunst, ein unglaublich komplexes Gebilde. Wusstest du, dass der Körper zweihundert verschiedene Muskeln betätigen muss, nur um einen einzigen Schritt zu tun?[2]

Und dann ist da das menschliche Auge, das so elegant und komplex konzipiert ist, dass die Wissenschaftler immer noch nicht hundertprozentig verstehen, wie es funktioniert. Das Auge führt an einem Tag durchschnittlich 100.000 einzelne Bewegungen aus, es führt, während wir schlafen, eigenständig Wartungsarbeiten durch, kann sich automatisch ausrichten, fokussieren und belichten, liefert farbige, stereoskopische Bilder in 3D und stellt sich automatisch von nahezu absoluter Dunkelheit auf helles Licht um.[3] Es unterscheidet über 16 Millionen Farbschattierungen,[4] einschließlich 700 Grautönen.[5] Charles Darwin hat selbst gesagt: „Die Annahme, das Auge mit seinen unnachahmlich kunstvollen Einrichtungen für Scharfstellung, Regelung des Lichteinfalls und Ausgleich sphärischer und chromatischer Aberration habe sich durch natürliche Auslese bilden können, ist, wie ich offen zugebe, in höchstem Maße widersinnig."[6] *(dt. Übersetzung aus: „Wenn Tiere reden könnten", Gitt/Vanheiden, CLV Bielefeld, 1990)*

Auf einem Quadratzentimeter weist unsere Haut bis zu 3000 Sinneszellen, 12 Hitzesensoren, 200 Schmerzsensoren, 700 Schweißdrüsen, 1 Meter Blutgefäße, 3 Millionen Zellen und 4 Meter Nervenstränge[7] auf, die mit einer Geschwindigkeit von bis zu 300 Stundenkilometern Signale an unser Gehirn weiterleiten.[8] Unser Gehirn wiegt nur ca. 1,5 Kilogramm, doch es ist aus 12 Milliarden Zellen gemacht, wobei jede mit 10.000 anderen Zellen verbunden ist, was insgesamt 120 Trilliarden Verbindungen ergibt.[9] Es erzeugt an einem einzigen Tag mehr elektrische Impulse, als alle Telefone der Welt zusammengenommen,[10] und benötigt dennoch weniger Energie als eine Kühlschranklampe.[11]

Die DNA-Moleküle in unserem Körper enthalten die am dichtesten gepackte und detaillierteste Sammlung von Informationen im gesamten Universum.[12] Der darin enthaltene Code ist so unglaublich komplex, dass wenn man alle chemischen „Buchstaben" der DNA des menschlichen Körpers in Büchern ausdrucken würde, die dafür erforderliche Menge an Büchern wahrscheinlich fünfzig Mal den Grand Canyon ausfüllen würde![13]

Ich könnte natürlich immer so weiter die Wunder der Schwerkraft und des Magnetismus anführen, welche die Wissenschaft immer noch nicht vollständig erklären kann, den fehlerlosen Rhythmus des Sonnensystems, das perfekte Gleichgewicht von Stickstoff und Sauerstoff in der Erdatmosphäre, welches das Leben ermöglicht, die erstaunliche Ordnung in der Natur, die ein selbsterhaltendes

System von Leben, Reproduktion und Abfallentsorgung bildet. Aber ist das alles wirklich nötig? Wenn wir die Schönheit, die Ordnung und das Design überall um uns herum und in uns selbst betrachten, brauchen wir wirklich noch weitere Beweise dafür, dass unsere Welt mit Intelligenz und Absicht erschaffen wurde?

Niemand, der je geschaffen wurde, ist ein Zufall, eine Laune der Natur, das bedauerliche Nebenprodukt der Vereinigung von einem Mann mit einer Frau oder das Ergebnis Millionen Jahre langer, ungesteuerter Unfälle. Jeder Mensch, der je geboren wurde, ist eine einzigartige Schöpfung, ein absichtlich geschaffenes Kunstwerk, gebildet durch die Hand eines wahrhaft meisterlichen Künstlers.

Gott sagte zu Jeremia: *„Ehe ich dich im Mutterleib bildete, habe ich dich erkannt, und ehe du aus dem Mutterschoß hervorkamst, habe ich dich geheiligt; zum Propheten für die Nationen habe ich dich eingesetzt"* (Jeremia 1,5). Gott hat das Schicksal des Propheten Jeremia noch vor seiner Geburt gekannt und geformt. Johannes der Täufer wurde mit dem Heiligen Geist erfüllt und ein Wegbereiter für Jesus genannt, noch ehe er geboren war (Lukas 1,15). Samson wurde noch vor seiner Empfängnis im Leib seiner Mutter ein großer Befreier genannt (Richter 13,4-5).

In Jesaja 46,10 wird gesagt, dass Gott *„von Anfang an den Ausgang ... und von alters her, was noch nicht geschehen ist"* verkündet. In Römer 4,17 wird gesagt, dass Gott *„die Toten lebendig macht und das Nichtseiende ruft, wie wenn es da wäre"*. Psalm 139,15-16 sagt: *„Nichts war dir unbekannt an meinem Körperbau, als ich im Verborgenen geschaffen wurde – ein buntes Gewebe in den Tiefen der Erde. Ich hatte noch keine Gestalt gewonnen, da sahen deine Augen schon mein Wesen. Ja, alles steht in deinem Buch geschrieben. Die Tage meines Lebens sind vorgezeichnet, noch bevor ich zur Welt gekommen bin."* (Basisbibel)

Gott nannte Jeremia einen Propheten, noch ehe dieser geboren wurde. Gott nannte Johannes einen „Wegbereiter" noch vor dessen Geburt. Gott nannte Samson einen „Befreier", noch bevor er zur Welt kam. Das ist der Grund, warum Gott, als er in der Weinpresse einen zitternden, schwitzenden Feigling vorfand, Gideon trotzdem einen „mächtigen, mutigen Mann" nannte. Gott sah in Gideon das Potenzial, das er in ihm geschaffen hatte, noch ehe er geboren war. Als Gideon noch im Mutterleib war, hat Gott ihn schon einen mutigen Krieger genannt, und Gott hat diesen Traum, den er für das Leben von Gideon hatte, nie aufgegeben.

Jemand hat mir einmal gesagt: „Ich glaube nicht an Gott." Ich erwiderte: „Das ist schade, denn Gott glaubt an dich." Schon bevor du geboren wurdest, hat Gott damit begonnen, dich zu formen und zu gestalten, sogar noch ehe er dich im Leib deiner Mutter gewoben hat. Er hat einen Traum für dich und einen Plan für dein Leben. Er hat eine heilige Berufung für dich, die du erfüllen sollst. Paulus sagte zu Timotheus, dass es Gott gewesen ist, *„der ... uns gerettet [hat] und berufen mit heiligem Ruf, nicht nach unseren Werken, sondern nach seinem eigenen Vorsatz und der Gnade, die uns in Christus Jesus vor ewigen Zeiten gegeben"* (2. Timotheus 1,9).

Unser Gott ist der Meisterkünstler! Er sieht „einen Engel" in dem unbehauenen Stein deines Lebens, und er möchte ihn freisetzen.

Gideon hatte viele Fehler, er war in den Augen anderer Menschen nicht hoch geachtet, und in seinen eigenen Augen war er ein richtiger Versager. Doch Gott sah Gideon in der gleichen Weise, wie Michelangelo den verschmähten Marmorblock gesehen hatte. Gott konnte in Gideon Schönheit sehen, wo alle anderen nur Fehler sahen. Mein Freund, vielleicht haben dich alle anderen schon abgeschrieben. Vielleicht denkst du, dass dein Leben viel zu fehlerhaft ist, als dass daraus noch etwas Wunderbares werden kann. Doch unser Gott ist der Meisterkünstler! Er sieht „einen Engel" in dem unbehauenen Stein deines Lebens, und er möchte ihn freisetzen. Dein ganzes Leben lang, egal, wo du dich befindest oder was du tust, sieht Gott, wenn er dich anschaut, immer das Potenzial, das er in dich hineingelegt hat. Und so wie er Lazarus aus dem Grab rief, ruft er diesem Potenzial ständig zu: „Komm heraus!" Gott möchte dein Leben aus dem Schrotthof des Teufels herausholen und daraus ein Kunstwerk seiner wunderbaren Gnade und eine Trophäe seiner Barmherzigkeit machen.

GOTTES WOHLWOLLEN

Es ist schon erstaunlich, dass sogar nachdem der Engel des Herrn Gideon erschienen war und ihm ganz klar gesagt hatte, dass Gott ihm wohlgesonnen sei, Gideon es immer noch nicht wirklich glauben konnte:

Gideon aber sagte zu ihm: Bitte, mein Herr, wenn der HERR mit uns ist, warum hat uns denn das alles getroffen? Und wo sind all seine Wunder, von denen uns unsere Väter erzählt haben, wenn sie sagten: Hat der HERR uns nicht aus Ägypten heraufkommen lassen? Jetzt aber hat uns der HERR verworfen und uns in die Hand Midians gegeben. Da wandte sich der HERR ihm zu und sprach: Geh hin in dieser deiner Kraft und rette Israel aus der Hand Midians! Habe ich dich nicht gesandt? Er aber sagte zu ihm: Bitte, mein Herr, womit soll ich Israel retten? Siehe, meine Tausendschaft ist die geringste in Manasse, und ich bin der Jüngste im Haus meines Vaters.
Richter 6,13-15

Genau wie Gideon schlagen sich viele Menschen mit Minderwertigkeitsgefühlen herum. Es kann sein, dass sie missbraucht oder abgelehnt wurden, und aus diesem Grund haben sie ein niedriges Selbstwertgefühl. Es kann sein, dass sie sich sagen: „Ich komme nicht aus einer wohlhabenden Familie." „Ich habe keine gute Bildung." „Ich bin nicht schlau genug." „Ich wurde missbraucht." „Ich habe keine Talente oder Fähigkeiten." „Ich könnte nie erfolgreich sein."

Wenn Gideon in den Spiegel schaute, sah er nur Nachteile und Defizite. Er glaubte nicht, dass er zu Großem fähig sein könnte und war nicht überzeugt, dass der Herr sich den Richtigen für diese Aufgabe ausgesucht hatte. Doch der Herr wusste genau, was Gideon hören musste, und so trafen die Worte, die er zu ihm sagte, mitten ins Herz von Gideons Unvollkommenheit: *„Da sprach der HERR zu ihm: Ich werde mit dir sein"* (Richter 6,16).

Das sind wahrscheinlich die tröstlichsten Worte, die es gibt. Zu wissen, dass Gott mit uns ist und dass er für uns ist – darin liegt die absolute Zuversicht. Das waren die Worte, die Gideon hören musste, und es sind auch die Worte, die wir tief in unserem Geist hören müssen, ehe wir uns auf den Weg machen, Gottes Willen für unser Leben zu entdecken. Jesus wusste, dass wir sie hören müssen, und deshalb sagte er: *„Ich will dich nicht aufgeben und dich nicht verlassen"* (Hebräer 13,5), und noch einmal in Matthäus 28,20: *„Und siehe, ich bin bei euch alle Tage bis zur Vollendung des Zeitalters."*

In Römer 8,31-32 steht: *„Was sollen wir nun hierzu sagen? Wenn Gott* ***für*** *uns ist, wer ist* ***gegen*** *uns? Er, der doch seinen eigenen Sohn nicht verschont, sondern ihn für uns alle hingegeben hat – wie wird er uns mit ihm nicht auch alles schenken?"* Gott ist für uns, nicht gegen uns! Brauchst du dafür Beweise? In dieser Schriftstelle deutet Paulus auf das Kreuz als den größten Beweis für Gottes Wohlwollen uns gegenüber. Wenn Gott bereit war, seinen eigenen Sohn für uns zu opfern, wie viel mehr können wir dann darauf vertrauen, dass er uns freudig und freigebig all das geben wird, was wir brauchen?

Fühlst du dich wie ein Versager? Wirst du von deiner Vergangenheit verfolgt und blockiert? Findest du es schwierig zu glauben, dass Gott auf deiner Seite ist und für dich nur das Beste will? Dann ist es dringend an der Zeit, dass du eine Offenbarung von der Güte Gottes bekommst. Er sucht nicht nach perfekten Menschen, und unsere Vergangenheit macht ihm keine Angst. Er möchte *„den Trauernden Zions Frieden, ihnen Kopfschmuck statt Asche geben, Freudenöl statt Trauer, ein Ruhmesgewand statt eines verzagten Geistes, damit sie Terebinthen der Gerechtigkeit genannt werden, eine Pflanzung des HERRN, dass er sich durch sie verherrlicht"* (Jesaja 61,3).

Paulus schrieb über diese gleiche Wahrheit in Römer 8,28, wo er sagt: *„Wir wissen aber, dass denen, die Gott lieben,* ***alle Dinge zum Guten*** *mitwirken, denen, die nach* ***seinem Vorsatz*** *berufen sind"* (Hervorhebung durch den Autor). Wenn wir diese Wahrheit verstehen und sie zu einem Teil unseres Selbst wird, dann werden wir anfangen, alle Umstände, sowohl die positiven als auch die negativen, als

Situationen zu sehen, die Gott uns zugute gebrauchen kann, und die seine Absichten vorantreiben. Erlösung, Sühne, Vergebung, Rechtfertigung, Wiedergeburt, Errettung, Versöhnung – all das sind Worte, die beschreiben, was Gott in unserem Leben tun möchte. Asche in Kopfschmuck zu verwandeln ist nicht nur ein zusätzlicher Bonus der christlichen Lebenserfahrung, sondern es ist das Herz des Evangeliums, und es ist Gottes Wille für dich!

In Jeremia 29,11 lesen wir: *„Denn ich kenne ja die Gedanken, die ich über euch denke, spricht der HERR, Gedanken des Friedens und nicht zum Unheil, um euch Zukunft und Hoffnung zu gewähren."* Hat Gott einen Plan für unser Leben? Die Antwort ist ein klares JA! Doch es kommt noch besser. Gott hat nicht nur einen Plan, sondern dieser Plan ist *gut* und geht *„über alles hinaus ..., über die Maßen mehr, als wir erbitten oder erdenken"* (Epheser 3,20). Und mit dieser Zuversicht können wir uns auf den Weg machen, *„indem wir hinschauen auf Jesus, den Anfänger und Vollender des Glaubens"* (Hebräer 12,2), in der Gewissheit, *„dass der, der ein gutes Werk in euch angefangen hat, es vollenden wird"* (Philipper 1,6).

KAPITEL 2

HABE ICH GOTTES WILLEN MISSVERSTANDEN?

Alle vier Evangelien berichten von dem triumphalen Einzug Jesu in Jerusalem und erwähnen dabei ein interessantes Detail. Die Bibel berichtet, die Menschen *„nahmen ... die Palmzweige und gingen hinaus, ihm entgegen, und schrien: Hosanna! Gepriesen sei, der da kommt im Namen des Herrn"* (Johannes 12,13). Hast du dich schon einmal gefragt, warum die Menschen Palmzweige schwenkten und „Hosanna" riefen? Der Grund dafür ist nicht der, den die meisten Leute annehmen.

Die politisch aktiven Zeloten hatten Palmzweige schon seit geraumer Zeit als Symbol verwendet. Die Palme war auch auf Geldmünzen zu sehen, die während eines Rebellenaufstands geprägt worden waren, sodass dadurch bildlich an die Widerstandsbewegung der Makkabäer erinnert wurde. Die Palmzweige scheinen somit auf die nationalistischen und politischen Erwartungen hinzuweisen, die die Menschen an Jesus hatten. Das wird noch unterstrichen durch das Wort *Hosanna,* was auf Aramäisch „Bitte rette!" bedeutet. Doch Jesus enttäuschte die Erwartungen des israelischen Volkes, und nur einige Tage nachdem sie ihre Zweige geschwenkt und „Hosanna" gerufen hatten, wandten sie sich gegen ihn und riefen: „Kreuzige ihn!"[1]

Das Volk Israel als Ganzes lehnte seinen Messias ab, weil er nicht ihren vorgefassten Erwartungen entsprach. Sie hielten Ausschau nach einem politischen Befreier, nach einem Mann des Krieges und der Eroberung. Sie wollten einen König, der die repressive römische Regierung stürzen und die Nation zu ihrer vormaligen Herrlichkeit zurückbringen würde. Stattdessen sahen sie einen Mann des Friedens, sanftmütig und voller Demut, der auf einem bescheidenen Esel ritt, anstatt auf dem Hengst eines Kriegers. Auch heute beten Juden auf der ganzen Welt immer noch für das Kommen ihres langersehnten Messias, doch er ist schon vor zweitausend Jahren gekommen, und viele erkennen ihn immer noch nicht, weil er nicht so ist, wie sie ihn sich vorstellen.

Vorgefasste Meinungen erzeugen falsche Vorstellungen, die uns für das Offensichtliche blind machen können, und so geht es auch vielen Menschen, die Gottes Willen für ihr Leben herausfinden wollen. Gott hat bereits eine Absicht für uns, die schon existierte, noch bevor wir geboren wurden! Es kann sogar sein, dass Gott uns seinen Willen schon offenbart hat, und dass wir direkt davor stehen, aber durch falsche Vorstellungen daran gehindert werden, ihn zu erkennen. In diesem Kapitel möchte ich drei häufige Missverständnisse über den Willen Gottes demaskieren.

1. MISSVERSTÄNDNIS: GOTTES WILLE IST NUR SCHWER ZU ERKENNEN

Ein Wissenschaftler nahm einmal eine Gruppe junger Forscher mit auf eine Expedition in die Wüste, um verschiedene Arten von Kakteen zu untersuchen. Doch die Mission musste vorzeitig beendet werden, weil ihr Fahrzeug mitten in der riesigen, öden Wüste eine Panne hatte. Der Wissenschaftler, der die Expedition anführte, kannte sich in dem Gebiet gut aus und war zuversichtlich, dass sie es schaffen konnten, wieder in bewohnte Gegenden zu gelangen. Doch zu seinem großen Entsetzen wurde ihnen nach zwei Tagesmärschen klar, dass sie sich hoffnungslos verirrt hatten. Der letzte Tropfen Wasser floss aus der letzten Feldflasche und Verzweiflung machte sich breit, als der sonnenverbrannten, völlig dehydrierten Gruppe klar wurde, dass sie wahrscheinlich in dieser Wüste sterben würden.

Plötzlich rief einer der Forscher den anderen zu: „Da, dort hinten – das ist eine Oase!" Aufgeregte Jubelrufe erklangen von der ausgezehrten Gruppe, doch der leitende Wissenschaftler senkte nur niedergeschlagen den Kopf. „Es tut mir leid, euch das sagen zu müssen", sagte er, als er im Sand zusammenbrach, „aber was ihr da seht, ist nur eine Fata Morgana." Die jungen Forscher weigerten sich schlichtweg, ihm zu glauben. Sie nahmen ihre Feldflaschen und rannten auf die in der Ferne schimmernde Spiegelung zu, in der verzweifelten Hoffnung, dass das, was sie dort sahen, wirklich war. Nach einigen Minuten kamen sie nahe genug heran, um klar zu sehen. Kräftige Palmen standen dort, dicht an dicht, um einen glänzenden, von Quellwasser gespeisten Teich voll erfrischendem Wasser, und sie sprangen mit beiden Füßen voran hinein. Sie plantschten und tranken und kamen wieder zu Kräften. Nachdem sie ihre Feldflaschen neu gefüllt hatten, gingen sie zurück, um dem Wissenschaftler, der sie geführt hatte, die gute Nachricht zu bringen. Doch ihre Freude wandelte sich in Trauer, als sie seinen schlaffen, leblosen Körper entdeckten, der noch immer an der Stelle lag, wo er zusammengebrochen war.

Gottes Wille ist oft wie diese Oase in der Wüste: Er ist eine Leben spendende Quelle für den Sinn und das Ziel unseres Seins. In den meisten Fällen ist der Wille Gottes kein fernes, exotisches Geheimnis, sondern etwas, was in unserem Blickfeld liegt und erreichbar ist. Und doch ist das, was direkt vor uns liegt, oft das, was wir am ehesten übersehen, weil wir denken, dass es nicht so einfach sein kann. Ist dir schon einmal aufgefallen, dass wenn ein Mensch anfängt zu glauben, er anscheinend Gottes Stimme ganz leicht hören und seine Führung ganz direkt spüren kann? Oft ist es so, dass je reifer wir werden und je mehr wir lernen, umso komplizierter und verwirrender das Ganze wird. Der Wissenschaftler in dieser Geschichte ist gestorben, weil für ihn schon feststand, dass die Oase in der Ferne zu schön war, um wahr zu sein. Er war gebildet und hatte Erfahrung. Er wusste, dass Fata Morganas in der Wüste ein häufig vorkommendes Phänomen sind. Doch sein Wissen und seine Erfahrung hielten ihn davon ab zu erkennen, was direkt vor ihm lag.

Hast du schon einmal Predigten über Gottes Willen gehört, nach denen du entmutigt und noch verwirrter warst als zuvor? Hat man dir den Eindruck vermittelt, dass man ein Prophet sein muss, um zu wissen, was Gott sagt? Hast du das Gefühl, je mehr du suchst, umso weniger findest du? Das Wertvollste, das du vielleicht lernen musst, ist, dass du vieles von dem, was du gelernt hast, wieder verlernen musst. Jene Dinge, die zu Verwirrung und einer übermäßigen Analyse führen, müssen beiseitegelegt werden. Fang wieder neu mit einem einfachen, kindlichen Glauben an. Vertraue darauf, dass Gott einen Plan hat, den er dir offenbaren will. Glaube, dass er mehr daran interessiert ist, dass du diesen Plan entdeckst, als du daran interessiert bist, ihn zu finden! Ruhe in der Zuversicht, dass er dich nicht verwirren oder austricksen möchte. Erinnere dich daran, dass er nicht der Urheber der Verwirrung ist (1. Korinther 14,33) und dass er dir keine Fata Morgana zeigt, um dich zu täuschen. Den Willen Gottes für unser Leben zu entdecken ist nicht schwierig. Machen wir es uns doch nicht so kompliziert!

2. MISSVERSTÄNDNIS: GOTT OFFENBART SEINEN WILLEN IMMER PLÖTZLICH UND AUF DRAMATISCHE WEISE

Wenn Leute sagen, dass Gott ihnen seinen Willen für ihr Leben noch nicht offenbart hat, meinen sie eigentlich oft, dass sie noch keine hörbare Stimme vom Himmel gehört haben. Natürlich kommt es auch vor, dass Gott auf sehr dramatische Weise redet, aber in den meisten Fällen offenbart Gott seinen Willen auf eine sehr viel nüchternere Art und Weise. Wir erkennen Gottes Willen langsam, nach und nach über einen gewissen Zeitraum hinweg, und nicht durch eine einzelne, sensationelle Erleuchtung.

Da ist das Beispiel von Abraham, dem Vater des Volkes Israel, dem Gott gesagt hatte: *„Geh aus deinem Land und aus deiner Verwandtschaft und aus dem Haus deines Vaters in das Land, das ich dir zeigen werde!"* (1. Mose 12,1). Gott forderte Abraham auf, alles, was ihm vertraut war, zu verlassen und in etwas völlig Unbekanntes hineinzugehen. Gottes Berufung an Abraham beinhaltete keine spezifischen Informationen, es war lediglich die Aufforderung zu gehen. Als Abraham gehorchte, offenbarte Gott ihm seinen Plan Schritt für Schritt.

Wenn Gott uns seinen ganzen Plan für unser Leben von Anfang an mitteilen würde, würden wir die meiste Zeit einem Traum hinterherjagen, anstatt wirklich Gott zu folgen. Gott wollte Abraham nicht einfach in sein Erbe schicken, sondern er wollte ihn dorthin führen. Indem er Gott folgte, fand Abraham etwas Wunderbares heraus. Das Land und das Erbe, das Gott ihm geben würde, waren in der Tat fantastisch, aber es gab noch einen weiteren Aspekt, der alles andere weit in den Schatten stellte. *„Abram", spricht der Herr, „ich bin ... dein sehr großer Lohn!"* (1. Mose 15,1 – S).

Falls du denkst, dass du schon alles verstanden hast, und dass du genau weißt, wo Gott dich hinführt und wie er dich dorthin bringen wird, dann bereite dich darauf vor, enttäuscht zu werden. Gott offenbart seinen Willen nie in einer Weise, dass wir ihn dann nicht mehr brauchen und alles allein machen können. Ob wir Gottes Willen für unser Leben erfüllen oder nicht, wird letztlich immer davon abhängen, ob wir ihm folgen oder nicht. Am Ende werden wir alle feststellen, dass der *wahre* Lohn nicht die perfekte Karriere, ein wunderbarer Ehepartner oder eine gute Bildung war. Der wahre Lohn dafür, Gott zu folgen, ist Gott selbst.

Gott offenbart seinen Willen nie in einer Weise, dass wir ihn dann nicht mehr brauchen und alles allein machen können.

Die vollständige Offenbarung des Willens Gottes wird selten in einer plötzlichen Erleuchtung stattfinden. Er ruft uns, um zu sehen, ob wir ihm folgen werden, auch wenn wir nicht alle Details kennen. Wenn er sieht, dass wir einen Gehorsamsschritt tun, dann zeigt er uns den nächsten Schritt.

Ich wurde vor Kurzem in einem Interview gefragt, wie Gott mir gezeigt hat, dass es sein Wille ist, dass ich das tue, was ich jetzt in meinem Dienst tue. Ich glaube, der Interviewer hatte insgeheim gehofft, ich würde sagen, ich hätte eine Vision gehabt, oder einen Traum, oder dass ich eine hörbare Stimme vernommen hätte, die mir genaue Anweisungen gegeben hat. Doch meine Antwort lautete ganz anders. Ich sagte, dass wenn ich auf die Abfolge all der wunderbaren Begebenheiten zurückblicke, die mich dahin gebracht haben, wo ich heute bin, ganz klar erkennen kann, wie die Hand Gottes alles auf übernatürliche Weise geleitet und zusammengefügt hat.

Heute predige ich vor Versammlungen von Hunderttausenden Menschen. Ich leite einen internationalen Evangelisationsdienst, und ich hatte das große Vorrecht, im Laufe unserer evangelistischen Open-Air-Massenkampagnen auf der ganzen Welt bisher über 15 Millionen Menschen zu Jesus zu führen. Gott hatte mir vorher nichts davon gesagt, und ich hätte es mir in meinen kühnsten Träumen nicht vorstellen können. Doch als ich Gottes Ruf Schritt für Schritt folgte, wurde sein Plan nach und nach Wirklichkeit. Es geschah Etappe nach Etappe, und wurde auf dem Weg immer wieder bestätigt. Ich habe festgestellt, dass Gott seinen Plan normalerweise so offenbart: immer einen Schritt nach dem andern.

Jesus hat ein Prinzip erklärt, das absolut notwendig ist, wenn man Gottes Willen für sein Leben herausfinden will. In Lukas 16,10 sagt Jesus: *„Wer im Geringsten treu ist, ist auch in vielem treu, und wer im Geringsten ungerecht ist, ist auch in vielem ungerecht."* Gott beruft uns zu kleinen Dingen, ehe er uns zu großen Dingen beruft. Viele Leute wollen, dass Gott mit einer hörbaren Stimme vom Himmel zu ihnen spricht und ihnen sagt, was sie tun sollen. Doch sie gehorchen nicht den kleinen Anweisungen, die sie schon erhalten haben. Wenn wir nicht das tun, von dem wir wissen, dass wir es tun sollen, warum sollte Gott uns dann weitere Anweisungen geben? Wenn wir nicht in den kleinen Dingen treu sind, warum sollte Gott uns wichtigere Dinge anvertrauen?

Wenn wir über Gottes Berufung und seinen Willen für unser Leben nachdenken, sollten wir nicht so sehr daran denken, wo wir eines Tages sein werden oder was wir eines Tages tun werden. Stattdessen sollten wir uns eher darauf konzentrieren, was Gottes Wille in diesem Augenblick für uns ist! Was haben wir in der Hand? Was möchte er heute von uns? Wenn wir ihm gehorsam folgen, Schritt für Schritt und Tag für Tag, dann wird das Bild immer klarer werden und er wird uns mehr und mehr anvertrauen. Und eines Tages werden wir auf diese vielen kleinen Schritte zurückblicken, die wir im Glauben und Gehorsam gegangen sind, und wir werden sehen, wie der Herr behutsam und strategisch jeden einzelnen dieser Schritte zusammengefügt hat, in einer Weise, wie wir es in unserer eigenen Kraft und Weisheit nie hätten tun können.

3. MISSVERSTÄNDNIS:
GOTT MÖCHTE, DASS ALLE IN DEN VOLLZEITLICHEN DIENST GEHEN

Ich habe oft erlebt, wie Menschen in ihrem Dienst katastrophale Dinge erlebten, weil sie das Drängen der Berufung Gottes gespürt und es falsch interpretiert haben, weil sie dachten, es bedeute automatisch eine Berufung in den vollzeitlichen, hauptberuflichen fünffältigen Dienst. Auch wenn du eine Salbung für das Predigen oder Lehren, einen starken Wunsch, die Verlorenen zu retten, oder eine außergewöhnliche Geistesgabe wie z. B. Prophetie oder Heilung hast, bedeutet das nicht notwendigerweise, dass Gott möchte, dass du deine Arbeitsstelle kündigst und eine Gemeinde gründest. So wie der Apostel Paulus habe auch ich die Tendenz, allen zu wünschen, sie könnten sein wie ich, d. h. zu den Nationen gehen und vollzeitlich das Evangelium predigen. Doch wir dürfen nicht vergessen: *„... jeder hat seine eigene Gnadengabe von Gott, der eine so, der andere so“* (1. Korinther 7,7). Wenn man sich außerhalb der Gaben und der Berufung Gottes bewegt, wird man nicht die Gnade haben, die Arbeit auszuführen, und das wiederum kann katastrophale Folgen für denjenigen haben, der Gottes Berufung falsch interpretiert hat, und auch für all jene, die sich dann unglücklicherweise unter seiner Leiterschaft befinden.

Ich stamme von einer langen Reihe von Gottesdienern ab. Von der Seite meines Vaters her bin ich schon in der fünften Generation als Prediger tätig. Mein Großvater mütterlicherseits ist ebenfalls Pastor gewesen. Der Vater meiner Frau ist auch Pastor. Ich bin offensichtlich in diesem Milieu des Dienstes für Gott zuhause, und ich glaube, viele dachten, dass ich auch in den vollzeitlichen Dienst gegangen bin, weil meine Familie das von mir erwartete. Aber genau das Gegenteil ist der Fall. Mein Vater hat mir oft einen Rat gegeben und gesagt: „Wenn du irgendeinen anderen Beruf ergreifen kannst, dann mach es!" Anders ausgedrückt: Wenn du glücklich sein kannst, indem du etwas anderes tust als den vollzeitlichen Dienst für Gott, dann bist du wahrscheinlich nicht dazu berufen. Die Wahrheit ist, dass ein hauptamtlicher, fünffältiger Dienst nicht für jeden ist, und man sollte sich ohne eine klare und sichere Berufung nicht darin engagieren. Und doch gibt es viele Menschen, die keine Berufung zum „Dienst" haben, und trotzdem das brennende Verlangen verspüren, dem Herrn zu dienen. Die gute Nachricht ist, dass Gott zu dienen nicht immer bedeutet, Prediger zu werden.

Das Reich Gottes braucht Botschafter in jedem Bereich der Gesellschaft. In Matthäus 13 erzählt Jesus zwei Geschichten, die die gleiche Moral haben:

Ein anderes Gleichnis legte er ihnen vor und sprach: Das Reich der Himmel gleicht einem Senfkorn, das ein Mensch nahm und auf seinen Acker säte; es ist zwar kleiner als alle Arten von Samen, wenn es aber gewachsen ist, so ist es größer als die Kräuter und wird ein Baum, so dass die Vögel des Himmels kommen und in seinen Zweigen nisten. Ein anderes Gleichnis redete er zu ihnen: Das Reich der Himmel gleicht einem Sauerteig, den eine Frau nahm und unter drei Maß Mehl mengte, bis es ganz durchsäuert war.
Matthäus 13,31-33

Jesus malt uns mit diesen beiden Gleichnissen ein ganz klares Bild vor Augen. Das Reich der Himmel ist darauf ausgerichtet zu wachsen, sich zu vermehren und alles zu durchdringen, mit dem es in Berührung kommt, genau wie das kleine, unscheinbare Senfkorn wächst und zum größten Gewächs im Garten wird, zu einem Baum, in dem sogar Vögel nisten können. Und genau wie eine kleine Menge Sauerteig jedes Gramm des Teigklumpens durchdringt, in das er hineingemengt wurde, so soll auch Gottes Reich nicht hinter den bunten Fenstern schöner Kirchen eingesperrt bleiben, sondern die gesamte Erde durchdringen.

Das kann allerdings nicht geschehen, wenn die Einzigen, die den Dienst für Gott ausüben, die Apostel, Propheten, Pastoren, Lehrer und Evangelisten sind. Doch Gottes Plan sieht vor, dass der wahre Dienst für Gott auch von Klempnern, Gymnasiallehrern, Landschaftsgärtnern, Rechtsanwälten und Ärzten ausgeübt wird. Wir brauchen Männer und Frauen, die die Herrlichkeit Gottes und das Zeugnis des Evangeliums ins Kanzleramt, ins Fernsehen, an die Börse, auf den Marktplatz und an jeden anderen Bereich unserer Kulturen und Gesellschaften tragen.

Über die Jahre hat sich ein großer Graben zwischen zwei Gruppen innerhalb der Kirche entwickelt, die man allgemein als die Geistlichen und die Laien bezeichnet. Ein hierarchisches Konzept des Dienstes hat sich herauskristallisiert, durch das diese beiden Gruppen völlig den Kontakt zueinander verloren haben. Das Ergebnis ist ein verkrüppeltes System, in dem die hauptberuflichen Gottesdiener, die in der Gemeinde eine Minderheit sind, die Hauptlast der Arbeit dieses Dienstes tragen. In der Zwischenzeit wurde dem restlichen Leib Christi – der Mehrheit – beigebracht, dass sie nicht für den Dienst qualifiziert sind, und damit wurden sie auf die Zuschauerränge verbannt.

Wenn in Epheser, Kapitel 4, von der Rolle der Apostel, Propheten, Hirten, Lehrer und Evangelisten die Rede ist, sieht man dort allerdings ein ganz anderes Konzept als jenes, das in der modernen Gemeinde gelebt wird. Das Modell des Neuen Testaments besagt, dass jene, die Ämter ausüben, die diesem fünffältigen Dienst entsprechen, dem Leib Christi dienen sollen, um die Heiligen für den Dienst zuzurüsten (Epheser 4,12). Wenn man den Leib Christi mit einer Fußballmannschaft vergleicht, dann wären die Personen im fünffältigen Dienst sozusagen die Jungen, die Wasserflaschen und andere Dinge bereit halten, um der Mannschaft zu helfen, immer frisch und gut ausgerüstet zu bleiben.

Die wahren Diener und Botschafter für Gottes Reich in dieser Welt, die wahren Spieler auf dem Feld, sind die Hunderte Millionen im Blut gewaschenen Heiligen, die den Leib Christi ausmachen. Was für einen tragischen Verlust haben wir erlitten, indem wir die Mentalität verbreitet und gefördert haben, dass die wenigen unter uns, die im fünffältigen Dienst stehen, die „wahren" Gottesdiener sind, und alle anderen lediglich Zuschauer.

Gott möchte die Gaben, Talente und die Berufung, die er DIR gegeben hat, einsetzen, um diese Welt mit seiner Herrlichkeit zu beeinflussen.

Lieber Freund, Gott möchte die Gaben, Talente und die Berufung, die er *DIR* gegeben hat, einsetzen, um diese Welt mit seiner Herrlichkeit zu beeinflussen. In welchen Wirkungskreis auch immer er dich gesetzt hat, nutze es, um sein Reich und seine Herrschaft auszubreiten!

PREDIGE CHRISTUS ODER PFLANZE GETREIDE

Der Bruder eines bekannten Evangelisten, den ich hier Sam nennen möchte, erklärte einmal auf amüsante Weise, warum er Landwirt geworden war, und nicht Evangelist wie sein Bruder. Er erzählte: Sein Bruder war einmal auf dem Feld und betete, als plötzlich in feuriger Gestalt die Buchstaben „PC" am Himmel erschienen. Der Bruder fragte: „Herr, was hat das zu bedeuten?", worauf der Herr antwortete: „Predige Christus!" Danach, erzählte Sam, ging er auf dasselbe Feld und wieder erschien „PC" als Feuerflammen am Himmel. Er fragte den Herrn: „Heißt das, dass du mich berufst Christus zu predigen?" Der Herr antwortete ihm: „Nein, Sam, ich möchte, dass du *Getreide pflanzt (engl. Plant Corn).*"

Auch wenn diese Geschichte natürlich nur ein Witz sein sollte, liegt darin doch eine wichtige Lektion verborgen. Sam predigte nicht zu großen Menschenmengen, wie sein Bruder es tat, aber Gott hat ihn als Landwirt gebraucht. Denn weil er in diesem ganz spezifischen Wirkungskreis arbeitete, in dem er die Geschäftswelt beeinflussen konnte, war er in der Lage, Menschen das Evangelium mitzuteilen, die nie in eine der Evangelisationsveranstaltungen seines Bruders gegangen wären.

So wie diese beiden Männer sind einige unter uns dazu berufen, Evangelisten zu sein, und andere dazu, Landwirte zu werden. Und Gott wird beide für seine Herrlichkeit gebrauchen. Gott beruft manche Menschen, seine Pläne in der Geschäftswelt zu verwirklichen. Er beruft andere, Lehrer zu werden und wieder andere, Musiker zu sein. Er beruft auch Menschen, im Handel, als Ingenieure, in der Medizin, als Juristen, Politiker und einer Vielzahl anderer beruflicher Karrieren tätig zu sein. Vielleicht beruft Gott den einen, das Evangelium zu predigen und den anderen, ihn finanziell zu unterstützen. Beides ist von gleichem Wert, und Gott wird beide für die jeweilige Rolle, die sie dabei gespielt haben, belohnen, wenn sie seiner Berufung gehorsam und treu waren.

EIN HERZSPEZIALIST

Einer meiner engsten Freunde, Dr. Chauncey Crandall, ist ein landesweit bekannter Kardiologe in den USA. Er ist ein Mann der Wissenschaft und der Medizin und in seinem Spezialgebiet außerordentlich erfolgreich. Doch er gebraucht seinen Einfluss als eine Plattform, um das Reich Gottes voranzutreiben. In seiner Arztpraxis betet er für seine Patienten und erzählt ihnen von der Liebe Jesu. Er ist wirklich um die Herzen seiner Patienten besorgt, sowohl im physischen als auch im geistlichen Sinn. Schon oft sind übernatürliche Heilungen in seiner Praxis oder im Krankenhaus geschehen. Heute wird er zu Konferenzen oder Tagungen auf der ganzen Welt eingeladen, um aus der Sicht eines Mediziners über das Übernatürliche zu sprechen. Seine außergewöhnlichen Fertigkeiten haben ihm einen einzigartigen Wirkungskreis geöffnet, in dem ein Prediger nie in dieser Weise gehört werden würde.

DAS EVANGELIUM DURCH BUSINESS VERBREITEN

Marie Green war die Tochter eines Evangelisten und die Ehefrau eines Pastors. Sie hatte eine außerordentliche Liebe zu Gott, die durch ein weites Herz für Evangelisation aus ihr herausfloss. Sie häkelte Zierdeckchen, die sie nebst anderen Sachen verkaufte, um Geld für die Mission zu verdienen. Als Mutter von sechs Kindern, drei Jungen und drei Mädchen, hatte sie den tiefen Wunsch, dass ihre Kinder später für den Herrn arbeiten und seinem Reich dienen würden. Ihr Vorbild hinterließ in jedem ihrer sechs Kinder einen unauslöschlichen Eindruck, und alle gingen in den vollzeitlichen Dienst, alle außer einem.

David war das „schwarze Schaf" der Familie. Er fühlte sich nicht berufen Prediger zu werden, er hatte nicht den Wunsch Gemeindepastor zu sein oder auf das Missionsfeld zu gehen, doch er hatte einen Hang zur Mathematik und zur Geschäftswelt. Er war in der Geschäftswelt völlig in seinem Element, und was noch dazukam: Er war darin erfolgreich! Doch jedes Mal, wenn er befördert wurde oder in anderer Weise Erfolg hatte, bekam er von seiner Mutter nicht das erwartete Lob. Sie sagte dann: „Das ist schön, David, aber was tust du für den Herrn?" Das störte ihn, denn er liebte Jesus und wollte ihm dienen, aber Gott hatte ihn nicht dazu berufen zu predigen.

1972 eröffnete David einen Einzelhandel, den er Hobby Lobby nannte und er begann, Gottes Willen für sein Leben zu entdecken. Das geschah nicht von einem Tag auf den anderen. Er hat mir gesagt, er wusste gar nicht, dass es möglich war, Gott außerhalb eines sogenannten geistlichen Dienstes zu dienen. Doch Gott begann, ihm diese großartige Wahrheit mit der Zeit immer mehr zu offenbaren. Eines Tages, noch ganz am Anfang seiner Karriere, sagte Gott zu David, er solle 30.000 US-Dollar an ein bestimmtes christliches Werk spenden. Obwohl er die gesamte Summe nicht besaß, beschloss er, irgendwie einen Weg zu finden, diesem Eindruck zu gehorchen. Er gab was er konnte: In den folgenden vier Monaten gab er jeden Monat 7.500 Dollar. Nachdem er das Geld im Gehorsam dem Herrn gegenüber gespendet hatte, erfuhr David, dass der Empfänger seiner Spende genau zu dieser Zeit Gott auf Knien um Hilfe angefleht hatte. Gott hatte David diese Not mitgeteilt. Er fing an zu begreifen, dass sein Geschick für Geschäfte kein unbedeutender Zufall war, sondern eine Gabe, die Gott ihm gegeben hatte, um das Evangelium zu verbreiten! Als er mehr über den Willen Gottes herausfand, erkannte er, dass sein Geschäft gar nicht ihm gehörte – es gehörte Gott.

Heute ist David Green Milliardär. Er hat erkannt, dass sein Geschäft *sein Dienst ist,* und er dient Gott in diesem Bereich treu mit seiner ganzen Familie. Hobby Lobby hat heute Hunderte von Läden in 41 Bundesstaaten in ganz Amerika und arbeitet mit Organisationen auf der ganzen Welt zusammen, die das Evangelium von Jesus Christus verbreiten. David Green und seine Familie unterstützen christliche Werke und Weltmission in großem Maßstab. Sie glauben, dass sie durch diese finanzielle Unterstützung der Mission in der Lage waren, über ein Drittel der Weltbevölkerung mit dem Evangelium zu erreichen![2]

Die Familie von David Green fördert das Reich Gottes nicht nur durch finanzielle Spenden, sondern sie sehen auch jeden Aspekt ihres Unternehmens als eine Möglichkeit, das Evangelium zu verbreiten. Sie sind furchtlos und kompromisslos in ihrem Zeugnis für Christus! Hobby Lobby beschäftigt einen Geistlichen für die Angestellten ihres Unternehmens, und in ihrem Firmensitz finden täglich Bibelandachten statt. Hunderte Angestellte haben am Arbeitsplatz ihr Leben Christus übergeben, und für David ist das Evangelium nach wie vor die Antriebskraft hinter seinem Streben nach Erfolg. David Green hat gesagt: „Unsere Organisation möchte bekannt dafür sein, dass sie den Unterschied zwischen dem Zeitlichen und dem Ewigen kennt. Unsere Firma ist nur ein Mittel zum Zweck, und unser Zweck ist, das Leben vieler Menschen in Bezug auf die Ewigkeit zu prägen."[3]

Davids Mutter Marie starb 1975, drei Jahre nach der Gründung von Hobby Lobby. Sie hat nicht mehr erlebt, dass ihr Sohn, der das schwarze Schaf der Familie gewesen war, schließlich die Enden der Erde auf eine historische einzigartige Weise mit dem Evangelium berührt hat. Doch ich bin sicher, dass sie vom Himmel herab lächelt, weil sie sieht, dass ihr Sohn wirklich Gottes Willen für sein Leben erfüllt und die Ewigkeit in einer Weise geprägt hat, von der die meisten Prediger und Pastoren nur träumen können.

TECHNIKER FÜR JESUS

Unser Werk „Christus für alle Nationen" hat einige der größten Evangelisationsveranstaltungen der Geschichte abgehalten. Mehrere zehn Millionen Menschen haben Jesus Christus im Verlauf dieser Kampagnen als ihren Erlöser angenommen. Allein zwischen 2000 und 2009 wurden über 53 Millionen Entscheidungskarten registriert, von Menschen, die Jesus Christus als ihren Erlöser angenommen haben! Es ist eine historische Ernte, die einen ganzen Kontinent in tiefer Weise berührt.

Meistens denken die Leute, die über den Dienst von „Christus für alle Nationen" sprechen, an den Evangelisten Reinhard Bonnke oder an mich, weil wir die Prediger sind. Doch einige der wichtigsten Leute in unserem Dienst arbeiten hinter den Kulissen. Ein absolut unerlässlicher Teil unserer Mission ist das Technikteam. Jene Männer, die Lastwagen fahren, Podeste und Scheinwerfer aufbauen, die Lautsprecheranlage, Generatoren und Kameras installieren, und die dann auch das gesamte Equipment am Laufen halten, empfinden den gleichen Ruf zur Evangelisation wie die Prediger, und sie nehmen ihre Arbeit genauso wichtig. Einige von ihnen haben ihr Leben als Märtyrer für das Evangelium hingegeben. Wir ehren sie, denn sie sind wahrlich Verfechter des Glaubens!

Einer meiner Helden ist ein Mann namens Winfried Wentland. Er ist heute der Leiter unseres Technikteams und hat die außerordentlich wichtige Verantwortung dafür zu sorgen, dass die gesamte Ausrüstung für eine Kampagne zur richtigen Zeit am richtigen Ort ist. Über dreißig Jahre lang hat Winfried unsere Lastwagen kreuz und quer durch Afrika gefahren. Er hat Grenzen, Kriegsgebiete, Überschwemmungsgebiete und malariaverseuchten Dschungel durchquert und dabei sein Leben ein ums andre Mal aufs Spiel gesetzt. Zwölf Mal ist er fast dabei umgekommen.

Er hat Schiffbruch erlitten und wurde vom Grund eines von Krokodilen nur so wimmelnden Flusses herauf geborgen. Er ist ins Kreuzfeuer zweier Rebellenarmeen geraten. Er entkam aus der Hand von Terroristen, Räubern, Kindersoldaten und Schlägern. Er ist fast zwei Dutzend Mal an Malaria erkrankt. Nur wenige Menschen haben für das Evangelium solche Abenteuer und heldenhaften Taten vollbracht. Doch Winfried meint dazu: „Man darf und kann so etwas nicht aus Abenteuerlust machen, weil man den besonderen geistlichen Kick oder die Abwechslung sucht. Hier geht es nicht um persönliche Befriedigung. Für eine solche Arbeit braucht man neben der Berufung Gottes auch Durchhaltevermögen. Meistens ist es einfach nur schwere, harte, staubige, normale Arbeit."[4] Winfried und die Männer, die mit ihm zusammen arbeiten, sind Fachleute in ihrem jeweiligen Arbeitsbereich: Ingenieurwesen, Elektronik, Logistik usw. Auch wenn diese Berufe nicht typischerweise mit einem geistlichen Dienst in Verbindung gebracht werden, ist ihre Arbeit für unsere Mission doch absolut notwendig. Es ist auch ein Resultat ihrer Arbeit, dass buchstäblich mehrere zehn Millionen Afrikaner das Evangelium gehört und Jesus Christus als ihren Erlöser angenommen haben.

Manche sind in den vollzeitlichen, fünffältigen Predigtdienst berufen, und manche sind berufen, eine ganze Reihe verschiedener anderer Dinge zu tun. In Wahrheit sind die meisten Christen berufen, Gott in „säkularen" Einflussbereichen zu dienen. Doch eines ist sicher: Egal, was Gott dir aufträgt, es ist für seine Ehre und für die Ausbreitung seines Reiches.

Ob Gott dich nun in den vollzeitlichen, hauptberuflichen geistlichen Dienst ruft, oder ob er dich beruft, in der Geschäftswelt, der Wissenschaft, der Regierung, der Unterhaltungsindustrie oder wo auch immer sein Botschafter zu sein, die Prinzipien bleiben gleich; die Schlüssel, den Willen Gottes zu erkennen, sind die gleichen; die Herausforderungen und Fallstricke sind die gleichen; und am Ende wird der Lohn auch der gleiche sein. Im Gegensatz zu dem, was viele Leute glauben, belohnt Gott uns nicht auf der Grundlage, wie viele Menschen wir zu Jesus geführt haben. Er belohnt uns auf der

Grundlage unseres Gehorsams und unserer Treue gegenüber seiner Berufung und seinem Willen. Mögen wir treu und gehorsam sein, egal, in welchem Bereich er uns beruft, damit wir am Ende jene Worte hören können: *„Gut gemacht, mein guter und treuer Diener"* (Matthäus 25,21 - NL).

KAPITEL 3

WIE ERKENNE ICH GOTTES WILLEN?

Ein Farmer im US-Staat North-Carolina lebte auf einer wunderschönen Farm, die schon seit vielen Jahrzehnten im Besitz seiner Familie war. Sie hatten seit Generationen das gleiche Stück Land bebaut, Jahr für Jahr auf den Feldern gesät und geerntet. Schließlich starb der Farmer, und nachdem das Anwesen über zweihundert Jahre lang im Familienbesitz gewesen war, wurde das Land an einen der Nachbarn verkauft.

Als der neue Besitzer der Farm über die Felder ging, bemerkte er einen großen, ungewöhnlich aussehenden Stein, der so gerade eben aus der Erde herausragte. Er hob ihn auf und begann ihn näher zu untersuchen. Es wurde ihm sofort klar, dass es kein gewöhnlicher Stein war, sondern eine Art von Edelstein. Er nahm ihn mit nach Hause, wusch ihn und brachte ihn zu einem Juwelierladen in der Stadt, in der er lebte. Der Juwelier bestätigte, was der neue Besitzer schon vermutet hatte: Der alte Stein, der schon Tausende von Jahren in diesem Feld gelegen hatte, war ein großer, ungeschliffener Smaragd. Wie sich herausstellte, besaß er einen Wert von mehreren Millionen Dollar!

Dieser Edelstein hatte die ganze Zeit in diesem Feld gelegen und darauf gewartet, dass ihn jemand „entdeckt". Über Generationen hatte ein Farmer nach dem anderen dieses Feld bearbeitet. Zweifellos wurde dieser Smaragd schon Tausende Male zuvor erblickt, aber er wurde übersehen, weil er für den leichtfertigen Beobachter nur wie ein gewöhnlicher Stein aussah.

Dieses Buch handelt davon, wie man Gottes Willen für sein Leben entdeckt. Wenn wir etwas „entdecken“, dann enthüllen oder finden wir etwas, was es schon gibt, wir aber bisher nicht gesehen haben. Und während viele Menschen verzweifelt nach dem Willen Gottes für ihr Leben suchen, ist es oft so, dass das, was sie suchen, schon direkt vor ihnen liegt. Doch sie suchen immer weiter, weil sie es nicht erkennen. Um einen Edelstein zu erkennen, muss man mit seinen Eigenschaften vertraut sein und wissen, wie er aussehen müsste. In der gleichen Weise müssen wir, wenn wir Gottes Willen für unser Leben entdecken wollen, lernen, die Eigenschaften seines Willens zu erkennen.

NAVI AUSSER RAND UND BAND
Scanne den QR-Code

oder besuche
lebe.kolendabuch.de/2

1. EIGENSCHAFT:
GOTT HAT EINEN ALLGEMEINEN WILLEN UND EINEN SPEZIFISCHEN WILLEN

Vor Kurzem kam ein Mann zu mir, der in einer sehr schwierigen Lage war und Rat brauchte. Dieser Mann, ein Ehemann und Familienvater, hatte beschlossen, seine Frau für eine andere zu verlassen. Er hatte das Gefühl, dass diese andere Frau seine „Seelengefährtin“ sei und glaubte, dass Gott ihm sagte, er solle sich von seiner ersten Frau scheiden lassen und die andere Frau heiraten. Als er mich in dieser Sache um Rat fragte, erkannte ich auf der Stelle den Willen Gottes in dieser Situation. Ich sagte ihm klipp und klar, dass es absolut nicht Gottes Wille war, dass er seine Frau für eine andere verlässt, und dass Gott ihm *nicht* gesagt hatte, etwas Derartiges zu tun.

Jetzt kann man natürlich die Frage stellen: „Wie kannst du das so genau wissen? Hast du eine hörbare Stimme vom Himmel gehört? Hast du ein prophetisches Wort bekommen?" Nein, ich brauchte noch nicht einmal darüber zu beten. Ich wusste, dass es nicht Gottes Wille war, dass dieser Mann seine Frau verlässt und Ehebruch begeht (Matthäus 5,28), ganz einfach auf der Grundlage dessen, was Gott uns schon in seinem Wort offenbart hat.

Wenn wir uns auf den Weg machen, um Gottes Willen für unser Leben zu entdecken, kann uns die Auswahl an Aufgaben, zu denen Gott uns berufen könnte, so unendlich groß erscheinen, dass wir uns überwältigt fühlen. Doch die gute Nachricht ist, dass Gott sich schon die Mühe gemacht hat, uns in seinem Wort zu offenbaren, was er für jeden von uns möchte. Ich nenne das den „allgemeinen Willen Gottes". Doch zusätzlich zu diesem allgemeinen Willen hat Gott einen maßgeschneiderten Plan für jeden von uns. Diesen Plan nenne ich den „spezifischen Willen Gottes".

Es ist allerdings wichtig zu verstehen, dass der spezifische Wille Gottes für unser Leben nie dem allgemeinen Willen Gottes widersprechen wird, also dem, was er uns in seinem Wort bereits offenbart hat. Diese Einsicht wird uns helfen, die vielen Möglichkeiten schneller zu durchforsten und Verwirrung sofort auszuschalten. Wenn man zum Beispiel eine Stimme hört, die einem sagt, man solle einen christlichen Striptease-Club eröffnen oder ein christliches Drogenkartell gründen, dann kann man sicher sein, dass diese Stimme nicht Gottes Stimme ist.

Das sind vielleicht recht extreme Beispiele, aber es ist durchaus nicht so weit hergeholt, wie man meinen könnte. Ich staune immer wieder darüber, was Menschen im Laufe der Geschichte alles getan haben, in der Überzeugung, sie täten Gottes Willen, obwohl sie in Wirklichkeit völlig entgegen dem offenbarten Wort Gottes gehandelt haben. Menschen, die sich als Leute bezeichneten, die Gottes Willen ausführen, haben die Kreuzzüge im Mittelalter geführt. Die Grausamkeiten, die in jenen Zeiten begangen wurden, sind den Lehren Jesu total entgegengesetzt. Der Ku-Klux-Klan bezieht sich ebenfalls auf die

Bibel, um seine verachtenswerten Aktivitäten zu rechtfertigen. Jesus zufolge sind diese Heuchler im Grunde ihres Herzens Mörder. Es gibt in der Tat viele Menschen, die im Namen Gottes abscheuliche Taten vollbracht haben. Und viele darunter haben wirklich geglaubt, Gottes Willen zu tun. Doch eigentlich gibt es für eine solche Verwirrung keinen Grund, denn Gott hat bereits seinen allgemeinen Willen für jeden in seinem Wort dargelegt, wenn wir es nur als unseren Leitfaden und Orientierungspunkt nehmen würden.

Es geht in diesem Buch hauptsächlich darum, den spezifischen Willen Gottes für unser Leben zu erkennen. Dieser Wille ist für jeden unterschiedlich und muss von jedem selbst entdeckt werden. Doch diese Suche nach dem Willen Gottes für unser Leben muss mit dem Wort Gottes anfangen. Wenn wir uns an den Prinzipien der Bibel orientieren, werden wir in der Lage sein, auf dem weiten Ozean der Möglichkeiten sicher zu navigieren, ohne Schiffbruch zu erleiden. Egal, was wir mit unserem Leben anfangen, es muss sich am Wort Gottes orientieren, und er wird *nie* etwas von uns verlangen, was seinem Wort widerspricht.

2. EIGENSCHAFT:
GOTT HAT EINEN „GUTEN WILLEN" UND EINEN „VOLLKOMMENEN WILLEN"

Gott hat einen wunderbaren Plan für unser Leben. Doch weil Gott uns die Freiheit gegeben hat zu wählen, ob wir diesem Plan folgen wollen oder nicht, gibt es offensichtlich vier Möglichkeiten, wie wir auf Gottes Willen für unser Leben reagieren können.

1. **Wir können uns damit zufrieden geben, Gottes Willen zu ignorieren.** Das trifft offensichtlich nicht auf dich zu, denn sonst würdest du nicht dieses Buch lesen. Du hegst in deinem Herzen den ernsthaften Wunsch, Gottes Willen für dein Leben zu entdecken, und du wirst ihn finden.

2. **Wir können wissen, was Gott von uns verlangt, uns aber entscheiden, ihm nicht zu gehorchen und stattdessen so zu handeln, wie wir es für richtig halten.** Hier handelt es sich um Ungehorsam, der direkten Konfrontation zwischen dem Willen Gottes und der eigensinnigen Rebellion des menschlichen Fleisches.

3. **Wir können Gottes Willen kennen und ihn teilweise befolgen, doch gleichzeitig nicht alles nehmen, was Gott für uns geplant hat.** Du würdest dieses Buch nicht lesen, wenn du nicht daran interessiert wärst, Gottes Willen herauszufinden. Doch sich mit weniger zufrieden zu geben, als Gottes Bestes für unser Leben, ist oft der einfachere Weg, und das Gute ist oft der Feind des Besten.

4. **Wir können uns entscheiden, uns nur mit Gottes Bestem für unser Leben zufriedenzugeben.** Das ist für viele die große Herausforderung, weil wir so ungeduldig sind zu bekommen, was wir wollen, und das setzt uns unter großen Druck. Doch wenn wir wirklich glauben, dass Gott einen perfekten Plan für uns hat und dass sein Wille immer besser ist als unser eigener, dann werden wir bereit sein, darauf zu warten und, wenn nötig, dafür zu kämpfen.

Es besteht ein andauernder Konflikt im Leben eines Christen zwischen dem, was „gut" ist, und dem, was „Gott" ist. Zum Beispiel habe ich schon erlebt, dass Christen nicht die richtige Person heiraten, weil sie nicht bereit waren zu warten, bis Gott ihnen die richtige Person über den Weg führt. Gott hat zugelassen, dass sie taten, was sie wollten, und in manchen Fällen hat er schlimme Situationen sogar zu seiner Ehre gewandelt. Doch jedes Mal, wenn wir uns entscheiden ungehorsam zu sein und auf eigene Faust zu handeln, geht etwas verloren, was unwiederbringlich ist. Gott wird uns vergeben und uns heilen, aber er wird die Zeit nicht zurückdrehen.

Manchmal frage ich mich, ob der Herr uns eines Tages zeigen wird, wie unser Leben hätte sein können und wie er uns gesegnet hätte, wenn wir ihm nur gehorcht hätten. Ein bekanntes englisches Gedicht lautet frei übersetzt:

> *Wenn ich vor dem Richterstuhl Christi stehe,*
> *und er mir seinen Plan für mich zeigt –*
> *den Plan meines Lebens, wie es hätte sein können,*
> *wenn es nach ihm gegangen wäre – und ich dann sehe,*
> *wie ich ihm hier widerstanden und ihn dort eingeschränkt habe,*
> *und meinen Willen nicht unterordnen wollte,*
> *werde ich dann in den Augen meines Erlösers Trauer sehen,*
> *Trauer, obwohl er mich immer noch liebt?*
> *Er wollte, dass ich reich bin, doch jetzt bin ich arm,*
> *habe nichts mehr außer seiner Gnade –*
> *während meine Erinnerungen wie ein gejagtes Tier dahinrasen,*
> *auf den Pfaden, auf denen ich nicht noch einmal gehen kann.*
> *Dann wird mein verzweifeltes Herz fast zerbrechen,*
> *mit Tränen, die ich nicht vergießen kann.*
> *Ich werde mein Gesicht mit meinen leeren Händen bedecken*
> *und mein ungekröntes Haupt beugen.*
> *Jetzt, Herr dieses Lebens, das mir noch bleibt,*
> *gebe ich mich völlig in deine Hand.*
> *Nimm mich, gestalte mich, forme mich,*
> *nach dem Muster, das du geplant hast.* [1]

Gott hat einen „guten" Willen für unser Leben, aber er hat auch einen „perfekten" Willen. Sein perfekter Wille und die Segnungen, die damit verbunden sind, sind denen vorbehalten, die bereit sind, ihm radikal zu gehorchen und, wenn nötig, zu warten. Wer diese Lektion nicht bald lernt, wird so einige Runden in der Wüste drehen und viel unnötiges Leid und unnötige Verluste hinnehmen müssen.

Es gibt Zeiten, in denen uns Gottes Wille als so schwierig, so zeitraubend und so undankbar erscheint, und unsere eigenen Vorstellungen dagegen viel einfacher, viel schneller und so viel erfreulicher. Doch das ist nur eine Illusion. Wenn wir zurückblicken, werden wir immer feststellen, dass Gottes Plan so viel besser ist als unser eigener. Für diese Regel gibt es keine Ausnahme, deshalb ist es weitaus besser, die Entscheidung zu treffen, sich von nun an Gottes Willen völlig unterzuordnen, die Dinge auf Gottes Weise zu tun, und auf Gottes Bestes zu warten.

3. EIGENSCHAFT:
GOTT BERUFT UNS OFT, DAS UNMÖGLICHE ZU TUN

Es gibt heute viele Bücher auf dem Markt über Weiterbildung und persönlichen Erfolg. Darin wird behauptet, dass wenn man lediglich schlechte Angewohnheiten und Einstellungen in gute verwandelt, das Endergebnis Reichtum, Gesundheit, Erfüllung und Glück sein wird. Viele der Prinzipien, die darin gelehrt werden, sind im Grunde universelle, geistliche Wahrheiten aus dem Wort Gottes, die auf eine weite Bandbreite von Situationen adaptiert und angewendet werden. Sie sind sozusagen die Cheerleader, die am Spielfeldrand stehen und den Spielern zurufen: „Ihr schafft es! Ihr schafft es!"

Doch dieses Buch ist anders. Auf den Seiten dieses Buches geht es nicht darum, dich herauszufordern zu „wachsen", etwas zu entwickeln, zu vollbringen oder zu verändern, sondern darum, dein Leben ganz Gott auszuliefern. Wenn die „Wir schaffen das schon"-Philosophie wahr wäre, dann bräuchten wir den Heiligen Geist nicht, oder? Die „Wir schaffen das schon"-Mentalität muss einer anderen Denkweise weichen, die im Grunde genommen besagt: „Ich *kann es nicht* alleine schaffen, aber *durch Christus* kann ich alles tun. Mit seiner Hilfe und seinem Segen ist alles möglich." Um den Willen Gottes herauszufinden, benötigt man einen Glauben für das Unmögliche und eine kindliche Abhängigkeit von ihm. In der Bibel gibt es zahlreiche Berichte über Männer und Frauen, die ihre Bestimmung in dem perfekten Willen Gottes gefunden haben, indem sie etwas taten, was sie alleine unmöglich hätten tun können.

NOAH UND SEIN UNMÖGLICHES VORHABEN

Noah hatte den Auftrag erhalten, von Hand ein Schiff zu bauen, das die Größe eines Flugzeugträgers hatte! Die Arche war ein riesiges Boot, groß genug, um jede Tierart aufzunehmen, ehe die weltweite Flut kommen sollte. Stell dir einmal vor, wie unmöglich es war, ein solches Boot in Handarbeit zu bauen, geschweige denn, dann noch alle Tiere zu sammeln. Und doch hat Noah es mit Gottes Hilfe und Gnade geschafft. Ingenieure haben die in der Bibel aufgezeichneten Dimensionen studiert und herausgefunden, dass die Proportionen der Arche für eine maximale Seetauglichkeit konzipiert waren![2]

Schon vor Tausenden von Jahren wurden beim Bau der Arche Konzepte der Ingenieur- und Schiffbaukunst eingesetzt, die erst vor Kurzem entdeckt wurden. Noah wäre nie fähig gewesen, diese Dinge selbst zu berechnen, doch Gott wusste bereits, wie man das perfekte Boot baut. Noah musste nur zuhören und gehorchen. Die Menschen in Noahs Zeiten müssen gedacht haben, er hätte den Verstand verloren, als er Jahrzehnt um Jahrzehnt an diesem enormen Boot arbeitete. Doch als die Fluten anfingen zu steigen, war Noah froh, Gottes detaillierten Anweisungen gefolgt zu sein.

ABRAHAM UND SEINE UNMÖGLICHE VERHEISSUNG

Als Abraham schon sehr alt war, hat Gott ihm gesagt, dass er so viele Nachkommen haben würde, wie es Sterne am Himmel gibt und so viele wie Sandkörner am Meeresstrand. Wie konnte das möglich sein? Er und seine Frau Sarah waren schon viel zu alt, als dass das geschehen könnte. Und doch glaubte Abraham in seinem Herzen, dass Gott treu und in der Lage war, seine Verheißungen zu erfüllen. Er wurde der „Vater vieler Völker", genau wie der Herr gesagt hatte, auch wenn es von einem rein biologischen Standpunkt aus gesehen völlig unmöglich war.

MOSE UND SEIN UNMÖGLICHER DURCHZUG

Mose war achtzig Jahre alt, als er vor einem mit der Herrlichkeit Gottes brennenden Busch stand. Gott gab ihm die Anweisung, etwa 2 Millionen Menschen aus Ägypten herauszuführen und sie in ein Land zu bringen, das er Abraham über 700 Jahre zuvor verheißen hatte. Mose hatte allen Grund zur Annahme, dass er für diesen Auftrag nicht geeignet war. Er war zu alt. Er war extrem schüchtern. Niemand würde auf ihn hören. Pharao würde ihn wahrscheinlich töten. Selbst wenn er fähig gewesen wäre, das Volk zu sammeln und den Auszug zu organisieren, und selbst wenn Pharao ihnen erlauben würde zu gehen, wie sollte er zwei Millionen Menschen ohne Nahrung und Wasser durch eine heiße Wüste führen und für sie sorgen? Und doch, trotz dieser enormen Hindernisse gab sich Mose ganz einfach seiner Bestimmung hin. Er gehorchte so gut er konnte, und Gott tat den Rest! Die Geschichte im 2. Buch Mose von Gottes Treue, Versorgung und Bewahrung ist einer der bemerkenswertesten Berichte in der Bibel.

MARIA UND IHRE UNMÖGLICHE SCHWANGERSCHAFT

Einem jungen Mädchen namens Maria erschien der Engel Gabriel und sagte ihr, dass sie große Gunst bei Gott gefunden hatte und auserwählt worden war, dem Messias von Israel das Leben zu schenken. Da sie noch Jungfrau war, stellte sie anfangs die Frage, wie das möglich sein könne. Trotzdem unterstellte sich Maria dem Willen Gottes, auch wenn sie ihn nicht völlig verstand. Letztendlich erfüllte sie ihre Bestimmung, indem sie dem Sohn Gottes das Leben schenkte und ihn aufzog.

> Gott hat große Freude daran, durch uns Dinge zu tun, die nur er tun kann, damit er am Ende alle Ehre, allen Ruhm und alles Lob bekommt.

Man könnte die Aufzählung der Menschen in der Bibel, denen Gott auftrug, erstaunliche Dinge zu tun, noch lange fortsetzen. Im Laufe der Menschheitsgeschichte hat Gott immer wieder ganz gewöhnliche Menschen erwählt, um ganz außergewöhnliche Taten zu vollbringen. Manche waren Männer, andere waren Frauen. Manche waren alt, andere jung. Einige waren gebildet, andere fast Analphabeten. Doch sie hatten alle etwas gemeinsam: Sie waren von Gott berufen worden, Teil von etwas zu sein, was sehr viel größer war als sie selbst. Und weil sie bereit waren, sich dem Einen, der sie geschaffen hatte, ganz zur Verfügung zu stellen und zuzulassen, dass seine Absichten in ihnen und durch sie realisiert werden, gebrauchte Gott diese Menschen auf ganz phänomenale Weise. Die Heilungsevangelistin Kathryn Kuhlman hat einmal gesagt: „Er verlangt keine silbernen Gefäße. Er braucht keine goldenen Gefäße. Er braucht nur hingegebene Gefäße."

Anscheinend ist eine der Eigenschaften von Gottes Willen, dass er uns oft zu etwas beruft, was wir unmöglich in unserer eigenen Kraft bewältigen können. Doch wenn wir ihm unser Leben ganz zur Verfügung stellen, dann sorgt er dafür, dass sich seine göttlichen Pläne und Träume verwirklichen! Gott hat große Freude daran, durch uns Dinge zu tun, die nur er tun kann, damit er am Ende alle Ehre, allen Ruhm und alles Lob bekommt.

4. EIGENSCHAFT:
ES GIBT BESTIMMTE ZEITPUNKTE UND PERIODEN FÜR GOTTES WILLEN

Wenn wir nach dem Willen Gottes für unser Leben suchen, können wir leicht frustriert werden, wenn wir nicht verstehen, dass es genau wie in der Natur bestimmte Perioden und Jahreszeiten für die Erfüllung des Willens Gottes gibt. Das meint Paulus, wenn er sagt: *„Lasst uns aber im Gutestun nicht müde werden! Denn zur bestimmten Zeit werden wir ernten, wenn wir nicht ermatten"* (Galater 6,9).

Vor einigen Jahren kam eine Gruppe von leitenden Missionaren bei einer Konferenz zusammen, um über die Lebensprinzipien zu sprechen, die sie aus mehreren Jahrhunderten langer, gemeinsam gesammelter Missionserfahrungen gewonnen hatten. Das Ziel dieser Zusammenkunft war, diesen Reichtum an Erfahrungen an die nächsten Generationen weiterzugeben. Während die erfahrenen Missionsleiter nacheinander ihre Lebensgeschichten erzählten, kristallisierte sich ein immer wiederkehrendes Muster heraus. Sie stellten fest, dass sie alle die gleichen Stadien in ihrem Dienst durchlaufen hatten, und sie entdeckten einen faszinierenden 5-Schritte-Zyklus, durch den Gott sie alle hindurchgeführt hatte. Nachfolgend eine kurze Zusammenfassung dessen, was jene Dienst-Veteranen herausgefunden haben:

1. PHASE: DIE GEBURT DER VISION

Ehe irgendetwas Sichtbares existierte, hatten diese Leiter eine Vision, die ihnen vom Heiligen Geist gegeben wurde. Am Anfang war diese Vision recht allgemein gehalten, mit nur einigen offensichtlichen Details darüber, wie sie in der Praxis umgesetzt werden sollte. Doch die Vision war trotzdem sehr real. Sie rief sowohl ein Gefühl der Begeisterung hervor als auch das bleibende Bewusstsein, dass sie vom Herrn war.

2. PHASE: DER ORT DER VORBEREITUNG

Nachdem die Leiter diese Vision in ihrem Herzen empfangen hatten, kam eine Zeit der Vorbereitung für die Umsetzung der Vision. In manchen Fällen dauerte diese Phase einige Wochen. Manchmal dauerte diese Phase der Fundamentlegung mehrere Monate, und manchmal sogar Jahre. Sie stellten auch fest, dass während dieser Phase die meisten Träume Gottes für die Menschen scheitern, weil die betreffende Person nicht bereit ist, die nötige Kleinarbeit zu leisten. Es gibt viele, die vom Herrn eine Vision empfangen. Doch eine Vision, die nicht durch eine Phase der Vorbereitung geboren und anschließend genährt wird, wird immer sterben. Wenn Gott uns eine Vision gibt, dann müssen wir auf irgendeine Weise zur Tat schreiten, ansonsten wird die Vision immer ein Traumgebilde bleiben.

Die Vorbereitung kann auf ganz unterschiedliche Weise passieren. Manchmal ist eine lange, anhaltende Phase des Gebets notwendig. Manchmal kann es nötig sein, der Vision eines anderen eine Zeitlang zu dienen, oder für jemand anders zu arbeiten, um auf diese Weise Erfahrungen zu sammeln. Wenn diese Vorbereitung nicht gründlich geleistet wird, ist ein späteres Scheitern des Projekts fast immer vorprogrammiert.

3. PHASE: DER ORT DER WÜSTE UND DER KÄMPFE

Eins der häufigsten Missverständnisse über das Entdecken des Willens Gottes ist, dass wenn etwas wirklich Gottes Plan für uns ist, es bei der Umsetzung dieses Plans keine Widerstände oder Kämpfe geben wird. Das ist ein Märchen! Wenn Gott jemanden beruft, etwas Bestimmtes zu tun, dann wird derjenige ganz sicher eine ganze Menge Kämpfe zu bestehen haben. Gott kann eventuell sogar zulassen, dass er auf dem Weg Fehler macht, weil er sich mehr für den Arbeiter interessiert als für die Arbeit. Manchmal ist Gott sogar bereit, ein Werk zu opfern, um einen Arbeiter zu perfektionieren. Diese Phase des Kampfes ist das Testgelände der Treue, und sie kann durch nichts anderes ersetzt werden. (Mehr über diese Zeit der „Wüstenerfahrung" und des Kampfes in Kapitel 16.)

4. PHASE: DIE UMSETZUNG DER VISION

All jene Leiter hatten festgestellt, dass an vierter Stelle des Prozesses die praktische Verwirklichung oder Umsetzung der Vision steht. Es ist das, worauf wir voller Erwartung zugehen, wo wir endlich die Früchte unserer sorgfältigen Vorbereitungen und der Treue Gottes genießen können.

5. PHASE: DER ORT DER NEUEN ANFÄNGE UND VISIONEN

Diese fünfte Phase war wahrscheinlich die überraschendste Entdeckung, denn hier wurden die Leiter aufs Neue mit einer frischen Vision vom Heiligen Geist herausgefordert. Für einige handelte es sich dabei um eine völlig neue Vision. Bei anderen ging es darum, das ursprüngliche Projekt, das Gott ihnen anvertraut hatte, zu erweitern und auszubauen. Diese Veteranen stellten fest, dass die Erfüllung ihrer Träume keine Endstation war, sondern lediglich eine weitere Phase in dem Zyklus, der sich öfter im Laufe ihres Lebens wiederholte. Gott brachte sie wieder an die erste Phase einer neuen Vision, für die ebenso viele Vorbereitungen und Kämpfe nötig waren, ehe sie wieder die Phase der Verwirklichung erreichten.

> Gott ist nicht nur an unserem Endziel interessiert, sondern auch an dem Weg dorthin, denn auf diesem Weg tut er ein Werk in uns, das Ewigkeitswert hat.

Die Leiter schlossen daraus, dass ihr Leben ein kontinuierlicher Kreislauf einer sich immer weiter ausdehnenden Vision gewesen war. In dem Maß, wie Gott ihnen mehr anvertraute, stieg auch das dafür nötige Maß an Vorbereitungen, und die Kämpfe, denen sie sich ausgesetzt sahen, wurden heftiger.

5. EIGENSCHAFT: GOTT INTERESSIERT SICH FÜR DEN WEG, NICHT NUR FÜR DIE ENDSTATION

Warum sind wir immer noch hier? Jesus starb vor zweitausend Jahren und hat das Werk der Erlösung „ein für alle Mal" vollbracht. Warum entrückt er uns also nicht alle, damit wir bei ihm sein können? Ein Mann hat mir einmal gesagt, dass wir alle nur darauf warten, dass Jesus unsere Wohnung im Himmel fertig baut. Ich dachte daraufhin bei mir: „Er hat nur sechs Tage dafür gebraucht, das gesamte Universum zu erschaffen. Kann es wirklich so kompliziert sein, deine Wohnung im Himmel zu bauen?"

Wäre ich dieser Mann gewesen und hätte gedacht, dass meine Wohnung im Himmel der einzige Grund ist, der die Wiederkunft des Herrn verzögert, dann würde ich beten: „Herr, vergiss die Wohnung. Komm einfach und hol mich hier raus!" Und warum würde der allwissende Gott nicht vorausgedacht und diese Wohnungen schon im Voraus bereitet haben? Es gibt offensichtlich noch einen anderen Grund. Gott ist nicht nur an unserem Endziel interessiert, sondern auch an dem Weg dorthin, denn auf diesem Weg tut er ein Werk in uns, das Ewigkeitswert hat.

Ich bin Vater von wunderbaren, kleinen Kindern, und ich kann dir versichern, wenn ein Kind in ein Auto einsteigt, dann hat es nur eins im Sinn: endlich am Ziel anzukommen. Nach fünf Minuten Fahrt einer fünfstündigen Reise fangen meine Kinder an zu fragen: „Sind wir schon da? Sind wir schon da? Sind wir schon da?" Und diese ständige Fragerei wird so lange andauern, bis wir endlich angekommen sind.

So verhalten sich auch viele von uns, wenn es darum geht, Gottes Willen für unser Leben zu entdecken. Wir wollen schon angekommen sein. Wir wollen hören, wie die Stimme aus dem Navigationssystem sagt: „Sie sind am Zielort angekommen." Doch in den meisten Fällen vergeht ziemlich viel Zeit zwischen dem Moment, in dem Gott uns beruft und dem, wenn wir seinen Willen für unser Leben vollständig ausgeführt haben. Wir müssen verstehen, dass der Weg an sich ein wesentlicher Prozess ist, der Gott sehr wichtig ist. Der Prozess der Nachfolge im Gehorsam, Schritt für Schritt, durch vieles Unbekannte, viele Prüfungen und Schwierigkeiten hindurch, ist ein bedeutender Teil unserer persönlichen Entwicklung und Vorbereitung.

Ein kleiner Junge fand einmal einen Schmetterling, der aus seinem Kokon herauszukommen versuchte. Der kleine Junge beschloss, dem sich abmühenden Schmetterling zu helfen, doch nachdem er den Kokon aufgerissen hatte, stellte er fest, dass der Schmetterling darin ganz runzlig und schwach war, so schwächlich, dass er nach kurzer Zeit starb. Was der kleine Junge nicht wusste, war, dass das Drücken gegen den Kokon für die Entwicklung des Schmetterlings notwendig war. Ohne den Kampf, den er gegen die Wände des Kokons führen musste, würde der Schmetterling nicht die Kraft zum Überleben haben, wenn er aus ihm herauskam.

Gott gebraucht den Weg, um uns Glauben zu lehren, um unseren Charakter zu formen und uns für die größeren Herausforderungen, denen wir noch begegnen werden, auszurüsten. *„Wenn du mit Fußgängern läufst und sie dich schon ermüden, wie willst du dann mit Pferden um die Wette laufen?“* (Jeremia 12,5). In den meisten Fällen wären wir nicht bereit, in die ganze Fülle dessen, was Gott für uns hat, einzutreten, ohne vorher den Weg dorthin gegangen zu sein. Der Weg ist nicht nur notwendig, um Gottes Willen für unser Leben zu erfüllen. In vieler Hinsicht ist er selbst ein fester Bestandteil von Gottes Willen für unser Leben.

Es ist sogar so, dass wenn du jetzt gerade dabei bist, Gottes Willen für dein Leben zu suchen, du im Grunde schon einen Teil davon erfüllst. Gott verspricht in Psalm 32, Vers 8: *„Ich will dich unterweisen und dich lehren den Weg, den du gehen sollst.“* Liebe Freunde, wir sollten nicht den Fehler begehen, auch nur eine Sekunde lang zu denken, dass wir deshalb keinen Fortschritt machen, weil wir heute nicht wissen, was Gottes Wille für unser Leben ist. Gerade jetzt geschieht etwas. Unser Glaube wird erweitert, und unsere Geduld wird auf die

Probe gestellt. Unsere geistlichen Ohren werden feinfühliger, wenn wir uns bemühen, die Stimme des Geistes Gottes zu hören. Wir bieten dem Zweifel und den Fragen die Stirn. Vielleicht befinden wir uns mitten in einem großen Kampf, doch dieser Kampf ist ein Teil des Geburtsprozesses der Dinge, die Gott in unserem Leben tun möchte. Gott bereitet uns *immer* auf das vor, was er für uns bereithält! Dieser Prozess mag wohl unbequem sein, aber er ist trotzdem notwendig. Machen wir uns bereit. Vor uns liegt etwas Gutes!

KAPITEL 4

UND WENN GOTT MICH ZU ETWAS BERUFT, WAS ICH NICHT TUN WILL?

Als kleiner Junge, der in der Gemeinde aufwuchs, fand ich die Worte bestimmter Kirchenlieder manchmal verwirrend. Zum Beispiel, jedes Mal, wenn das Lied „Bringing in the Sheaves" (dt. Bringt die Garben ein) gesungen wurde, dachte ich, dass die Leute anstatt „sheaves" „sheeps" (Schafe) sangen. Ich fragte mich dann, wo wir diese „Schafe" herbekommen würden, und wozu wir sie überhaupt einbringen wollten. Geistliche Themen, gesprochen oder gesungen, können den einfachen Verstand eines Kindes leicht verwirren. Und so blieb auch die Frage nach dem Willen Gottes lange Zeit unklar für mich. Ich erinnere mich an ein anderes Lied, das wir oft sangen, normalerweise nachdem ein Missionar deprimierende Geschichten über die Entbehrungen und die harte Arbeit auf dem Missionsfeld erzählt hatte:

> Jesus, gebrauch mich, O Herr, weise mich nicht ab;
> Da gibt es eine Arbeit, die ich tun muss.
> Ist sie auch niedrig, hilf meinen Willen zu beugen,
> Auch wenn es viel kostet, werde ich für dich die Arbeit tun.[1]

So schön diese Worte an und für sich auch sind, die Kombination dieses Texts mit der Musik und dem Kontext, in dem das Lied meistens gesungen wurde, bewirkten, dass ich mich vor dem Willen Gottes für mein Leben eher fürchtete. Ich dachte, dass er sicherlich etwas Schreckliches von mir verlangen würde. Ich befürchtete einfach, dass er mich tief in den Dschungel schicken würde, wo ich in einer Lehmhütte leben und nur Maden essen würde, um am Ende von Kannibalen aufgefressen zu werden. Wenn ich daran zurückdenke, kann ich darüber lächeln, wie naiv ich war, doch es ist eine Tatsache, dass viele Menschen wirklich Angst davor haben, Gottes Willen für ihr Leben herauszufinden, wenn auch nur unbewusst. Sie denken: „Was ist, wenn Gott etwas von mir verlangt, was ich nicht tun will?" „Was, wenn Gott will, dass ich etwas tue, was ich nicht gut kann?" „Was, wenn Gottes Willen zu tun bedeutet, alle meine Träume und Wünsche aufzugeben?" Ich glaube, dass so manche Christen Gottes Willen nur deshalb noch nicht herausgefunden haben, weil sie Angst davor haben.

Nach einer Predigt in einem bestimmten Bibelseminar kam einer der Studenten auf mich zu. Er stand kurz vor dem Abschluss und fragte schon seit vielen Jahren nach dem Willen Gottes, hatte aber noch keine Führung erhalten. Er fragte mich: „Wie kann ich herausfinden, was ich Gottes Meinung nach mit dem Rest meines Lebens anfangen soll?" Wir standen neben einer Lampe, und ich bemerkte, dass der Stecker nicht eingesteckt war. Ich zeigte auf den am Boden liegenden Stecker und sagte: „Woher weißt du, wozu diese Vorrichtung mit den beiden Metallstäbchen gut ist? Sollte ich sie mir in die Ohren stecken oder damit meine Haare kämmen?" Er antwortete: „Natürlich nicht, man steckt es in die Steckdose." Woher wusste er das? Wegen der Form. Der Stecker passt so perfekt in die Steckdose, dass man nicht daran zweifelt, dass dies sein Verwendungszweck ist. Selbst ein Kind, das noch nie zuvor einen Stecker und eine Steckdose gesehen hat, könnte herausfinden, dass sie füreinander gemacht sind.

Das ist eine der Möglichkeiten, wie man herausfinden kann, was Gott von einem möchte. Wo passt du rein? Was tust du gerne? Was erfüllt dich mit Freude und einem Gefühl der Zufriedenheit? Ich habe schon gehört, dass gelehrt wird, Gottes Wille sei immer schwierig und erfordere große Opfer. Doch ich habe festgestellt, dass die effektivsten Menschen im Dienst, im Beruf oder ganz einfach im Leben als Ganzes nicht diejenigen sind, die sich dazu zwingen, eine schreckliche Arbeit zu tun, weil sie überzeugt sind, dass Gott es von ihnen verlangt. Es sind eher jene, die eine Tätigkeit ausüben, die sie so gerne tun, dass sie fast ein schlechtes Gewissen haben, dafür auch noch bezahlt zu werden.

Wenn man etwas gefunden hat, was einen morgens aus dem Bett springen lässt; wenn man etwas gefunden hat, was einen herausfordert und begeistert; wenn man etwas gefunden hat, von dem man den Eindruck hat, dass man dafür geschaffen ist, dann kann es sehr gut sein, dass man nahe daran ist, Gottes Willen für sein Leben zu finden. Das bedeutet natürlich nicht, dass Gehorsam, Sich-selbst-Sterben und Opfer nie ein Thema oder notwendig sein werden. Doch wenn jemand das tut, wofür er geschaffen ist, dann hat sogar das Opfer etwas Süßes, der Gehorsam einen Geschmack der Erfüllung und das Leid den Hauch von immerwährender Hoffnung.

Wenn es jemanden gab, der wusste, was es bedeutet zu leiden, dann sicherlich der Apostel Paulus. Im 2. Korintherbrief, Kapitel 11, Verse 23 bis 28 beschreibt er, wie er gelitten hat: *„In Mühen umso mehr, in Gefängnissen umso mehr, in Schlägen übermäßig, in Todesgefahren oft. Von den Juden habe ich fünfmal vierzig Schläge weniger einen bekommen. Dreimal bin ich mit Ruten geschlagen, einmal gesteinigt worden; dreimal habe ich Schiffbruch erlitten; einen Tag und eine Nacht habe ich in Seenot zugebracht; oft auf Reisen, in Gefahren von Flüssen, in Gefahren von Räubern, in Gefahren von meinem Volk, in Gefahren von den Nationen, in Gefahren in der Stadt, in Gefahren in der Wüste, in Gefahren auf dem Meer, in Gefahren unter falschen Brüdern; in Mühe und Beschwerde, in Wachen oft, in Hunger und Durst, in Fasten oft, in Kälte und Blöße; außer dem Übrigen noch das, was täglich auf mich eindringt: die Sorge um alle Gemeinden."*

Und gleichzeitig war es dieser Paulus, der sagte: *„Denn ich denke, dass die Leiden der jetzigen Zeit nicht ins Gewicht fallen gegenüber der zukünftigen Herrlichkeit, die an uns offenbart werden soll"* (Römer 8,18). Jakobus geht sogar so weit zu sagen: *„Seht es als einen ganz besonderen Grund zur Freude an, meine Geschwister, wenn ihr Prüfungen verschiedenster Art durchmachen müsst"* (Jakobus 1,2 – NGÜ). Wie ist es möglich, angesichts von Problemen, Prüfungen und Leid

Freude zu empfinden? Es ist möglich, denn wenn wir im Willen Gottes sind, gibt es eine seine wunderbare Gnade, die uns zur Seite steht.

MIT DER GABE KOMMT DIE GNADE

Epheser 4 ist ein faszinierendes Kapitel, das uns helfen wird zu verstehen, wie Gottes Wille und Berufung funktionieren.

> Vers 11 spricht von fünf der Berufungen, die Gott Menschen gibt: *„Und er hat die einen als Apostel gegeben und andere als Propheten, andere als Evangelisten, andere als Hirten und Lehrer."*
>
> In Vers 8 wird gesagt, woher diese Berufungen stammen: *„Darum heißt es: Hinaufgestiegen in die Höhe, hat er [Jesus] Gefangene gefangen geführt und den Menschen Gaben gegeben."*
>
> Vers 12 erklärt, wozu diese Berufungen gegeben werden: *„Zur Ausrüstung der Heiligen für das Werk des Dienstes, für die Erbauung des Leibes Christi."*
>
> In Vers 13 wird dargelegt, was diese Berufungen letztendlich in der Gemeinde bewirken: *„... bis wir alle hingelangen zur Einheit des Glaubens und der Erkenntnis des Sohnes Gottes, zur vollen Mannesreife, zum Maß der vollen Reife Christi."*

Obwohl wir danach streben, immer mehr wie Jesus zu werden, wird in Wahrheit keiner von uns in sich selbst während unseres sterblichen Lebens hier auf Erden den perfekten Zustand der Vollkommenheit oder Vollmacht Christi erreichen. Doch als Leib, als Gemeinschaft, haben wir nicht nur die Möglichkeit, das Maß der vollen Reife Christi zu erreichen, sondern wir werden es auch wirklich tun! Gott hat seiner Gemeinde fünf Gaben gegeben, die uns dabei helfen, diese volle Reife zu erreichen: die Apostel, die Propheten, die Pastoren, die Evangelisten und die Lehrer. Wir stellen fest, dass diese fünf Gaben, die der Menschheit gegeben wurden, als Jesus in den Himmel auffuhr, nicht einfach zufällig ausgewählte Berufungen sind. Es sind fünf verschiedene Facetten des Dienstes Christi selbst. Jesus war der größte Apostel, Prophet, Pastor, Lehrer und Evangelist, der je gelebt hat, und als er in den Himmel auffuhr, sorgte er dafür, dass sein Plan auf Erden weiter ausgeführt wird, indem er Männern und Frauen Gaben gegeben hat, um die Heiligen zuzurüsten, die Arbeit in seinem Dienst zu tun. Epheser 4,13 zufolge wird das Endergebnis sein, dass der Leib Christi (das Volk Gottes) zum „Maß der vollen Reife Christi" hingelangt. Was für eine herrliche Bestimmung!

Der Grund, warum diese fünf Dienstgaben so wichtig und so mächtig sind, ist in Epheser 4,7 zu lesen: *„Jedem Einzelnen von uns aber ist die Gnade nach dem Maß der Gabe Christi gegeben worden."* Mit jeder Gabe wird auch Gnade gegeben! Jesus ist der vollkommenste Ausdruck aller fünf Dienste, doch als er auffuhr, verteilte er 20 Prozent seines Dienstes an die Apostel, 20 Prozent an die Propheten, 20 Prozent an die Pastoren, 20 Prozent an die Lehrer und 20 Prozent an die Evangelisten. Doch er hat nicht nur die Gaben verteilt, sondern er gab auch Gnade nach dem Maß einer jeden Gabe.

Hast du jemals als Kind ein besonderes Geburtstagsgeschenk erhalten, und nach dem Öffnen des Pakets festgestellt, dass man Batterien braucht, damit man das Geschenk benutzen kann? Wenn Jesus eine Gabe gibt, gibt er auch die Batterien, die nötig sind, um die Gabe einzusetzen. Die Batterie für die „Gabe Christi" ist Gnade. Doch er wird sie nur in dem Maße geben, wie man sie für die erhaltene Gabe benötigt.

In der heutigen Zeit sprechen viele Prediger vom „Burnout", und das erstaunt mich nicht. Stell dir einen echten Pastor vor, der für diesen pastoralen Dienst außerordentlich begabt ist. Er setzt 100 Prozent seiner ihm von Gott gegebenen Dienstgabe ein, und doch macht diese Gabe nur 20 Prozent dessen aus, was seine Gemeinde braucht. Dieser kostbare Pastor arbeitet rund um die Uhr in dem Versuch, der Gemeinde die 100 Prozent zu geben, die sie braucht, um zugerüstet und vollkommen zu werden, so wie es in Epheser 4,12 beschrieben wird. Doch er hat für diese Aufgabe nur 20 Prozent der Gnade! Jeder kann verstehen, dass man damit ein Desaster heraufbeschwört. Wenn der Körper eines Menschen nur zu 20 Prozent funktioniert, würden wir ihn als behindert einstufen. Wenn in einem Flugzeug alle bis auf 20 Prozent der Geräte versagen, würde man es sofort notlanden. Wenn ein Unternehmen nur 20 Prozent der nötigen Mengen produziert, würde es bald bankrott sein.

In Philipper 1 wendet sich Paulus an seine Dienstpartner (diejenigen, die ihn finanziell unterstützten). In Vers 5 bringt er seine Dankbarkeit für ihre Partnerschaft im Dienst des Evangeliums zum Ausdruck, und in Vers 7 sagt er: *„Ihr [seid] alle meine Mitteilhaber der Gnade."* Bist du dir bewusst, dass du tatsächlich an der Gnade, die auf dem Leben eines anderen liegt, Anteil haben kannst? Indem sie zu Partnern der Gabe von Paulus wurden, haben die Epheser an der Gnade von Paulus Anteil gehabt! Ich will noch einmal auf das Beispiel des Pastors zurückkommen, der ein Burnout erleidet. Anstatt zu versuchen, 100 Prozent dessen zu produzieren, was seine Gemeinde braucht, sollte er sich mit anderen zusammentun, die in den Bereichen begabt sind, in denen er Mangel hat. Wenn er in Partnerschaft mit den Gaben der anderen arbeitet, wird er auch an ihrer Gnade Anteil haben, und die gesamte Gemeinde wird davon profitieren.

Jedes Mal, wenn Gott uns beruft etwas zu tun, wird er auch das vollkommene Maß der Gnade bereitstellen, damit wir gemäß unserer Begabungen handeln können.

Das Prinzip ist einfach, aber sehr tiefgehend, und in Epheser 4,7 wird es sehr gut zusammengefasst: *„Jedem Einzelnen von uns aber ist die Gnade nach dem Maß der Gabe Christi gegeben worden."* Die Gnade kommt mit der Gabe!

Auch wenn dieser Vers im Kontext der fünffältigen Dienstgaben steht, ist er nicht nur auf die Personen anwendbar, die im „vollzeitlichen Dienst" stehen. Die Bibel sagt, dass diese Gnade *jedem Einzelnen von uns* gegeben ist nach dem Maß der Gabe Christi. Jedes Mal, wenn Gott uns beruft etwas zu tun, wird er auch das vollkommene Maß der Gnade bereitstellen, damit wir gemäß unserer Begabungen handeln können. Doch wenn wir versuchen, außerhalb unserer Begabungen zu handeln, werden wir es als schwierig, mühsam und freudlos empfinden, weil wir die dafür nötige Gnade nicht haben.

Nehmen wir zum Beispiel jemanden, der die Berufung hat, unverheiratet zu bleiben. Der Apostel Paulus gehörte zu diesen Menschen. In der Tat sagt er in 1. Korinther 7, dass es eine gute Sache ist, ledig zu bleiben, und ging sogar so weit zu sagen, in Vers 7: *„Am liebsten wäre mir ja, wenn jeder wie ich die Befähigung hätte, ledig zu bleiben. Aber es haben nicht alle die gleiche Gabe; dem einen gibt Gott diese, dem anderen eine andere"* (NGÜ). Obwohl Paulus die Ehelosigkeit vorzog und sich wünschte, jeder könnte Single bleiben so wie er, hatte er doch die Weisheit zuzugeben, dass seine Befähigung, auch ohne Ehepartner ein glückliches und erfülltes Leben zu führen, eine besondere Gabe Gottes war.

Paulus hatte verstanden, dass es ohne die Gabe auch die Gnade nicht gab. Deshalb warnte Paulus vor jenen, die das Heiraten verboten hatten (1. Timotheus 4,3). In der modernen römisch-katholischen Kirche dürfen die Priester nicht heiraten, obwohl manche von ihnen weder die Gabe noch die Gnade für die Ehelosigkeit haben. Das Resultat, wie man unlängst miterleben konnte, war ein furchtbarer weltweiter Skandal, der das Christentum in Schande gestürzt und viele Priester hinter Gitter gebracht hat. Die Ehelosigkeit des Paulus war eine Gabe, und mit der Gabe hatte Gott ihm auch die Gnade gegeben. Ohne diese Gnade hätte Paulus seine Ehelosigkeit nicht als ein Geschenk angesehen, sondern als eine Bürde.

Es gibt an dieser Stelle noch eine interessante Sache zu bemerken. Paulus hatte die Berufung, die „Gabe" und die Gnade empfangen, ein eheloses Leben zu führen, und konnte deshalb sagen: „Am liebsten wäre mir, jeder könnte sein wie ich." Ich habe festgestellt, dass jemand, der die Gabe und die Gnade für etwas empfangen hat, was für ihn so natürlich und offensichtlich ist, automatisch denkt, dass alle anderen es auch tun sollten. Aus dieser Feststellung kann man zwei Dinge lernen.

Erstens, wir sollten nicht den Fehler begehen, den Menschen um uns herum das aufzuzwingen, wozu Gott uns berufen hat, und wir sollten sie nicht geringschätzen, wenn sie etwas anderes tun als das, was uns so wichtig erscheint. Wir sollten anerkennen, so wie Paulus selbst sagte: *„Es haben nicht alle die gleiche Gabe; dem einen gibt Gott diese, dem anderen eine andere"* (1. Korinther 7,7 – NGÜ). Und zweitens, wenn man denkt, alle anderen sollten etwas Bestimmtes tun, dann stehen die Chancen sehr dafür, dass *man selbst* zu dieser Aufgabe berufen ist! Wenn man denkt, jeder sollte ein Evangelist sein, dann ist man sehr wahrscheinlich selbst ein Evangelist. Wenn man meint, jeder sollte ein politischer Aktivist sein, dann ist es wahrscheinlich genau das, wozu Gott einen selbst beruft!

Wenn Gottes Gabe und Gnade für eine bestimmte Aufgabe oder eine bestimmte Berufung auf einer Person ruhen, dann hat diese Person Freude daran Dinge zu tun, die anderen schwierig oder sogar unmöglich erscheinen. Interessanterweise graute es mir als kleinem Jungen vor dem Gedanken, in den Dschungel gesandt zu werden, um dem Ruf Gottes gehorsam zu sein, doch heute gehe ich sehr oft in den „Dschungel", um in Afrika und überall auf der Welt das Evangelium zu predigen – und ich kann mir nichts vorstellen, was ich lieber tun würde. Ich liebe mein Leben, und ich liebe meine Berufung als Missionar und Evangelist. Was ich als Kind nicht bedacht hatte, war folgende wunderbare Wahrheit: Die Gnade kommt mit der Gabe, und diese Gnade verändert alles.

Wenn Gottes Gabe und Gnade für eine bestimmte Aufgabe oder eine bestimmte Berufung auf einer Person ruhen, dann hat diese Person Freude daran Dinge zu tun, die anderen schwierig oder sogar unmöglich erscheinen.

Wenn man das verstanden hat, braucht man nie wieder Angst davor zu haben, Gottes Willen für sein Leben zu entdecken. Wenn er uns zu etwas beruft, wird er uns auch die Gnade geben, es auszuführen. Wenn wir in Gottes Willen sind, und seine Gnade uns bedeckt, dann ist das der herrlichste Ort auf der Welt, an dem wir uns befinden können.

KAPITEL 5

UND WENN ICH DEN WILLEN GOTTES SCHON VERPASST HABE?

In Offenbarung 13,8 wird Jesus beschrieben als das Lamm, das geschlachtet wurde *„von Grundlegung der Welt an“*. Es ist bemerkenswert, was diese Aussage im Grunde bedeutet. Schon vor dem Sündenfall von Adam und Eva im Garten Eden, ja, sogar noch bevor die ersten Bewohner dieses Gartens überhaupt existierten, hatte Gott schon begonnen, seinen Erlösungsplan auszuführen, der seinen Höhepunkt am Kreuz fand. Es bedeutet, dass Gott nicht überrascht war, als Adam und Eva von der verbotenen Frucht kosteten. Ihr Versagen war schon in seinem souveränen Plan mit einkalkuliert, und ein Weg zur Erlösung war bereits vorgezeichnet worden. Wenn man den Willen Gottes verpasst hat, dann darf man sich mit der Tatsache trösten: Noch ehe Gott uns berufen hat, noch ehe wir gerettet wurden, ja, sogar noch ehe wir geboren wurden, wusste Gott, wie unser Leben verlaufen würde. Noch ehe wir einen einzigen Fehler machten, hatte Gott schon alle unsere zukünftigen Patzer einkalkuliert. In seiner unendlichen Weisheit und Liebe kam er allen unseren Fehlgriffen zuvor, indem er einen Plan entwarf, durch den er unsere Tragödie am Ende in einen Triumph verwandeln kann. Wenn man das weiß, kann man sich darauf verlassen: Solange wir

> Solange wir am Leben sind, kann Gott immer noch eingreifen und das wiederherstellen, was die Heuschrecken und die Würmer gefressen haben.

am Leben sind, kann Gott immer noch eingreifen und das wiederherstellen, was die Heuschrecken und die Würmer gefressen haben.

Allerdings ist es andererseits genauso wichtig zu verstehen, dass Ungehorsam gegenüber dem Willen Gottes durchaus keine Bagatelle ist. Gottes Gnade ist keine Garantie dafür, dass wir nie die negativen Konsequenzen unserer Taten zu tragen haben. Auch wenn Gott vergibt und wiederherstellt, bleiben sehr oft Narben zurück, wenn wir ungehorsam sind, und oft ist der Prozess, unsere Irrwege wieder gerade zu biegen, lang und schmerzhaft.

Jona wurde von Gott berufen nach Ninive zu gehen. Am leichtesten, schnellsten und bequemsten wäre es gewesen, sich sogleich dorthin zu begeben. Doch weil er der Anweisung Gottes nicht gehorchte, wählte Jona den harten Weg. Obwohl er am Ende doch in Ninive ankam, war er auf dem Weg dorthin in einen Sturm geraten, von einem Schiff ins Meer geworfen und von einem riesigen Fisch verschluckt worden. Er saß drei Tage im Bauch des Fisches und wurde schließlich an den Strand gespuckt. Ja, Jona kam irgendwann in Ninive an, aber die erste Möglichkeit dorthin zu gelangen, wäre auf jeden Fall die bessere gewesen.

Wenn man den perfekten Willen Gottes in seinem Leben verpasst hat, muss man sofort die folgenden Schritte unternehmen.

ANHALTEN!

Wenn man in die falsche Richtung geht, muss man vor allen Dingen zunächst anhalten! So seltsam es auch klingen mag, wenn wir den Eindruck haben, dass wir alles vermasselt haben, gibt es die ganz reale Versuchung, einfach weiterzugehen. Menschen, die versuchen, mit einer Diät ihr Gewicht zu reduzieren, kämpfen mit dieser Versuchung. Sie mögen vielleicht einige Wochen lang sehr diszipliniert gewesen sein, doch dann kommt der Urlaub. Sie befolgen mehrere Tage lang ihre Diät nicht, nehmen wieder einige Pfunde zu, und anstatt dann die Talfahrt zu beenden, sagen sie sich: „Ach, was soll's! Ich habe schon alles vermasselt. Jetzt kann ich auch ganz aufgeben."

Wenn du dieses Buch liest und auf der falschen Fährte bist, musst du dir darüber klar sein, dass jeder Tag, den du auf dem falschen Weg bleibst, ein weiterer Tag ist, den du nicht wiederbringen kannst. Vergeude keinen weiteren Tag, keine weitere Stunde damit, in die falsche Richtung zu gehen. Halte *jetzt* an!

SEINEN FEHLER ERKENNEN

Selbst wenn dieser Fehler nicht die direkte Folge von absichtlichem Ungehorsam gegenüber dem erkannten Willen Gottes ist, müssen wir unseren Fehler eingestehen und um Vergebung bitten. Vielleicht handelt es sich um eine Arbeitsstelle, die man nicht hätte antreten sollen, oder vielleicht eine Fehlinvestition oder eine Verschuldung, von der man erst hinterher gemerkt hat, dass man sie nicht zurückzahlen kann. Es kann auch etwas sein, was aufgrund von Nachlässigkeit oder Sorglosigkeit passiert ist, oder auch aufgrund von regelrechter Auflehnung gegen Gott. Was es auch ist, es gibt immer noch Erlösung für jeden durch Gottes große Gnade und Liebe. *„Wenn wir unsere Sünden bekennen, ist er treu und gerecht, dass er uns die Sünden vergibt und uns reinigt von jeder Ungerechtigkeit"* (1. Johannes 1,9).

BUSSE TUN

Buße ist ein Begriff, der sehr oft missverstanden wird. Im Gegenteil zu dem, was viele Menschen glauben, ist Buße kein schreckliches Wort. Es ist nicht nur ein Wort für den Sünder, der umkehren will, oder nur für jene, die eine sehr schlimme Sünde begangen haben oder ein völlig unmoralisches Leben führen. Für ein Kind Gottes sollte Buße ein Lebensstil sein. *Buße zu tun* bedeutet „umzukehren", sein Denken und seine Richtung zu ändern. Doch genau an dieser Stelle wird sie von vielen falsch verstanden. Wir denken, dass es bei der Buße hauptsächlich darum geht, sich von etwas *abzuwenden,* also sich von der Sünde abzuwenden und eine 180°-Drehung in die entgegengesetzte Richtung zu vollziehen. Doch damit wird der eigentlich wichtige Punkt außer Acht gelassen. Ein Sünder könnte sich zum Beispiel von einer Sünde abwenden, aber trotzdem noch verloren sein. Es ist eine Tatsache, dass in vielen Religionen Moral und Abstinenz von verschiedenen Sünden gelehrt werden, doch nur dadurch allein wird keiner erlöst. Deshalb ist es aus der christlichen Perspektive eher so, dass es nicht so sehr darum geht, wovon man sich abwendet. Es geht in erster Linie darum, wem man sich *zuwendet.* Darin liegt der Unterschied.

Wenn wir die Buße lediglich als eine Drehung um 180° verstehen, dann sehen wir nicht, dass wir manchmal eine minimale, aber trotzdem absolut notwendige Kurskorrektur vornehmen müssen, um mit dem Herzen Gottes weiterhin in Einklang zu sein. Wenn ich durch die Wildnis wandere und auf meinem Kompass sehe, dass ich nur zwei Grad von meinem Kurs abgewichen bin, dann werde ich keine 180°-Drehung vollziehen und in die entgegengesetzte Richtung weiterwandern, weil ich dadurch immer noch in eine falsche Richtung gehen würde! Stattdessen muss ich versuchen, wieder auf Kurs zu kommen, damit ich mich wieder auf mein angepeiltes Ziel zubewege. Wenn ich nur zwei Grad vom Kurs abgekommen bin, muss ich meine Richtung ändern, auch wenn es nur eine kleine Korrektur ist, um wieder in die richtige Richtung zu gehen. Buße ist etwas, was von den Gerechten praktiziert wird. Wir müssen unsere Herzen beständig auf Gott ausrichten – von der Dunkelheit zum Licht, vom Fleisch zum Geist, vom Zeitlichen zum Ewigen, vom Tod zum Leben.

So gesehen bekommt die Buße eine ganz andere Bedeutung. Wenn ich gierig war, gelogen oder gestohlen habe, habe ich Gottes Willen verfehlt, denn ich war ungehorsam und ich muss Buße tun, das stimmt. Aber wenn ich darüber Buße tue, wende ich mich nicht nur von diesen Sünden *ab.* Ich erkenne, dass diese Sünden im Grunde ein Symptom eines tiefer liegenden, weit ernsthafteren Problems sind, nämlich dass ich mich in eine Richtung bewege, die mich von Christus wegführt. Wenn in meinem Herzen Sünde ist, oder wenn ich nicht in Gottes Willen bin, ist das ein Zeichen dafür, dass mein Herz nicht auf Christus ausgerichtet ist. Ich muss mein Herz wieder auf Christus richten und es neu „einstellen", damit mein ganzes Sein Christus zugewandt ist. Manchmal geht es bei der Buße gar nicht um Sünde. Manchmal handelt es sich dabei nur um eine winzige Kurskorrektur meines Denkens oder meiner Einstellung, durch die mein Geist wieder mit dem Geist Gottes in Einklang gebracht wird. Indem man sich Jesus zuwendet, wendet man sich automatisch von der Sünde ab. Wenn man sich Jesus zuwendet, schaut man immer in die richtige Richtung. Wenn man Gottes Willen verpasst hat, muss man aufhören, in die falsche Richtung zu gehen, seinen Fehler eingestehen und sein Herz wieder mit Christus in Einklang bringen.

NEU BEGINNEN

Ich liebe Klagelieder 3,22-32: *„Ja, die Gnadenerweise des HERRN sind nicht zu Ende, ja, sein Erbarmen hört nicht auf, es ist jeden Morgen neu. Groß ist deine Treue."* Gottes Gnade ist in der Tat ein unfassbares Wunder. Es fällt uns oft nicht leicht, das Ausmaß der Gnade Gottes zu verstehen, aber es stimmt: Sein Erbarmen ist jeden Morgen neu! Jeder Tag ist ein neuer Tag. Gott ist bereit, uns zu vergeben und uns an jedem neuen Tag eine neue Chance zu geben.

Eine der fantastischsten Errungenschaften unserer Zeit ist die GPS-Technologie (Globales Positionierungssystem). Navigationsgeräte sind in der Lage, eine Person durch akustische Anweisungen von jedem denkbaren Ort der Erde mit einer Genauigkeit von einigen Metern zu einem anderen Ort zu leiten, an den sie sich begeben möchte. Eine der schönen Eigenschaften dieser Navigationsgeräte ist, dass sie voller Gnade und Barmherzigkeit sind. Wenn der Fahrer eine Abzweigung verpasst, fängt das Navi nicht an zu schimpfen: „Du Idiot. Ich habe dir doch gesagt, du sollst abbiegen. Jetzt hast du die Ausfahrt verpasst! Ok, jetzt ist Schluss. Such dir doch deinen Weg alleine. Ich mach nicht mehr mit!" Nein, es sagt einfach mit ruhiger Stimme: „Neuberechnung", und beginnt dann damit, eine neue Route zu berechnen, um den Fehler zu korrigieren. Ich habe einmal von jemandem gehört, dass sein Navi, nachdem er eine Abzweigung übersehen hatte, gesagt hat: „Fahren Sie 520 Kilometer geradeaus und nehmen Sie dann die erste rechts." Solche Navi-Anweisungen sind sehr selten, aber selbst wenn der Fahrer sie befolgt hätte, hätte das Navi ihn schließlich dorthin geführt, wo er hinwollte.

Wenn wir durch Nachlässigkeit, Unwissenheit, Anmaßung oder Auflehnung eine Abzweigung verpassen, und wenn wir dann anhalten und unsere Sünde eingestehen, um Vergebung bitten, Buße tun und Gottes Gnade für einen Neuanfang empfangen, werden wir in unserem Herzen die sanfte, barmherzige Stimme des Guten Hirten vernehmen, die spricht: „Die Route wird neu berechnet." Er wird uns dann eine neue Route geben, die uns wieder auf den richtigen Weg bringt. Es kann durchaus sein, dass es länger dauert und größere Anstrengungen erfordert. Es könnte langwierig und schmerzhaft sein. Es kann sogar nötig sein, dass wir diese „520 Kilometer geradeaus fahren" müssen, ehe wir die nächste Abzweigung erreichen. Doch sie wird kommen, wenn wir Gott weiter folgen. Gott ist ein Spezialist darin, Trauer in Reigen zu verwandeln und auch aus Asche noch Freudenöl zu machen.

AUS DER VERGANGENHEIT LERNEN – ABER NICHT IN IHR LEBEN

Manche Menschen empfinden eine tiefe Reue über ihre Vergangenheit. Jeder macht Fehler. Manche dieser Fehler sind das Ergebnis von Ungehorsam gegenüber dem erkannten Willen Gottes. Doch die meisten Fehler werden begangen wegen Mangel an Gebet, Mangel an Weisheit, Unreife, Ungeduld oder weil man eine bestimmte Situation falsch einschätzt. Wenn wir vorher gewusst hätten, was wir heute wissen, hätten die meisten unter uns sicher in dem einen oder anderen Lebensbereich anders entschieden. Wie man so schön sagt: „Hinterher ist man immer klüger." Doch Tatsache ist, dass wir die Zeit nicht zurückdrehen und die Dinge ungeschehen machen können, die geschehen sind. Doch was wir tun können – und müssen – ist, nicht länger in

> Wir können die Zeit nicht zurückdrehen und die Dinge ungeschehen machen, die geschehen sind. Doch was wir tun können ist, nicht länger in die falsche Richtung zu gehen, unsere Fehler zuzugeben, Buße zu tun und dann voranzugehen.

die falsche Richtung zu gehen, unsere Fehler zuzugeben, Buße zu tun und dann voranzugehen.

Als die jüdischen Vorsteher eine Frau zu Jesus brachten, die beim Ehebruch ertappt worden war, war es ganz klar, dass sie der Sünde, die ihr vorgeworfen wurde, schuldig war. Das Gesetz forderte bei Ehebruch die Todesstrafe. Die Gerechtigkeit erforderte, dass diese Frau den Preis für ihre Sünde bezahlte. Doch Jesus hatte Mitleid mit ihr. Und nachdem ihre Ankläger fortgegangen waren, sagte Jesus: „Frau, wo sind sie? Hat niemand dich verurteilt?" Sie aber sprach: „Niemand, Herr." Jesus aber sprach zu ihr: *„Auch ich verurteile dich nicht. Geh hin und sündige von jetzt an nicht mehr!"* (Johannes 8,10-11).

Auch wenn uns diese Geschichte rührt, möchte ich dir trotzdem eine ganz praktische Frage stellen: Was gab Jesus das Recht, den Forderungen des Gesetzes des Mose zu widersprechen? Der Gerechtigkeit muss Genüge getan und Gesetzesbrecher müssen bestraft werden. Doch Jesus hat den Ehebruch dieser Frau nicht einfach abgetan, als wäre es nicht weiter wichtig. Als er die Worte sprach: „Auch ich verurteile dich nicht. Geh hin und sündige von jetzt an nicht mehr!", war er bereits auf dem Weg zum Kreuz, wo er für den Ehebruch dieser Frau mit seinem eigenen, sündlosen Blut bezahlen würde. Der Gerechtigkeit würde Genüge getan, und jede Schuld würde bezahlt werden.

Lieber Freund, wenn du Vergebung empfangen hast, dann sind deine Sünden abgewaschen und vom Blut Jesu bedeckt worden. *„So fern der Osten ist vom Westen, hat er von uns entfernt unsere Vergehen"* (Psalm 103,12). *„Also gibt es jetzt keine Verdammnis für die, die in Christus Jesus sind"* (Römer 8,1). Jemand, der wirklich eine Vergangenheit hatte, für die er sich schämte, war der Apostel Paulus, aber er bekannte Folgendes: *„Eines aber tue ich: Ich vergesse, was dahinten, strecke mich aber aus nach dem, was vorn ist, und jage auf das Ziel zu, hin zu dem Kampfpreis der Berufung Gottes nach oben in Christus Jesus"* (Philipper 3,13-14).

Es ist ein großer Unterschied, ob man aus seiner Vergangenheit lernt, oder ob man in ihr lebt. Wir müssen aus unseren Fehlern lernen, damit wir sie nicht wiederholen. Doch wir können nicht zurückgehen und die Vergangenheit verändern. Was getan ist, ist getan. Wir müssen vorangehen und die Zeit, die uns noch gegeben ist, nutzen, und von diesem Moment an im Gehorsam dem Willen Gottes gegenüber leben. In der Vergangenheit zu leben würde bedeuten, den Geist der Gnade und das Opfer Jesu am Kreuz zu schmähen. Er hat den Preis bezahlt, damit wir Vergebung empfangen können für die Fehler der Vergangenheit. Wenn wir durch das Blut Jesu reingewaschen sind, dann verurteilt Gott uns nicht, und deshalb sollten wir uns selbst auch nicht verurteilen. Und nun geh und sündige von jetzt an nicht mehr.

TEIL 2

FÜNF GEHEIMNISSE, UM GOTTES WILLEN HERAUSZUFINDEN

KAPITEL 6

1. GEHEIMNIS: DAS REICH GOTTES AN ERSTER STELLE

Stell dir vor, du gehörst zur Mannschaft eines Flugzeugträgers der US-Marine. Wie allen anderen Mannschaftsmitgliedern auch, hat man dir eine bestimmte Aufgabe zugewiesen. Vielleicht bist du ein Mechaniker, oder auch ein Lande-Signal-Offizier. Vielleicht hast du eine angesehene Stellung, wie zum Beispiel die eines „Top-Gun-Fighters", oder die bescheidene Stellung eines Matrosen. Auch wenn jeder eine ganz unterschiedliche Aufgabe und Stellung hat, arbeitet doch jedes Mannschaftsmitglied auf das gleiche Ziel hin: die Mission des Schiffs auszuführen.

Im Militär, je nach Stellung und Dienstgrad, kann es sein, dass man über die Mission, für die das Schiff ausgesandt wurde, unterrichtet ist oder auch nicht. Doch in Gottes Reich hat unser Oberster Kommandant das Ziel unserer Mission schon ganz klar gegeben, und wenn wir diese Aufgabe beständig vor Augen haben, wird es uns helfen, Gottes Willen für unser Leben zu erkennen und zu erfüllen. Ganz egal, welche Rolle jeder von uns dabei zu spielen hat, Gottes Plan für unser Leben wird immer Teil der übergeordneten Mission sein, und so können wir alle Vorhaben, die damit nicht in Einklang sind, schon ausschließen.

Ganz egal, welche Rolle jeder von uns zu spielen hat, Gottes Plan für unser Leben wird immer Teil der übergeordneten Mission sein.

Welches ist also Gottes übergeordneter Plan für diese Welt? Was sagt uns die Schrift? Wir brauchen nur auf Jesus zu schauen, der in jeder Hinsicht den Willen Gottes vollkommen zum Ausdruck gebracht und entsprechend gehandelt hat. Im Vaterunser betet Jesus: *„Dein Reich komme, dein Wille geschehe, wie im Himmel, so auch auf Erden"* (Matthäus 6,10).

Dieses Gebet, das Jesus uns zu beten gelehrt hat, wird eines Tages erhört werden. Gottes Reich wird kommen, und sein Wille wird auf der Erde, wie im Himmel, geschehen! Lass uns einen Sprung in die Zukunft machen, um zu begreifen, wie diese wunderbare Gebetserhörung aussehen wird. In 1. Korinther 15,28 wird eine herrliche Aussage gemacht: *„Wenn ihm [Jesus] aber alles unterworfen ist, dann wird auch der Sohn selbst dem unterworfen sein, der ihm alles unterworfen hat, damit Gott alles in allem sei."* ***Damit Gott alles in allem sei.*** Was könnte vollkommener sein? Was könnte umfassender sein? Keine Finsternis mehr, keine Sünde mehr. Nur noch Gerechtigkeit in der gesamten Schöpfung. Gottes Wille wird zu jeder Zeit und überall geschehen.

In der Bibel können wir einen prophetischen Blick davon erhaschen, sogar schon im Alten Testament. Jesaja und Habakuk erklären beide: *„Denn die Erde wird davon erfüllt sein, die Herrlichkeit des HERRN zu erkennen, wie das Wasser den Meeresgrund bedeckt"* (Habakuk 2,24; vgl. auch Jesaja 11,9). Umfassender kann man es nicht ausdrücken. Es ist eine völlige und totale Sättigung.

Das letzte Kapitel der Bibel zeichnet ein prophetisches Bild, wie die Schöpfung am Ende aussehen wird. In Offenbarung 21,4 heißt es: *„Und er wird jede Träne von ihren Augen abwischen, und der Tod wird nicht mehr sein noch Trauer noch Geschrei noch Schmerz wird mehr sein; denn das Erste ist vergangen."* Jesaja 11,6 beschreibt eine Zeit, in der Wölfe und Lämmer, Leoparden und Ziegen gemeinsam lagern und von Kindern getrieben werden.

Die Erlösung war seit dem Sündenfall von Adam und Eva im Garten Eden das göttliche Endziel. Und durch die gesamte Menschheitsgeschichte hindurch hat Gott beständig und sorgfältig auf dieses Ziel hingewirkt. Sowohl das Alte wie auch das Neue Testament beinhalten Hunderte von Schriftstellen, die von Anfang bis zum Ende ohne Unterbrechung auf eine einzige Absicht hinweisen.

In der Tat haben Apostelgeschichte 3,21 zufolge alle heiligen Propheten Gottes seit Anbeginn der Zeit von der Wiederherstellung aller Dinge geredet. Diese Prophetien werden sich erfüllen, das Gebet Jesu wird erhört werden und Gottes Reich wird kommen. Was für ein großartiger Tag das sein wird!

Danach sehnen wir uns. Dafür beten wir. Dafür arbeiten wir: dass Gottes Reich kommt und dass sein Wille geschieht, wie im Himmel, so auch auf Erden! Ganz egal, welcher Beschäftigung wir nachgehen, wir werden alle an dieser einen Berufung und Mission in diesem Leben Anteil haben, Gottes Reich hier auf Erden zu bauen. Das ist die Mission, auf der unser „Schiff" sich befindet. Das ist das Unternehmen, in das wir alle investieren sollten. Und wenn wir feststellen, dass wir in eine andere Richtung gehen, können wir sicher sein, dass wir uns von Gottes Willen für unser Leben entfernen.

Der Bau des Reiches Gottes auf Erden ist nicht nur etwas, was wir irgendwo im Hinterkopf behalten sollten und zu dem wir steuern sollten, falls sich die Gelegenheit ergibt. Nein, das Kommen des Reichs Gottes sollte unser Hauptziel sein. Jesus hat nämlich gesagt: *„Es soll euch **zuerst** um Gottes Reich und Gottes Gerechtigkeit gehen, dann wird euch das Übrige alles dazugegeben"* (Matthäus 6,33 – NGÜ, Hervorhebung durch den Autor).

FÜR EINE ZEIT WIE DIESE

Der bekannteste Vers im Buch Esther ist wahrscheinlich der 14. Vers im 4. Kapitel, als Esthers Vormund Mordechai zu ihr sagt: *„Und wer erkennt, ob du nicht gerade für einen Zeitpunkt wie diesen zur Königswürde gelangt bist?"* Viele begeisternde und aufbauende Botschaften haben diesen Vers als Grundlage genommen. Doch oft verfehlen diese inspirierenden Predigten völlig das Wesentliche, weil sie den wahren Zusammenhang der Worte Mordechais außer Acht lassen. Wenn man die Umstände genauer betrachtet, in denen dieser Text steht, wird man feststellen, dass Mordechais Botschaft an Esther keine Motivationsrede war, durch die sie sich gut fühlen sollte, sondern eher ein ernüchterndes und alarmierendes Ultimatum!

Esther war eine junge jüdische Frau, die in eine schwierige Familiensituation hinein geboren worden war und in einer repressiven Gesellschaft zu einer Minderheit gehörte. Von Anfang an waren die Umstände gegen sie. Doch fast von einem Tag auf den anderen wandelte sich Esthers Schicksal; sie kam aus der Armut zum Reichtum, aus der Hütte in den Palast. Sie wurde die Frau von König Xerxes I., und damit eine der mächtigsten Frauen der Weltgeschichte. Das Buch Esther scheint voller Ironie zu sein, denn nachdem Persien gerade unwissentlich eine Jüdin zur Königin gekrönt hatte, schmiedete der Wesir des Königs, ein Mann namens Haman, einen teuflischen Komplott, um die jüdische Rasse durch ein schreckliches Blutbad auszurotten. Es gibt im ganzen Land nur eine einzige Jüdin, die in der Lage ist, einzugreifen und ihrem Volk zu Hilfe zu kommen, und das ist Esther.

Es hat den Anschein, dass die Annehmlichkeiten des Palastlebens Esther schon teilweise in ihren Bann gezogen hatten, denn im 4. Kapitel sieht man, dass sie Mühe hat sich zu entscheiden, was zu tun ist. Esther blickte sich im Palast um, der jetzt ihr Zuhause war, sah den Luxus, die Freuden, den Komfort und den Reichtum, die ihr lieb geworden waren, und es muss ihr schwer gefallen sein sich vorzustellen, für einen törichten Versuch, die Heldin zu spielen, all das aufs Spiel zu setzen. Sie war sich bewusst, dass wenn sie diese Angelegenheit vor den König brachte, gezwungen war, alles zu riskieren, was sie besaß, sogar ihr Leben. Vielleicht wäre es besser, etwas dezenter vorzugehen. Vielleicht sollte sie doch lieber im Hintergrund bleiben und abwarten, wie alles ausgehen würde. Vielleicht hätte sie irgendwann einmal die Gelegenheit, ein gutes Wort für die Juden einzulegen, ohne sich selbst in Gefahr zu begeben. Schließlich würde es keinem etwas nützen, wenn sie sterben würde, oder?

In Esther 4,13-14 fühlt Mordechai den inneren Kampf Esthers und lässt ihr folgende Botschaft zukommen: *„Bilde dir nicht ein, du könntest dich mit deinem Leben im Haus des Königs allein von allen Juden in Sicherheit bringen! Denn wenn du zu diesem Zeitpunkt wirklich schweigst, so wird Befreiung und Rettung für die Juden von einem andern Ort her erstehen. Du aber und das Haus deines Vaters, ihr werdet umkommen. Und wer erkennt, ob du nicht gerade für einen Zeitpunkt wie diesen zur Königswürde gelangt bist?"* Mit anderen Worten, Mordechai sagte ihr: „Esther, bilde dir nichts ein! Du bist nicht im Palast, weil du so hübsch oder so wunderbar oder so besonders bist. Du bist heute in dieser Position, weil du ein strategischer Teil eines göttlichen Plans bist, der weit über deine persönliche Situation hinausgeht. Wenn du aufstehst und für dein Volk eintrittst, dann ist das kein großzügiger Akt der Nächstenliebe oder der Liebenswürdigkeit. Es ist der eigentliche Grund, warum Gott dich in den Palast gebracht hat!" Dann betont Mordechai noch, dass die Situation wirklich ernst ist und sagt im Grunde: „Wenn du versuchen solltest, auf Kosten der göttlichen Vorsehung deine Position zu schützen, wird Gott dich durch jemand anders ersetzen und du selbst wirst umkommen!"

Vielleicht fragst du dich, warum ich meine, darüber spekulieren zu können, was in Esthers Herzen und Gedanken vorging. Es ist nicht nur wegen des historischen Kontextes oder der Botschaft, die Mordechai ihr sandte, sondern auch weil ich dieses Szenario täglich hier in der westlichen Gesellschaft beobachte. Durch unseren Komfort und unsere Bequemlichkeiten sind wir angesichts einer sterbenden Welt gleichgültig und selbstgefällig geworden. Oft haben wir Angst, irgendetwas zu tun, was unser gemütliches, verwöhntes Leben durcheinanderbringen könnte.

Jemand hat mir einmal gesagt: „Ich kann an meinem Arbeitsplatz nicht über Jesus reden, denn dann werde ich meinen Job verlieren." Andere haben mir gesagt, dass es zwei Themen gibt, über die sie am Arbeitsplatz nicht reden: Politik und Religion. Doch beim Evangelium handelt es sich nicht um ein beliebiges Gesprächsthema, das man am Arbeitsplatz besser nicht anschneiden sollte. Im Gegenteil, man hat diese Arbeitsstelle, weil man ein strategischer Teil eines göttlichen

Plans ist, der weit über unseren persönlichen Kontext hinausreicht. Gott hat dir diese Arbeitsstelle gegeben, und zwar aus einem ganz bestimmten Grund. Wenn man nicht bereit ist, am Arbeitsplatz Zeuge zu sein, dann sollte man sich nicht wundern, dass Gott diese Arbeitsstelle jemand anders anvertraut, der sich des Evangeliums nicht schämt. Gott beruft uns in den Dienst, auch wenn er uns dafür in eine „weltliche" Beschäftigung platziert. Unsere Berufung ist, das Reich Gottes voranzutreiben, in welchem Bereich wir auch tätig sind.

Ich habe beobachtet, dass Leute Hunderte Euros in Restaurants oder sinnlosen Vergnügungen ausgeben, aber wenn die Kollekte eingesammelt wird, fangen sie sofort an zu stöhnen und sich zu beschweren: „In dieser Gemeinde wird immer nur um Geld gebeten." Und wenn sie dem Herrn dann doch ein paar Dollars geben, denken sie, sie waren sehr großzügig. Doch das Geld auf unseren Bankkonten gehört uns nicht, es gehört alles in erster Linie Gott. Er ist nicht nur allgemein die Quelle unserer Versorgung, sondern er ist auch derjenige, der uns dazu befähigt, Wohlstand zu schaffen. Gott hat uns nicht nur gesegnet, damit wir unsere finanziellen Mittel für unsere eigenen Vergnügungen und Wünsche ausgeben. Er hat uns gesegnet, damit wir ein Segen sein können. Das ist der Grund, warum wir die finanziellen Mittel überhaupt haben! Wenn wir nicht bereit sind, Gottes Reich aus einem freudigen Herzen heraus zu segnen, dann sollten wir uns nicht wundern, wenn er uns diese Mittel wieder wegnimmt und sie jemandem gibt, der sie gut verwaltet.

Wenn Gott uns Geld anvertraut, dann müssen wir wissen, dass wir nicht die Endstation sind. Wir sind ein Kanal, durch den diese Mittel fließen sollen. Wenn Wasser durch ein Rohr fließt, wird das Rohr natürlich auch nass! Wenn Gottes Segnungen durch uns fließen, dann werden wir persönlich auch gesegnet, doch wir sollten nicht den Fehler machen zu denken, dass wir gesegnet werden, weil wir so besonders, so wunderbar, so intelligent oder so talentiert sind. Genau wie Mordechai zu Esther sagte: „Bilde dir nichts ein!" Wir sind nicht besser als der ärmste Bettler in der dreckigsten Gosse. Gott segnet uns nicht, weil er uns mehr liebt als alle anderen. Er segnet uns, weil er einen Plan hat, und ob wir diesen Plan ausführen oder nicht ist keine Nebensache: Es ist der Grund, warum wir überhaupt diesen Segen erfahren! Wenn wir nicht bereit sind, das zu tun, wozu Gott uns berufen hat, dann wird er jemand anders finden, der es mit Freuden tun will!

WENN DU ES NICHT TUST, WIRD ES JEMAND ANDERS TUN

Esau war der Erstgeborene seiner Familie. Er hätte der Erbe seines Vaters sein sollen, der den Familiennamen weiterführt und durch den Gott seine Verheißung an Abraham erfüllt. Doch Esau *„verachtete das Erstgeburtsrecht“* (1. Mose 25,34). Gott überging Esau wegen dieser Geringschätzung und fand in seinem jüngeren Bruder Jakob eine größere Bereitschaft. Jakob erbte die Bestimmung, die eigentlich von Geburt her Esau gehört hätte, und wurde einer der größten Patriarchen Israels.

Eli war der Hohepriester, und seine Familie war von Gott berufen und gesalbt worden, um Israel im Priesteramt zu dienen. Doch die beiden Söhne Elis hatten vor dem Herrn und seiner Berufung keinen Respekt (1. Samuel 2,12). Sie entweihten die Stiftshütte, stahlen aus den Opfergaben und lästerten Gott. Sie dachten, sie hätten ein gewisses Anrecht und wären unentbehrlich, nur weil sie in eine mächtige und privilegierte Familie hineingeboren worden waren. Doch Gott entriss ihnen, und der gesamten Familie, die priesterliche Berufung und gab sie einem jungen Mann namens Samuel, der das Volk an ihrer Stelle leiten sollte.

Gott hatte Saul berufen, der erste König Israels zu sein. Doch dieser war dem Herrn gegenüber ungehorsam und verhärtete sein Herz immer und immer wieder. Die Kinder und Enkelkinder Sauls waren dazu bestimmt, den Thron zu besteigen, aber wegen Sauls Ungehorsam setzte Gott seine Familie ab und salbte stattdessen einen jungen Mann namens David, aus dessen Geschlecht schließlich der Messias geboren wurde (1. Samuel 16,1-13).

Kathryn Kuhlman hatte zweifellos einen der einflussreichsten Dienste des letzten Jahrhunderts. Sie war eine Heilungsevangelistin, die ganz außergewöhnliche Wunder erlebte und viele Menschen inspirierte, ihrem Beispiel zu folgen. Doch Kathryn sagte von sich selbst, dass sie nicht Gottes erste Wahl gewesen war. Sie glaubte, dass der Herr vor ihr schon andere berufen hatte, die allerdings nicht bereit gewesen waren zu gehorchen. Sie sagte: „Ich glaube, Gottes erste Wahl für diesen Dienst war ein Mann, und auch seine zweite Wahl. Doch kein Mann war bereit, den Preis zu bezahlen. Ich war einfach naiv genug, um zu sagen: Nimm mein Nichts und gebrauche es. Und das hat er seitdem getan."[1] Kathryn Kuhlman glaubte, dass sie ihre mächtige Salbung und Berufung nicht erhalten hatte, weil sie die Beste war, sondern weil sie gehorsam war.

Der Evangelist Reinhard Bonnke hat schon vor mehreren Millionen Menschen gepredigt. Seit 1987 hat unser Dienst „Christus für alle Nationen", der von Evangelist Bonnke gegründet wurde, im Laufe unserer Großevangelisationen bisher auf der ganzen Welt über 72 Millionen Entscheidungskarten registriert. Es ist wirklich eine der bemerkenswertesten Erfolgs-Stories aller Zeiten im christlichen Dienst, und sie ist noch nicht zu Ende. Doch es war nicht immer nur ein Zuckerschlecken. In seiner Autobiografie *Im Feuer Gottes* erzählt Evangelist Bonnke viele Geschichten über die Schwierigkeiten, denen er ausgesetzt war, besonders in den Anfangsjahren. Seine Anfänge in Afrika waren sehr bescheiden. Er predigte oft zu einer kleinen Handvoll von Leuten, die nicht interessiert waren und nicht auf die Botschaft des Evangeliums reagierten.

Doch der Wind schlug um, als er vier Nächte nacheinander einen prophetischen Traum hatte, in dem er sah, wie der afrikanische Kontinent in dem kostbaren Blut Jesu gewaschen wurde, und in dem er die Stimme des Heiligen Geistes ausrufen hörte: „Afrika soll errettet werden!" Er ergriff diese Verheißung mit aller Kraft und begann im Glauben zu handeln. Doch nicht alle begrüßten seine Ambitionen und seinen Enthusiasmus. Aus Neid und Eifersucht begannen andere Missionare, sich bei den Leitern ihrer Denomination darüber zu beschweren, dass Reinhard Bonnke in seinem Dienst mehr Freiraum hätte als sie, und das wiederum veranlasste das Missionskomitee, ihm schriftlich mitzuteilen, seinen Dienst nicht weiter auszubauen.

„Meine Seele war wie geschlagen" schrieb er, „es war, als sei ich von meiner eigenen Familie enterbt worden. Ich musste ... in meiner Verzweiflung einen einsamen Ort aufsuchen. Ich musste mit Gott reden und noch viel mehr musste er zu mir reden." Er beschloss, ein Sabbatjahr zu nehmen, um zu fasten und zu beten. „Ich will mit meinen Brüdern im Frieden leben", betete er inständig. „Ich will mich unterordnen, will nicht mehr von der brennenden Vision getrieben werden, die du mir von einem blutgewaschenen Afrika gegeben hast." Doch da sprach der Herr zu ihm mit Worten, die ihn zutiefst schockierten. „Ja, das kannst du tun", antwortete der Herr. „Aber wenn du meine Berufung fallen lässt, muss ich dich fallen lassen und nach jemand anderem schauen." Dieses Ultimatum war das Einzige, was er hören musste. Er ging sofort nach Hause und schrieb eine Rücktrittserklärung an das Missionskomitee. „Alle anderen können mich fallen lassen", betete er, „doch du, Herr, lass mich bitte nicht fallen."[2]

Hätte Evangelist Bonnke die Vision eines blutgewaschenen Afrika fallen lassen, hätte Gott jemand anderen gefunden, um diesen Kontinent mit dem Evangelium zu erreichen. Wir denken oft irrtümlicherweise, dass wir unersetzlich sind, doch in Wirklichkeit ist es so, dass selbst dann, wenn wir der Berufung Gottes nicht folgen, Gottes Pläne dadurch nicht scheitern werden. Es ist eher derjenige, der nicht gehorchen will, der leidet. Gottes Plan wird sich trotzdem erfüllen, auch wenn er jemand anderen berufen muss, um ihn auszuführen. Johannes der Täufer gab den jüdischen Leitern seiner Zeit eine ernüchternde Warnung. Er wusste, dass sie sich, weil sie zum auserwählten Volk Gottes gehörten, als etwas Besseres als die anderen Völker sahen und das Gefühl hatten, sie seien unersetzlich. Doch in Matthäus 3,9 sagt Johannes: *„Meint nicht, bei euch selbst zu sagen: Wir haben Abraham zum Vater! Denn ich sage euch, dass Gott dem Abraham aus diesen Steinen Kinder zu erwecken vermag."* Gott ist durchaus in der Lage, über Nacht den nächsten Weltveränderer zu berufen. Er kann jemanden aus der Gosse holen, so wie Esther, die ein „Niemand" gewesen war, und die er in einen Palast gesetzt hatte. Und dazu braucht er sich von keinem die Erlaubnis einzuholen.

Mordechai sagte im Grunde zu Esther: „Gottes Pläne werden sich so oder so erfüllen, mit dir oder ohne dich." Doch dann hat er seine Warnung noch verschärft, denn Mordechai sagte zu Esther: „Denn wenn du zu diesem Zeitpunkt wirklich schweigst, so wird Befreiung und Rettung für die Juden von einem andern Ort her erstehen. Du aber und das Haus deines Vaters, ihr werdet umkommen." Gottes Pläne sind wie ein Güterzug, den man nicht aufhalten kann, und der gefährlichste Ort der Welt, an dem man sich befinden kann, ist, sich diesen Plänen in den Weg zu stellen, denn sie werden ihre Fahrt nicht verlangsamen, um einen nicht zu überfahren. Wer das bezweifelt, sollte Pharao fragen, der sich geweigert hatte, die Kinder Israel ziehen zu lassen, wie es im Buch 2. Mose beschrieben wird. Die Möglichkeit, dass Gott verliert, gibt es nicht. Wir sind die Einzigen, die etwas verlieren, wenn wir ihm nicht gehorchen.

Liebe Freunde, wir sind mit einer ganz bestimmten Absicht in diese Welt hineingeboren worden: das Reich Gottes voranzutreiben. Und das ist nicht nur eine persönliche Vorliebe oder ein Vorrecht. Es ist eine von Gott gegebene Verantwortung und Pflicht, für die wir in Ewigkeit Rechenschaft ablegen müssen. Das Reich Gottes voranzutreiben ist keine Nebensache. Es ist der Grund, warum du errettet wurdest. Es ist *der* Grund, warum du geboren wurdest. Du bist zur Königswürde gelangt für einen Zeitpunkt wie diesen!

Das Reich Gottes voranzutreiben ist keine Nebensache. Es ist der Grund, warum du errettet wurdest. Es ist der Grund, warum du geboren wurdest.

NICHTIGKEIT! NICHTIGKEIT!

In Matthäus 6,33 heißt es, wenn man in erster Linie nach dem Reich Gottes trachtet, einem *„alle diese Dinge **hinzugefügt** werden".* Das griechische Wort, das mit hinzugefügt übersetzt wird, ist ein mathematischer Begriff. Rein vom Zahlenwert her betrachtet macht ein Hinzufügen, also eine Addition, erst dann Sinn, wenn es um Zahlen geht, die größer sind als Null, denn 0+0=0. Das ist unendlich fortführbar und stimmt immer. Selbst wenn man eine Reihe von Nullen addiert, die um den ganzen Erdball reicht, würde das Ergebnis immer noch Null sein. Und Null ist auch der letztendliche Wert all der Dinge, mit denen wir uns im Leben umgeben. Der Verfasser des Buches Prediger sagt es am besten:

Nichtigkeit der Nichtigkeiten! – spricht der Prediger; Nichtigkeit der Nichtigkeiten, alles ist Nichtigkeit! Welchen Gewinn hat der Mensch von all seinem Mühen, mit dem er sich abmüht unter der Sonne? Eine Generation kommt, und eine Generation geht; aber die Erde besteht in Ewigkeit. Und die Sonne geht auf, und die Sonne geht unter, und sie strebt ihrem Ort zu, wo sie wieder aufgeht. Der Wind geht nach Süden und wendet sich nach Norden. Immer wieder sich wendend geht er dahin, und zu seinem Ausgangspunkt kehrt der Wind zurück. Alle Flüsse gehen ins Meer, und das Meer wird nicht voll. An den Ort, wohin die Flüsse gehen, dorthin gehen sie immer wieder. Alle Worte mühen sich ab. Nichts vermag ein Mensch zu sagen. Das Auge wird nicht satt zu sehen und das Ohr nicht voll vom Hören.
Prediger 1,2-8

Der Herr befahl Jesaja, die folgenden Worte auszurufen und zu prophezeien, die auch in unserer heutigen Welt, die fieberhaft dem Vermögen, dem Ruhm und der Erfüllung hinterherjagt, wie ein mahnender Chor erklingen:

Eine Stimme spricht: Rufe! Und ich sage: Was soll ich rufen? – Alles Fleisch ist Gras, und all seine Anmut wie die Blume des Feldes. Das Gras ist verdorrt, die Blume ist verwelkt, denn der Hauch des HERRN hat sie angeweht. Fürwahr, das Volk ist Gras ... Siehe, Nationen gelten wie ein Tropfen am Eimer und wie Staub auf der Waagschale. Siehe, Inseln hebt er hoch wie ein Stäubchen ... Alle Nationen sind wie nichts vor ihm und gelten ihm als nichtig und leer.
Jesaja 40,6-7,15,17

Filmstars, Weltführer und mächtige Wirtschaftsbosse halten sich für enorm wichtig, und die abendlichen Nachrichtensendungen wollen uns glauben machen, die ganze Welt drehe sich um diese Menschen und um ihren Einfluss, ihre Macht und ihren Reichtum. Doch von Gottes Perspektive aus ist all das Nichtigkeit und Sinnlosigkeit. Die ganzen Kriege, Kämpfe und Bemühungen, um nach ganz oben zu kommen, sind allesamt wertlos. Und wenn das für die Allermächtigsten dieser Welt gilt, wie viel mehr dann für uns? Wenn alles gesagt und getan ist, was ist dann der Sinn all dessen, was wir tun? Wir mühen uns ab und schuften unser ganzes Leben lang, drängen und strecken uns aus nach etwas, nach einem Sinn, aber nach welchem?

Indem wir einen Sinn im Leben suchen, sagen wir uns, dass wir es für unsere Kinder tun, doch was bringen wir unseren Kindern bei? Was sie von uns lernen, ist, wie man Nullen zusammenzählt, und so erben sie die gleiche nutzlose Nichtigkeit, mit der wir schon gelebt haben. Alle Dinge, die wir anhäufen, werden nach einiger Zeit verfaulen. Kostbare Momente werden vergessen, und das Geld verdunstet wie der Morgentau. Die Welt dreht sich und verändert sich immer weiter, während Menschen und Königreiche kommen und gehen. Die Weisen werden verstehen, dass der „Prediger" Recht hatte: Alles in dieser Welt ist letztendlich völlig sinnlos und nicht mehr wert als eine Null. Und doch verbringen die Menschen ihr gesamtes Leben damit, diese sinnlosen Nullen zu addieren.

Wenn wir aber zuerst nach dem Reich Gottes trachten, dann heißt das: Das Reich Gottes ist in unserem Leben die erste Priorität. Und wenn Gottes Reich die Eins ist, dann haben all die Nullen hinter der Eins plötzlich eine Bedeutung: 10, 100, 1.000, 10.000, 100.000, 1.000.000! Alle Nullen im Leben sind wertlos, es sei denn, Gottes Reich kommt an erster Stelle! Doch wenn man Gottes Reich an die erste Stelle setzt, dann wird man nicht nur den Sinn und Zweck des Lebens erkennen, sondern sogar die ganz kleinen Dinge werden Bedeutung gewinnen.

Ich stamme von einer langen Reihe von Predigern des Evangeliums ab. Fünf Generationen väterlicherseits. Es begann mit meinem Ur-Ur-Großvater August Kolenda. Als ich einmal unseren Familienstammbaum untersuchte, fiel mir auf, dass wir eine ganze Menge über den Ur-Ur-Opa August und all die Generationen nach ihm wissen, aber kaum etwas über die Generationen vor ihm, die nicht errettet waren. Es ist, als ob nichts von Bedeutung war, bis Jesus in die Familie Kolenda hineinkam. Die Geschichten, die Kämpfe, die Siege, die kleinen Einzelheiten des Lebens waren für keinen wichtig.

Ehe Jesus in die Familie Kolenda hineinkam, war alles sinnlos und wertlos, lediglich ein Haufen Nullen. Doch an dem Abend, an dem Ur-Ur-Opa August eine wunderschöne Musik aus einer Kirche kommen hörte, dorthinein ging, sich auf die letzte Bankreihe setzte, das Evangelium hörte und sich entschied, für das Reich Gottes zu leben, kam plötzlich etwas Wertvolles in unsere Familie hinein. Vor all diesen bedeutungslosen Nullen wurde das Reich Gottes die Nummer Eins, und seit dem Tag sind alle Segnungen, die unserer Familie hinzugefügt wurden, zu einem herrlichen und fantastischen Erbe geworden, das mehr wert ist als große Reichtümer.

Die Taylor-Brüder waren beide sehr ehrgeizig. Beide wollten mit ihrem Leben etwas bewirken. Beide hatten den Wunsch, dass ihr Leben für etwas zählt. Der ältere Bruder beschloss, seiner Familie Ehre zu bringen, indem er eine angesehene politische Karriere einschlug. Der jüngere Bruder beschloss, sein Leben der Predigt des Evangeliums zu weihen und ging als Missionar nach China. Zeitgenossen der Taylor-Brüder hätten sicherlich gesagt, dass der ältere Bruder der erfolgreichere war, doch heutzutage ist er fast völlig unbekannt, außer dafür, dass er einen jüngeren Bruder hatte, der Hudson hieß. Hudson Taylor wurde zu einem der bekanntesten Pionier-Missionare der Geschichte und wird auf der ganzen Welt verehrt und geschätzt. Ein Bruder trachtete nach Ruhm, Reichtum und Macht. Sein Ruf, sein Geld und sein Einfluss sind inzwischen längst den Strom der Zeit hinuntergerauscht. Der andere Bruder schien sein Leben zu vergeuden, indem er Gott in einem fernen Land diente. Doch die Hinterlassenschaft von Hudson Taylor lebt weiter, denn obwohl er kein Millionär war, kein Superstar oder Weltführer, gab er sein Leben für etwas, was ewig Bestand hat.[3]

Der Missionar und Märtyrer Nate Saint hat einmal gesagt: „Menschen, die den Herrn nicht kennen, fragen sich, warum um alles in der Welt wir unser Leben als Missionare vergeuden. Sie vergessen, dass auch sie ihr Leben für etwas ausgeben ... und wenn die Blase dann geplatzt ist, werden sie nichts vorzuweisen haben für all die Jahre, die sie vergeudet haben."[4] Das Christentum widerspricht der normalen Intuition. Es ist ein Paradox und predigt eine Botschaft, die der Weisheit der Welt genau entgegengesetzt ist. Die Welt sagt: „Beschütze dein Leben, wenn du es retten willst." Jesus sagt: *„Wer sein Leben retten will, wird es verlieren; doch wer sein Leben verliert um meinetwillen, wird es finden"* (Matthäus 16,25). Salomo, einer der reichsten und mächtigsten Könige, die je gelebt haben, hat alles geschmeckt, was die Welt zu bieten hatte und kam zu der Schlussfolgerung, dass alles „Nichtigkeit" ist. Es ist so wie der Apostel Johannes schrieb: *„Und die Welt vergeht und ihre Begierde; wer aber den Willen Gottes tut, bleibt in Ewigkeit"* (1. Johannes 2,17).

Will ich dich damit überreden Missionar zu werden? Ganz und gar nicht. Immer wenn es um „Gottes Willen" geht, denken die Leute automatisch, dass sie ihre Arbeitsstelle aufgeben und „in den Dienst" gehen müssen. Es ist so schade, dass der Leib Christi so oft durch den Klassenunterschied von „Geistlichen" und „Laien" zerstückelt wurde. Menschen, die den geistlichen Dienst berufsmäßig und vollzeitlich ausüben, wurden oft auf ein Podest gehoben, und es wird von ihnen erwartet, dass sie diejenigen sind, die das Reich Gottes vorantreiben und repräsentieren, während die „normalen" Christen sich um die säkularen Angelegenheiten kümmern. Für viele Christen ist „Glauben" etwas, was am Sonntagmorgen stattfindet, eine der vielen Interessen und Aktivitäten, die neben der Zugehörigkeit zu einer politischen Partei oder dem Lieblingssportverein diskret im Lebenslauf erwähnt werden.

Doch im christlichen Glauben gibt es keine Unterschiede, keine Klassen. Wir gehören alle zur Priesterschaft, und von uns allen wird erwartet, dass wir uns um die Dinge des Reiches Gottes kümmern. Gott möchte, dass unser Leben ein integraler Bestandteil des Reiches Gottes auf Erden ist! Er möchte, dass wir Botschafter seines Reiches sind, egal, wo wir uns befinden und egal, was wir tun. In diesem Sinn sind wir alle „in den Dienst" berufen.

ALL DAS ÜBRIGE

Die Fragen nach beruflicher Karriere, dem Lebenspartner, Finanzen, Wohnort und Bildung sollten nie das sein, worauf wir uns in erster Linie konzentrieren. All das wird sich fügen und uns dazugegeben werden, wenn wir uns in erster Linie um das Reich Gottes kümmern. Wenn wir Gottes Willen für unser Leben suchen, können wir sicher sein, dass wir *nie* eine Richtung einschlagen werden, die den Plänen des Reiches Gottes entgegensteht.

Diese absolute Wichtigkeit, nach dem Reich Gottes zu trachten, bezieht sich nicht nur auf den Kontext eines geistlichen Dienstes. Jesus sagte, dass wenn wir zuerst nach dem Reich Gottes trachten, uns *alles Übrige* dazugegeben wird. Das ist einer der wichtigsten Schlüssel, wenn wir Gottes Willen für unser Leben finden wollen. Wenn wir unsere Aufmerksamkeit auf das Reich Gottes richten und es zu unserer Priorität machen, dann werden wir auf unserem Weg automatisch alles finden, was wir zum Leben brauchen!

Ich predigte einmal in einer Gemeinde über das Reich Gottes, und als ich geendet hatte, kam einer der Gemeindeältesten zu mir und sagte: „Wissen Sie, all diese edlen Vorstellungen sind ja schön und gut, aber die meisten Leute in der Gemeinde haben einfach die Sorge, wie sie ihre Rechnungen bezahlen und sich mit ihren Ehepartnern gut verstehen, ihre Kinder angemessen aufziehen und in ihrem Beruf gute Arbeit leisten können." Mir wurde klar, dass dieser gute Mann in vieler Hinsicht recht hatte. Die meisten Christen denken, das Reich Gottes sei etwas so Erhabenes, dass man es besser den Pastoren und Evangelisten überlässt.

Der berühmte Psychologe Abraham Maslow vertrat eine ähnliche Ansicht. Er entwarf eine Pyramide, die er „Bedürfnishierarchie" nannte. Seiner Meinung nach muss eine Person erst ihre grundlegenden Bedürfnisse erfüllt sehen, ehe sie „sich selbst verwirklichen" kann. Zu diesen grundlegenden Bedürfnissen gehören Nahrung, Unterkunft und menschliche Gemeinschaft. Maslow glaubte, dass man, ehe man die erhabeneren Ideale im höheren Bereich der Pyramide erreichen kann, sich zunächst von unten beginnend hocharbeiten und zuerst die Grundbedürfnisse stillen muss.[5] Dies scheint instinktiv die beste Lebensanschauung zu sein. Die meisten Menschen glauben, das Reich Gottes sei ein flüchtiges und belangloses Thema, und sie bleiben lieber „auf dem Boden der Tatsachen". Sie haben beschlossen, sich in erster Linie darauf zu konzentrieren, dass jeden Tag etwas zu essen auf dem Tisch steht und die Rechnungen bezahlt werden. Es scheint das zu sein, was verantwortungsbewusst und vernünftig ist.

Und doch lehrte Jesus im Grunde das Gegenteil. Jesus sagte: *„Deshalb sage ich euch: Macht euch keine Sorgen darüber, was ihr essen oder womit ihr euch kleiden werdet. Euer Vater im Himmel aber weiß, dass ihr das alles braucht, und er wird sich um euch kümmern. Stattdessen soll es euch zuerst um Gottes Reich und Gottes Gerechtigkeit gehen, und alles Übrige wird euch dazugegeben"* (vgl. Matthäus 6,25-33). Was Jesus lehrte, war die umgekehrte Maslowsche Bedürfnishierarchie. Jesus stellte die Pyramide von Maslow auf den Kopf! Jesus lehrt uns, am oberen Ende der Pyramide zu beginnen, mit dem höchsten und erhabensten Bereich. Wir sollen das Reich Gottes an erste Stelle setzen, und für *alles Übrige* wird gesorgt werden, einschließlich unserer physischen, geistigen und emotionalen Bedürfnisse.

> Wenn du wissen willst, welche Arbeit du tun sollst, dann trachte nach seinem Reich, und du wirst herausfinden, welchen Beruf du ergreifen sollst!
>
> Wenn du wissen willst, wen du heiraten sollst, dann trachte nach seinem Reich, und du wirst deinen Ehepartner finden!
>
> Wenn du wissen willst, auf welche Universität du gehen sollst, dann trachte nach seinem Reich, und du wirst den richtigen Studienplatz finden!
>
> Wenn du wissen willst, wo du leben sollst, dann trachte nach seinem Reich, und er wird dich an den richtigen Ort führen!

Kann es wirklich so einfach sein? Kann dieser Befehl wirklich der Schlüssel dazu sein, den Willen Gottes zu entdecken? Liebe Freunde, es sind nicht meine eigenen Worte. Es sind nicht die Worte eines Philosophen oder eines Predigers. Dies sind die Worte des Sohnes Gottes persönlich: *„Es soll euch* ***zuerst*** *um Gottes Reich und Gottes Gerechtigkeit gehen, dann wird euch das Übrige alles dazugegeben"* (Matthäus 6,33 – NGÜ, Hervorhebung durch den Autor).

Ich bin ein Evangelist, der in der Welt umherreist und das Evangelium predigt. Es wäre mir unmöglich, ohne meine wunderbare Ehefrau, die meine Leidenschaft für Evangelisation und den geistlichen Dienst teilt, diese Arbeit zu tun. Ich kenne viele Prediger, deren Dienst zu einem vorzeitigen Ende kam, weil sie nicht die richtige Person geheiratet haben; doch ich bin so dankbar dafür, dass Gott mir eine Frau gegeben hat, die perfekt zu der Berufung passt, die auf meinem Leben ist. Vielleicht stellst du dir vor, dass ich überall gesucht habe, um eine so wunderbare Frau zu finden. Doch in Wirklichkeit habe ich noch nicht einmal eine Frau gesucht, als ich sie kennen lernte. Ich war einfach auf der Bibelschule, im Gehorsam auf den Ruf Gottes. Mein Herz war darauf ausgerichtet, Gott zu dienen. Ich trachtete nach dem Reich Gottes, und dann geschah es eines Tages: Ich verliebte mich! Während ich nach dem Reich Gottes trachtete, gab Gott mir eine Frau. Ich glaube, wir finden Gottes Willen oft auf diese Weise heraus. Indem wir ihm Tag für Tag folgen, gibt er uns Segen um Segen „hinzu", und alle Bedürfnisse, die wir haben, ob es nun emotionale, physische, finanzielle oder geistliche Bedürfnisse sind, werden gestillt.

Viele Menschen setzen die Bildung an erste Stelle in ihrem Leben. Wenn sie alles dafür Notwendige getan haben, sind sie hochgebildete Narren, die die höchste aller Weisheiten nicht gefunden haben, weil sie pausenlos dem Wissen hinterherjagen. Viele andere setzen das Geld an erste Stelle in ihrem Leben. Wenn sie alles Notwendige getan haben, werden sie erfahren, dass wahr ist, was in Matthäus 6,24 steht: *„Ihr könnt nicht Gott dienen und dem Mammon."* Andere wiederum setzen die Familie an erste Stelle in ihrem Leben. Wenn sie alles getan haben, zahlt am Ende ihre Familie den Preis für ihre fehlgeleiteten Prioritäten. Wenn wir in unserem Leben irgendetwas wichtiger nehmen als Christus und sein Reich, werden wir nicht nur Gottes Reich verpassen, sondern wir verpassen außerdem noch all diese anderen Schätze.

WIR TRACHTEN NACH DEM REICH, WEIL WIR DEN KÖNIG LIEBEN

An dieser Stelle ist ein Wort der Vorsicht und der Erläuterung angebracht. Es gibt viele Menschen, welche diese Verheißung von Jesus schrecklich missverstanden und missdeutet haben. Für sie ist Christus und sein Reich ein Mittel zum Zweck, ein Instrument, durch das sie das bekommen, was sie für ihr Leben haben wollen. Sie sind zu Jesus gekommen, weil sie in ihm einen Weg sehen, gesund, wohlhabend und weise zu werden. Sie haben eine humanistische Version des Evangeliums geglaubt, die den Akzent auf ein bestimmtes Wort in Matthäus 6,33 legt: *„Und dies alles wird* ***euch*** *hinzugefügt werden."* Auch wenn der Dienst für Gott wunderbare Zusatzsegnungen beinhaltet, haben wir den wahren Sinn nicht erfasst, wenn diese Zusätze zu unserer Hauptmotivation werden.

Gott sucht nicht nach geistlichen „Goldgräbern", die ihn und sein Reich dazu benutzen, um reich zu werden oder beliebt und einflussreich zu sein. Im Gegenteil. Gott sucht nach Menschen, deren Augen so fest auf ihn, und nur auf ihn allein gerichtet sind, dass sie die Verlockungen am Rand gar nicht im Blickfeld haben. Zu jenen, deren Herzen völlig hingegeben sind, sagt er: „Macht euch keine Sorgen. Ich kümmere mich um alles, was ihr braucht."

Auch wenn das Trachten nach dem Reich Gottes uns ein Gefühl der Verwirklichung und einen Lebenssinn gibt, trachten wir trotzdem nicht nur deshalb nach dem Reich Gottes, um uns selbst zu verwirklichen oder uns erfüllt zu fühlen. Es stimmt, wenn wir nach Gottes Reich trachten, werden auch unsere physischen und materiellen Bedürfnisse gestillt, doch wir trachten nicht in erster Linie nach dem Reich Gottes, weil wir daraus einen finanziellen Nutzen ziehen. Es ist offensichtlich, dass nach Gottes Reich zu trachten eine ewige Belohnung bewirkt, die buchstäblich „nicht von dieser Welt" ist. Doch wir trachten nicht in erster Linie nach Gottes Reich, um in der Ewigkeit einen Preis zu gewinnen. Wir trachten nicht nach dem Reich Gottes, weil wir die Zusatzsegnungen schätzen, sondern wir trachten nach dem Reich, weil wir den König dieses Reiches lieben! Wenn unser höchster Ansporn unsere Liebe für den König ist, dann – und nur dann – sehen wir die Dinge in der richtigen Reihenfolge.

Unser erstes Ziel im Leben muss sein, das Reich Gottes zu bauen, doch die dahinter stehende Motivation muss die Liebe für den König sein. Nur wenn jemand völlig von Liebe zu Christus ergriffen ist, kann er sich wahrlich für das Reich Gottes engagieren. Wenn wir von einer Philosophie oder einer Ideologie angetrieben werden, einem Wunsch, die Welt zu verbessern oder eine neue Weltordnung zu errichten, dann haben wir den gleichen Ehrgeiz wie der Kommunismus, der Marxismus, der Sozialismus und alle anderen „-ismen", die es gibt. Das Trachten nach dem Reich Gottes gehört zu einer völlig anderen Kategorie, denn es kommt aus einer Motivation heraus, die tiefer geht als alle anderen weltlichen Motivationen: die gottgewirkte, übernatürliche Liebe zum König. Diese Liebe ist das Fundament und die Antriebskraft für das Reich, das noch bestehen wird, nachdem alle anderen Reiche längst in Schutt und Asche versunken sind.

KAPITEL 7

2. GEHEIMNIS: EIN HINGEGEBENER WILLE

Wir wollen uns jetzt mit viel Ehrfurcht in den Garten Gethsemane begeben und den ewigen Worten lauschen, die mit zitternden Lippen gesprochen werden: *„Vater, wenn du willst, nimm diesen Kelch von mir – doch nicht mein Wille, sondern der deine geschehe!"* (Lukas 22,42). Ich glaube, wir übersehen manchmal die Bedeutung dessen, was dort in Gethsemane geschah, doch weil es mit unserer Erlösung zu tun hat, kann nichts wichtiger sein. Wenn Golgatha die Tür zur Erlösung ist, dann ist Gethsemane dazu die Angel. Hier in diesem Garten stand die ewige Zukunft der Menschheit auf dem Spiel. Hier wurde unser Schicksal besiegelt. Die gesamte Weltgeschichte hing an diesem entscheidenden Augenblick.

An der Stelle, wo Adam im Garten Eden versagte, hat Jesus im Garten Gethsemane gesiegt. Und in dem Schlüssel für den Sieg Christi an dieser Stelle liegt auch das Geheimnis seines ganzen Lebens. Er liegt in diesen sieben ewigen Worten: „Nicht mein Wille, sondern der deine geschehe!" Die römischen Soldaten ergriffen Jesus und kreuzigten ihn, doch sie konnten ihm das Leben nicht nehmen, denn er hatte es bereits in Gethsemane niedergelegt. „Keiner nimmt mir mein Leben", hatte Jesus verkündet, „sondern ich lege es nieder aus eigenem Antrieb!" Man kann nicht jemanden töten, der schon tot ist. An dieser Stelle sehen wir das nächste Geheimnis, wie man den Willen Gottes für sein Leben findet: ein hingegebener Wille.

Wenn du wahrhaftig Gottes Willen für dein Leben suchst, darfst du nicht nur beten: „Dein Wille geschehe." Du musst auch hinzufügen: „Nicht mein Wille."

Wir müssen als Erstes etwas sehr Einfaches, aber trotzdem außerordentlich Wichtiges feststellen. Das, was wir wollen und das, was Gott will, ist nicht unbedingt das Gleiche. Wenn wir uns dessen bewusst sind, müssen wir uns stets vergewissern, dass unser Wille dem Willen Gottes untergeordnet ist. Oft machen sich Menschen auf den Weg, um Gottes Willen herauszufinden, aber sie haben im Grunde schon beschlossen, was Gottes Wille für sie ist. Und was sie oft im Grunde suchen, ist die göttliche Bestätigung dessen, was sie selbst wollen. Wenn du wahrhaftig Gottes Willen für dein Leben suchst, darfst du nicht nur beten: „Dein Wille geschehe." Du musst auch hinzufügen: „Nicht mein Wille."

Im letzten Kapitel ging es um das erste Geheimnis, wie man Gottes Willen herausfindet, nämlich zuerst nach dem Reich Gottes zu trachten. Wir haben uns auch mit dem Vaterunser beschäftigt, in dem Jesus uns lehrt zu beten, dass das Reich Gottes kommen solle. In diesem Kapitel möchte ich die zweite Hälfte des gleichen Satzes im Vaterunser beleuchten, den wir schon betrachtet haben. Jesus betete: *„Dein Reich komme"*, und im gleichen Atemzug setzte er seine Bitte fort, indem er sagte: *„Dein Wille geschehe"* (Matthäus 6,10). Auf den ersten Blick scheint es sich um zwei ganz unterschiedliche Punkte zu handeln, aber eigentlich gehen sie Hand in Hand. Tatsächlich kann man das eine nicht ohne das andere haben.

Um den Zusammenhang zwischen dem Kommen des Reiches Gottes und dem Geschehen seines Willens zu erkennen, müssen wir zunächst verstehen, was ein Königreich ist. In alten Zeiten regierten Könige ihr Reich mit absoluter Souveränität, und ihr Wort war Gesetz. Ein Königreich war der Bereich, in dem die Autorität und der Wille eines bestimmten Königs anerkannt und befolgt wurden. Man kann auch ein etwas moderneres Königreich betrachten, zum Beispiel das Britische Imperium. Die amerikanischen Kolonien waren seinerzeit unter der Herrschaft des Königs von England, und aus diesem Grund konnte er von den Kolonisten Steuern erheben. Auch wenn der König selbst von diesen amerikanischen Untertanen geografisch durch eine sehr große Entfernung getrennt war, gehörten sie trotzdem zu seinem Reich, denn sie standen unter seiner Herrschaft. Doch als die amerikanischen Kolonisten sich auflehnten und die Unabhängigkeit vom Imperium gewannen, gehorchten sie den Wünschen des britischen Königs nicht mehr. Was er wollte, ging sie nichts mehr an, weil sie nicht mehr zu seinem Königreich gehörten und somit nicht mehr seiner Autorität unterstanden.

Es gibt viele Leute, die aus irgendeinem Grund denken, dass es, wenn die Bibel vom Reich Gottes spricht, immer um den Himmel geht. Doch als Jesus über das Reich Gottes lehrte, glaube ich, dass er etwas anderes im Hinterkopf hatte. Wenn das Reich eines Königs der Bereich ist, wo sein Wille befolgt und beachtet wird, dann ist das Reich Gottes überall dort gegenwärtig, wo Gottes Autorität respektiert wird, und wo man sich dieser Autorität unterstellt. Wenn Jesus also betet: „Dein Reich komme", dann kann man daraus schon das entnehmen, was er im nächsten Atemzug ausdrücklich sagt: „Dein Wille geschehe".

Jesus betete dafür, dass Gottes Wille *ausschließlich* geschehen sollte, nämlich so wie er auch im Himmel geschieht. Anders ausgedrückt, alle anderen Willen beugen sich dem göttlichen Willen, Gottes Autorität wird respektiert und befolgt, und alles andere unterstellt sich dem, was der Vater möchte.

DAS REICH „IN DER ERDE"

Mir gefällt außerordentlich, wie das Vaterunser in der englischen King-James-Übersetzung wiedergegeben ist. Jesus betet: *„Dein Reich komme, dein Wille geschehe in der Erde, so wie im Himmel."* Manche Übersetzungen lauten: *„Dein Wille geschehe* ***auf*** *der Erde"*, aber in der King-James-Bibel heißt es: *„Dein Wille geschehe* ***in*** *der Erde."* In 1. Mose 2,7 steht: *„Da bildete Gott, der HERR, den Menschen, aus Staub vom Erdboden."* Wir sind aus der Erde gemacht, wir sind

„irdene" Gefäße, und wenn Gottes Wille in uns, oder „in der Erde" geschieht, dann – und nur dann – kann Gottes Wille auch „auf der Erde" geschehen.

Jesus betete: *„Dein Reich komme"*, und fuhr fort: *„Dein Wille geschehe."* Das sind zwei untrennbare Bedingungen. Überall, wo das Reich Gottes kommt, geschieht sein Wille. Und in gleicher Weise: Wo Gottes Wille geschieht, da ist sein Reich gekommen. Wenn wir zuerst nach dem Reich Gottes trachten, dann ist das Reich unsere Hauptambition, und das zeigt sich auf zwei Arten. Erstens, wir möchten, dass der Wille Gottes *„in der Erde"* (d. h. in unserem eigenen Leben) geschieht, und zweitens, wir trachten danach, dass sein Wille auf der Erde (d. h. in der ganzen Welt) geschieht.

Es beginnt immer mit dem Herzen, es beginnt immer mit uns. Viele Menschen wollen die Welt verändern. Sie wollen, dass die Völker ihre Knie vor dem König aller Könige und dem Herrn aller Herren beugen. Und doch ist weder das Herz noch das Leben vieler dieser Menschen immer noch nicht völlig hingegeben. Jesus sagte: *„Das Reich Gottes ist in euch"* (Lukas 17,21). Was meint Jesus damit? Er wollte damit sagen, dass der Wille Gottes im Herzen der Menschen geschehen muss. Menschliche Könige kämpfen um Land und Beute, doch das Land, das Gott einnehmen will, ist das Land unseres Herzens.

Jesus sagte in Johannes 7,28: *„Wer an mich glaubt, aus dessen Innerem werden Ströme lebendigen Wassers fließen, wie es in der Schrift heißt"* (NL). Er hat nicht gesagt, dass wir sehen werden, wie Ströme lebendigen Wassers vom Himmel herabfließen. Er sagte, dass sie aus dem Inneren seines Volkes herausfließen würden! Gottes Reich kommt nicht vom Himmel herab, es kommt aus uns heraus! Gottes Wille ist, dass jeder, der glaubt, zu einer Erweiterung seines Reiches wird, ein Portal, durch das er seine Herrlichkeit ausgießen und seine

> Wenn wir möchten, dass Gottes Reich auf der Erde kommt, dann fängt es damit an, dass sein Wille in der Erde geschieht – also in uns!

Macht in dieser Welt freisetzen kann. Wenn wir möchten, dass Gottes Reich *auf der Erde* kommt, dann fängt es damit an, dass sein Wille *in der Erde* geschieht – also in uns!

In Römer 14,17 heißt es: *„Denn das Reich Gottes ist nicht Essen und Trinken, sondern Gerechtigkeit und Friede und Freude im Heiligen Geist."* Das ist der innere Zustand der Menschen, die sich Gott unterstellt haben. Sie sind erfüllt mit Gerechtigkeit, Frieden und Freude im Heiligen Geist. Das ist der Himmel *in* der Erde!

DAS TAL DER GEBROCHENHEIT

Vor Jahren hatte ich eine Vision, in der ich einen Damm sah. Auf der einen Seite war ein mächtiger Fluss, doch auf der anderen Seite war trockene, rissige Erde. Ich verstand, dass der Fluss die Herrlichkeit Gottes darstellte, und der trockene Boden die Welt. Ich wusste intuitiv, dass der Fluss eigentlich diese trockene Erde überfluten sollte, so wie die Schrift sagt: *„Denn die Erde wird davon erfüllt sein, die Herrlichkeit des HERRN zu erkennen, wie das Wasser den Meeresgrund bedeckt"* (Habakuk 2,14). Doch die starken Mauern des Damms schienen undurchdringbar zu sein. Plötzlich sah ich noch etwas anderes. Winzige Risse begannen sich in der Mauer zu bilden und überall spritzte Wasser in ganz feinem Strahl durch diese durchbrochenen Stellen. Bald fielen immer größere Teile der Mauer ab, bis schließlich Wasser von überall aus dem Damm herausschoss. Auf einmal brach der gesamte Damm zusammen und wurde weggeschwemmt; der Fluss überflutete den trockenen Boden, bis kein Fleckchen mehr unberührt war.

Ich wusste automatisch, dass diese Risse in der Wand „gebrochene" Männer und Frauen waren. Es sind jene Menschen, die ihr Leben ganz Gott ausgeliefert haben und mit Jesus gemeinsam beten: „Nicht mein Wille, sondern dein Wille soll geschehen." Ich verstand plötzlich, wie die Herrlichkeit des Herrn die Erde bedecken würde, wie die Wasser den Meeresgrund. Es ist so, dass das Reich Gottes auch heute durch solche Menschen die gefallene Welt überschwemmt. Durch gebrochene Männer und Frauen wird Gottes ewige Herrlichkeit die sichtbare Welt durchdringen. Und wenn das Reich Gottes mit der gefallenen Welt in Berührung kommt, dann werden wir himmlische Auswirkungen beobachten: Die Kranken werden geheilt, die Toten werden wieder zum Leben erweckt, Bindungen werden zerbrochen und übernatürliche Dinge werden geschehen.

Genau das demonstrierte Jesus, als er auf dieser Erde war. „Nicht mein Wille, sondern dein Wille geschehe", war nicht nur ein Gebet, das Jesus einmal kurz vor seiner Kreuzigung betete. Es war seine unveränderliche Herzenshaltung. Er lebte und wandelte immer in vollkommener Unterordnung unter den Willen Gottes. Überall, wo Jesus hinging, lehrte er über das Reich Gottes, doch er redete nicht nur darüber, er demonstrierte es auch!

Das Reich Gottes war zuallererst in ihm, weil er sich dem Willen des Vaters völlig unterstellte. Und als Folge war das Reich Gottes überall dort sichtbar, wo er sich befand. Die Kranken wurden geheilt, die Toten auferweckt und Dämonen flohen. „Dein Wille geschehe, wie im Himmel so auch auf Erden" war nicht nur ein von Jesus hoffnungsvoll ausgesprochener Wunsch für ein imaginäres Utopia. Jesus setzte sein eigenes Gebet in die Tat um und zeigte uns, wie es erhört werden kann. Durch Jesus *geschah* Gottes Wille wirklich auf Erden, so wie im Himmel, und das ist auch, was Gott durch unser Leben tun möchte. Doch es fängt immer damit an, dass wir dorthin kommen, wo wir unseren Willen dem Willen Gottes unterstellen: „Nicht mein Wille, sondern dein Wille geschehe." An diesem Ort der Unterordnung werden wir den Willen Gottes für unser Leben entdecken und ausführen.

Das griechische Wort für *trachten* ist ein Tätigkeitswort. Es beschreibt eine andauernde und beständige Handlung. Es ist wichtig, das zu verstehen, weil es beim Willen Gottes für unser Leben nicht nur darum geht herauszufinden, welches die Endstation ist. Es ist eine Herzenshaltung! Es geht nicht nur darum, den richtigen Beruf oder den richtigen Ehepartner zu wählen. Es ist eine beständige Haltung der Unterordnung unseres Willens unter den Willen Gottes. Es ist ein Gebet, das wir unser Leben lang beten. „Nicht mein Wille, sondern dein Wille geschehe." Solange wir leben, müssen wir immer weiter folgen und gehorchen. Den Willen Gottes für unser Leben zu finden, geschieht jeden Tag, indem wir kontinuierlich und treu danach trachten, seinen Willen zu kennen und zu tun.

Der Weg, auf dem wir in der Suche nach Gottes Willen gehen, ist manchmal schmal und führt durch dunkle Täler, wo Gott unsere Herzen prüft und uns bricht. Dieser Prozess des Zerbrechens ist nicht angenehm, aber es ist wichtig, dass wir ihn aushalten, wenn wir wollen, dass Gottes Wille in unserem Leben geschieht. Das Tal der Gebrochenheit ist der Ort, an dem wir lernen zu sagen: „Nicht mein Wille, sondern dein Wille soll geschehen." Dieses Zerbrechen ist schmerzhaft, aber es setzt eine ungeheure Kraft frei, durch die Gott uns gebrauchen kann.

Wenn ein Cowboy das Potenzial eines schönen und kräftigen Mustangs nutzbar machen will, setzt er sich auf den Rücken des Pferdes. Für das Tier ist das sehr unangenehm. Es ist bis dahin immer sein eigener Herr gewesen. Es hat immer getan, was es wollte. Und wenn der Cowboy damit beginnt, dem Pferd seinen Willen aufzuzwingen, kommt es zu einem verzweifelten Kampf. Das Pferd fängt an auszuschlagen und sich hin und her zu werfen und zu buckeln, in dem Versuch, den Cowboy abzuwerfen. Doch der Trainer wird das Pferd immer wieder besteigen und darauf reiten, bis es aufhört zu buckeln und auszuschlagen. Der Cowboy weiß: Solange der Willen des Pferdes nicht gebrochen ist, ist es für ihn nicht wirklich von Nutzen. So ist es auch mit Gottes Volk. Solange wir nicht gebrochen sind, sind wir für das Reich Gottes nicht wirklich von Nutzen.

Als Gott Gideon sagte, dass er ein mächtiger Befreier Israels werden würde, was Gideon ihm schließlich glaubte, hat sich dieser ehemals ängstliche Krieger vielleicht schon auf einem edlen Ross reiten und eine Legion Soldaten in einer eindrucksvollen Schlachtaufstellung befehlen sehen. Doch Gott hatte etwas ganz anderes im Sinn. Gideon würde nicht über eine Legion von Kriegern befehlen, sondern lediglich einen bunt gewürfelten Haufen von Rowdys – keine Bogenschützen, keine Kavallerie, keine Infanterie. Sie waren nicht mit den modernsten Kriegsgeräten ausgerüstet, sie hatten keine Schwerter, Schilde oder Speere. Stattdessen trugen sie seltsame Trompeten und Tonkrüge. Schließlich kam der Augenblick, in dem Gideon und seine Männer den unzähligen Horden der Midianiter-Armee gegenüberstanden. Im Gehorsam gegenüber den Anweisungen Gottes zerbrachen sie ihre Tonkrüge, in denen sie Feuerfackeln versteckt hatten. Sie bliesen ihre Trompeten und stießen Kriegsgeschrei aus. Die Bibel berichtet, dass die Midianiter völlig verwirrt waren, und dass Israel einen Sieg davontrug, der vorher unwahrscheinlich schien (Vgl. Richter 7).

Paulus sagt über die Kraft Gottes in 2. Korinther 4,7: *„Wir haben aber diesen Schatz in irdenen Gefäßen, damit das Übermaß der Kraft von Gott sei und nicht aus uns."* Ehe diese große Kraft, die in uns ist, losgelassen werden kann, müssen wir, so wie Gideons Tonkrüge, zerbrochen werden.

Als Gideon die Midianiter mit einem zusammengewürfelten, kleinen Haufen Soldaten besiegte, die Tonkrüge und Trompeten trugen, war es offensichtlich, dass dieser Sieg nur durch Gott selbst errungen worden war, und alle Ehre wurde ihm zuteil. Wenn wir zerbrochene, irdene Gefäße sind, dann scheint die Kraft Gottes aus uns heraus, und alle Ehre wird ihm zuteil. Deshalb sagt Paulus: *„Sondern das Törichte der Welt hat Gott auserwählt, damit er die Weisen zuschanden mache; und das Schwache der Welt hat Gott auserwählt, damit er das Starke zuschanden mache. Und das Unedle der Welt und das Verachtete hat Gott auserwählt, das, was nichts ist, damit er das, was ist, zunichtemache, dass sich vor Gott kein Fleisch rühme ... damit, wie geschrieben steht: Wer sich rühmt, der rühme sich des Herrn!"* (1. Korinther 1,27-29+31). Gott liebt es, zerbrochene Gefäße zu gebrauchen, weil er durch sie die meiste Ehre erhält!

In Matthäus 14 lesen wir einen herrlichen Bericht über ein Wunder, bei dem Jesus eine riesige Menschenmenge mit nur fünf Brotlaiben und zwei Fischen speiste. Aus dem mageren Mittagessen wurde nicht nur genug, um Tausende von Menschen zu speisen, es wurde sogar mehr als genug! Nachdem jeder gegessen hatte, blieben noch

12 Körbe mit Brot und Fisch übrig! Doch ehe dieses kleine Mittagessen zu einem riesigen Festmahl wurde, ehe aus dem wenigen viel wurde, ehe das Wunder der Vermehrung passieren konnte, wird uns in Vers 19 gesagt: Jesus *„nahm die fünf Brote und die zwei Fische, blickte auf zum Himmel und dankte; und er brach die Brote und gab sie den Jüngern, die Jünger aber gaben sie den Volksmengen."* An dieser Stelle muss man etwas sehr Wichtiges bemerken. Jesus tat zwei Dinge. Als Erstes segnete er die Speise, und als Zweites brach er sie. Jesus segnet nur, was er auch bricht. Gott kann nur das vermehren, was gebrochen wurde. Möchten wir, dass Gott unser kleines Leben nimmt und etwas Mächtiges daraus macht? Möchten wir gesegnet werden und für eine Volksmenge zum Segen werden? Wenn das der Fall ist, dann müssen wir gebrochen werden.

In Vers 20 wird ganz ausdrücklich gesagt, dass sich in den Körben mit den Überresten „Bruchstücke" befanden: *„Und sie hoben auf, was an Brocken übrig blieb: zwölf Handkörbe voll."* Am Ende unseres Lebens, wenn alles gesagt und getan ist und alles aufgebraucht wurde, dann werden nur die Teile unseres Lebens, die Bruchstücke sind, von bleibendem Wert sein. Die Welt sieht die Dinge auf eine so radikal andere Weise als Gott. Die Welt legt Wert auf alles Hohe, Mächtige, Stolze und Große. Gott legt Wert auf ein gebrochenes und reuevolles Herz, ein Herz, das sich in Demut tief vor seinem König niederbeugt.

In Jesaja 66,2 sagt der Herr: *„Ich will aber den ansehen, der demütig und zerbrochenen Geistes ist und der zittert vor meinem Wort"* (S). Der Psalmdichter sagt in Psalm 51,19: *„Die Opfer, die Gott gefallen, sind ein zerbrochener Geist; ein zerbrochenes und zerschlagenes Herz wirst du, o Gott, nicht verachten"* (S).

In Hebräer 11,21 wird über den mächtigen Patriarchen Jakob geschrieben, dass er am Ende seines Lebens *„auf seinen Stab gestützt"* (S) war. Warum ist dieses Detail wichtig? Warum wird es überhaupt erwähnt? Es ist erwähnenswert, weil Jakob durch eine Begegnung mit dem Herrn geprägt wurde, aus der er mit einer Gehbehinderung hervorgegangen war. Der hinkende Jakob war nicht mehr der Jakob, der das Erstgeburtsrecht seines Bruders gestohlen und seinen alten Vater betrogen hatte. Der hinkende Jakob war ein gebrochener Mann. Jakob hatte sein ganzes Leben darum gekämpft, durch Betrug und Manipulationsmanöver Gottes Segen zu bekommen. Er hatte seinen Bruder Esau um dessen Segen beraubt. Er hatte sich den Segen seines Vaters Isaak widerrechtlich angeeignet. Doch erst nachdem er vor dem Herrn gebrochen war, spricht die Bibel davon, dass er den *wahren* Segen empfangen hatte, den Segen vom Herrn (1. Mose 32,29).

Die meisten Leute denken, dass Jakobs Hinken eine Behinderung war, aber Jakob wusste es besser. Sein Hinken war die ständige Erinnerung an seine lebensverändernde Begegnung mit Gott, durch die er gebrochen und stützungsbedürftig geworden war. Der gebrochene Jakob war der gesegnete Jakob. Es war dieser Jakob, der ein mächtiger Patriarch wurde und der Vater einer Nation, die heute seinen Namen trägt: Israel.

Beim letzten Abendmahl nahm Jesus das Brot der Gemeinschaft und sagte: *„Nehmt, esst! Das ist mein Leib, der für euch gebrochen wird"* (1. Korinther 11,24 – S). Dieses Brechen, von dem er sprach, war die Kreuzigung, die er bald darauf erdulden würde. Dieses Brechen würde die mächtigste Kraft freisetzen, die die Welt je gekannt hat. Der Apostel Paulus sagt: *„Ich bin mit Christus gekreuzigt, und nicht mehr lebe ich, sondern Christus lebt in mir"* (Galater 2,20). Wenn wir mit Christus gekreuzigt sind, sterben wir unserem Selbst, wir werden gebrochen, und das bewirkt wiederum, dass das Leben Christi aus uns herausfließen kann. Eine gebrochene Person ist eine Person, die mit Christus gekreuzigt ist. In einer solchen Person wird Gottes Wille geschehen und Gottes Reich ist in ihr gegenwärtig und fließt aus ihr heraus zu der Welt, die sie umgibt.

SEINER EIGENEN VISION STERBEN

Wenn wir davon sprechen, dass wir mit Christus gekreuzigt sind und uns selbst sterben, was bedeutet das eigentlich? Es bedeutet, wir sterben unseren eigenen Wünschen, unserem Ego und unserem eigenen Willen. Manchmal bedeutet es sogar, dass wir unserer eigenen

Vision sterben müssen. Doch vielleicht könnte man einwenden: „Ich bin mir sicher, dass meine Vision von Gott ist. Sie ist sein Wille." Trotzdem kann darin eine Gefahr liegen. Es kann nämlich sein, dass die Berufung, die Verheißungen und die Vision, die Gott uns gegeben hat, zu unserer Hauptambition werden und dass sie dadurch zu Konkurrenten Gottes werden. Doch er ist nicht bereit, unsere Herzen mit irgendetwas zu teilen, noch nicht einmal mit guten Dingen.

Isaak war die Erfüllung der Verheißung, die Gott Abraham gegeben hatte. Und doch war Gott nicht bereit, Abrahams Herz mit etwas zu teilen, noch nicht einmal mit Isaak. Deshalb befahl Gott Abraham, Isaak auf den Altar zu legen und ihn als Opfer darzubringen. Das, so wusste Gott, war die höchste Prüfung von Abrahams Liebe. Der Autor A. W. Tozer kommentiert dies auf brillante Weise in seinem Klassiker *The Pursuit of God* (dt. *„Gottes Nähe suchen"*).

> Gott ließ den leidenden alten Mann alles ausführen, bis zu dem Punkt, an dem er wusste, dass es kein Zurück mehr gab, und dann verwehrte er ihm, Hand an den Jungen zu legen. Dem verwunderten Patriarchen sagt er jetzt im Grunde: „Es ist schon gut, Abraham. Ich wollte nie wirklich, dass du den Jungen schlachtest. Ich wollte ihn nur aus dem Tempel deines Herzens entfernen, damit ich uneingeschränkt darin regieren kann. Ich wollte die Perversion deiner Liebe korrigieren. Jetzt kannst du den Jungen wieder an dich nehmen, gesund und munter. Nimm ihn und geh wieder zu deinem Zelt zurück. Jetzt weiß ich, dass du Gott fürchtest, weil du deinen Sohn, deinen einzigen Sohn nicht vor mir zurückgehalten hast.[1]

Was bedeutet es, unseren eigenen Willen Gott auszuliefern? Das Wort *ausliefern* ist ein radikales Wort! Viele sind bereit sich auszuliefern, solange es noch nicht weh tut, aber wahre Auslieferung ist schmerzhaft. Manche sind bereit sich auszuliefern, solange sie eine Logik darin sehen, doch wahre Auslieferung gehorcht nicht unserem rationalen Denken. Andere können das ausliefern, was schlecht und schädlich ist, aber damit ist Gott nicht zufrieden. Für Gott ist die Auslieferung nicht vollständig, solange sie nicht allumfassend, ausnahmslos und restlos ist. Es bedeutet nicht, einfach zu sagen: „Dein Wille geschehe", sondern schließt mit ein: „Nicht mein Wille." Dieses Sich-selbst-Sterben ist nicht etwa eine Form von göttlichem Sadismus. Gott denkt immer an das Leben. Genau wie ein Gärtner die alten Zweige abschneidet, damit neue wachsen können, möchte Gott das wegnehmen, was uns hindert zu leben und zu wachsen. Der Ort des Todes ist auch der Ort der Geburt, und auf diese Weise werden Gottes Pläne in der Erde geboren!

John Wimber ist am meisten dafür bekannt, dass er die Vineyard-Gemeindebewegung gegründet hat, die wiederum bekannt ist für wunderschöne Musik, die die Welt berührt und in vieler Hinsicht die Anbetung in den modernen Gemeinden revolutioniert hat. Doch viele Menschen wissen nicht, dass John Wimber als weltlicher Musiker sehr erfolgreich gewesen war. Zwei seiner Hit-Singles kamen in die Top Ten der USA, ehe er dem Herrn begegnete und Ruhm und Reichtum aufgab, um Jesus zu folgen. Seine Frau Carol berichtet folgende Begebenheit:

> John und ich waren erst seit einigen Monaten Christen. Wir waren pleite und Weihnachten stand vor der Tür. John hatte seine Musikerkarriere aufgegeben, weil Jesus es von ihm verlangt hatte. Nachdem er ein lukratives Angebot abgelehnt hatte, ein Weihnachtsalbum zu arrangieren, legte er leise den Hörer auf. Ich sah zu, wie John zu den Schränken und Wandschränken und der Klavierbank ging. Er sammelte sein ganzes Leben an Talent und Arbeit zusammen und räumte alles in Kartons. Dann fuhren wir zur Mülldeponie in Yorba Linda. Während John den letzten Karton aus dem Wagen holte und ihn in den Müll fallen ließ, musste ich an Johannes 12,24 denken: *„Wenn das Weizenkorn nicht in die Erde fällt und stirbt, bleibt es allein; wenn es aber stirbt, bringt es viel Frucht."* Tief in meinem Herzen wusste ich, dass dieser Augenblick die Geburtsstunde der Anbetungsmusik in der Vineyard-Gemeinde war.[2]

Was würdest du tun, wenn Gott von dir verlangen würde, das aufzugeben, was dir am meisten Freude macht? Was würdest du tun, wenn er von dir verlangen würde, dein Talent oder deine Gabe aufzugeben, das, was dich ausmacht, worin du deinen Selbstwert findest? Könntest du deine Verheißung auf den Altar legen, so wie Abraham es mit Isaak getan hat? Oder deine Schätze auf die Müllhalde werfen, so wie John Wimber es tat? Hast du einmal geprüft, wer auf dem Thron deines Herzens sitzt? Bist du es? Ist es deine Vision? Ist es dein Traum? Oder ist es Jesus?

Liebe Freunde, Gott hat einen wunderbaren Plan für dein Leben, und er möchte dich auf ganz besondere Weise zu seiner Ehre gebrauchen. Doch einer Auferstehung geht immer ein Tod voraus: der Tod unseres Selbst, unseres Willens, unserer Wünsche und unserer Träume. In diesen schmerzhaften Momenten der Auslieferung wird Gottes Reich in uns gegründet, wenn wir gemeinsam mit Jesus beten: „Nicht mein Wille, sondern dein Wille soll geschehen." Diese herrliche Gebrochenheit bewirkt, dass sich der Herrschaftsbereich Gottes auf uns ausweitet, und unser Leben wird zu einem Riss in der Dammmauer, durch den sein Reich kommen und sein Wille *in* der Erde und *auf* der Erde geschehen kann!

KAPITEL 8

3. GEHEIMNIS: GOTTES STIMME HÖREN

Als ich auf die Southeastern-Universität in Lakeland in Florida ging, war Dr. Mark Rutland der Rektor der Universität. Ich erinnere mich, dass er uns erzählt hat, wie er einmal nach einem anstrengenden Dienst in Los Angeles auf dem Rückflug nach Hause war. Er war müde und fühlte sich zu diesem Zeitpunkt eher nicht sehr geistlich, doch der Mann, der im Flugzeug neben ihm saß, wollte sich gerne unterhalten. „Was machen Sie beruflich?" fragte der Mann, worauf Dr. Rutland erwiderte: „Ich bin der Rektor eines Bibelseminars und Pastor." Der Mann, der auch Pastor war, nahm automatisch an, sie beide gehörten zu der gleichen Denomination. Er stellte weitere Fragen, bis er herausfand, dass Dr. Rutland zu einer pfingstlichen Denomination gehörte.

An diesem Punkt merkte der Mann, dass sie beide sehr unterschiedliche Lehrmeinungen vertraten, und sein Verhalten änderte sich drastisch. Er schlug einen aggressiveren Ton an und beschloss die Gelegenheit zu ergreifen, mit einem lebensechten Pfingstpastor ein Streitgespräch zu führen. „Da möchte ich Sie einmal etwas fragen", sagte er. Doch Dr. Rutland war nicht in der Stimmung für ein Streitgespräch. „Guter Freund, können wir uns nicht einfach entspannen und unsere Cola trinken?" fragte er. Doch der Mann beharrte: „Nein", sagte er, „es gibt etwas, was ich unbedingt wissen will. Bitte beantworten Sie mir nur diese eine Frage. Glauben Sie wirklich, dass Gott immer noch spricht, seit der Bibelkanon festgelegt wurde? Wir glauben das nämlich nicht."

Dr. Rutland, der immer noch keine große Lust auf ein Streitgespräch hatte, antwortete widerstrebend. „In Ordnung", sagte er, „ich werde Ihre Frage beantworten, wenn Sie zunächst meine beantworten: Sind Sie zum Predigen berufen oder nicht?"
„Ja, natürlich bin ich zum Predigen berufen", erwiderte der Mann wie aus der Pistole geschossen.
„Dann möchte ich Sie fragen", sagte Dr. Rutland, „wer hat Sie berufen?" Darauf gab der Mann keine Antwort. Er drehte sich zum Fenster und sprach während des gesamten Flugs kein einziges Wort mehr mit Dr. Rutland.

> Ohne die Fähigkeit, Gottes Stimme zu hören, ist es unmöglich, seinen Willen zu erkennen.

Die Stimme Gottes zu hören ist einer der grundlegendsten und wichtigsten Schlüssel, um den Willen Gottes für unser Leben herauszufinden. Es ist sogar so, dass es ohne die Fähigkeit, Gottes Stimme zu hören, unmöglich ist, seinen Willen zu erkennen. Gott redet zu den Menschen auf viele unterschiedliche Arten und Weisen, doch viele erkennen es ganz einfach nicht. Lieber Freund, ob du dir darüber klar bist oder nicht, Gott spricht zu dir, und deine Fähigkeit, seine Stimme zu erkennen, ist nicht nur der Schlüssel, um seinen Willen zu entdecken, sondern auch der Schlüssel dazu, den Rest deines Lebens in seinem Willen zu bleiben. Die Stimme Gottes zu hören ist für ein Kind Gottes nicht nur möglich; es ist auch absolut notwendig, dass man auf diese Stimme hört und sich von ihr leiten lässt!

Evangelist Reinhard Bonnke sagte: „Es wäre sehr schwierig, in der Schrift einen Satz zu finden, auf den man eine Doktrin von einem schweigenden Gott aufbauen könnte. Das ist überhaupt nicht das Bild, das die Bibel von Gott zeichnet. Menschen haben Gott angerufen, weil sie ihn als einen Gott kannten, der gehört werden kann. Wenn der Himmel schweigt, ist das beängstigend. Der Psalmdichter rief aus: ‚Wenn du schweigst, werde ich denen gleich, die in die Grube fahren' (Psalm 28,1) ... Im 1. Korintherbrief stellt Paulus auch die ‚stummen Götzen' (1. Korinther 12,2) den Sprachgaben des Geistes gegenüber, wie Zungenrede, Prophetie und Auslegung, das Wort der Erkenntnis und das Wort der Weisheit. Diese Äußerungen sind Gottes Gaben, typisch für einen Gott, der redet."[1]

Jesus sagte: „*Wer aber durch die Tür hineingeht, ist Hirte der Schafe. Diesem öffnet der Türhüter, und die Schafe hören seine Stimme, und er ruft die eigenen Schafe mit Namen und führt sie heraus. Wenn er die eigenen Schafe alle herausgebracht hat, geht er vor ihnen her, und die Schafe folgen ihm, weil sie seine Stimme kennen. Einem Fremden aber werden sie nicht folgen, sondern werden vor ihm fliehen, weil sie die Stimme des Fremden nicht kennen*" (Johannes 10,2-5). Wenn wir zu seiner Herde gehören, dann sind wir von der Stimme des Guten Hirten gerufen worden, und diese Stimme, die uns den Weg zur Erlösung gewiesen hat, ist die gleiche Stimme, die uns unser ganzes Leben lang leiten muss.

DAS GESCHRIEBENE WORT EHREN

Jeden Ratschlag über das Hören der Stimme Gottes muss man natürlich immer mit dem beginnen, was Gott bereits in der Schrift offenbart hat. Ich sage dies nicht, weil es eine religiöse Pflicht ist, die ich erfüllen müsste, ehe ich „wirklich" darüber lehre, wie man Gottes Stimme hört, sozusagen als einen höflichen Hinweis auf die Bibel. Ich kann wahrhaftig für mich persönlich sagen, dass Gott am häufigsten die Bibel gebraucht, um zu mir zu reden oder mir Weisung für mein Leben zu geben. Genau genommen hat das Meiste, was ich in diesem Buch darlege, seinen Ursprung darin, was Gott mir gezeigt hat, während ich über sein Wort nachdachte.

Das geschriebene Wort Gottes wird dem, der sich die Zeit nimmt, darüber nachzusinnen, immer etwas zu sagen haben. Wer sagt, er will Gottes Stimme hören, und dennoch nicht den Wunsch verspürt, die Bibel zu lesen, macht sich selbst etwas vor. Die gesamte Bibel ist erfüllt mit dem Klang, der Intonation, dem Rhythmus und Takt der Stimme Gottes. Wir können lernen, die Stimme Gottes zu erkennen, wenn wir eine tiefe, anhaltende Liebe dafür entwickeln, was Gott bereits in seinem geschriebenen Wort gesprochen hat. Gott hat alles daran gesetzt, sein Wort zu bewahren. Viele rechtschaffene Männer und Frauen haben einen hohen Preis dafür bezahlt, manchmal sogar mit ihrem Blut, damit wir heute die Bibel haben. Wenn sich jemand nicht genug dafür interessiert, was Gott bereits gesagt hat, und sein Wort liest, warum sollte Gott dann noch etwas anderes zu ihm sagen?

Ich habe kürzlich eine E-Mail an einen meiner Mitarbeiter geschickt, in der ich genaue Anweisungen für etwas gab, was erledigt werden musste. Er schrieb mir direkt zurück und bat um weitere Erklärungen. Es war ganz klar, dass er sich nicht die Zeit genommen hatte, meine E-Mail gründlich zu lesen, weil ich darin schon alle seine Fragen beantwortet hatte. Warum sollte ich mir die Mühe machen, alle meine Anweisungen zu wiederholen, nur weil er sich nicht die Mühe gemacht hat, das zu lesen, was ich schon geschrieben hatte? Ich beantwortete seine Fragen einfach, indem ich ihm meine erste Mail noch einmal schickte. Ich denke, oft fragen wir uns, warum Gott nicht zu uns spricht, aber der Grund ist ganz einfach: Er hat schon gesprochen, und wir haben uns nicht die Zeit genommen zu lesen, was er gesagt hat. Die Antworten auf viele unserer Fragen befinden sich schon direkt vor unserer Nase – und verstauben auf dem Bücherregal – während wir Gott um ein Wort vom Himmel anflehen.

Wenn du wirklich Gottes Reden hören willst, dann musst du dir jeden Tag Zeit dafür nehmen, über das Wort Gottes nachzusinnen.

Wenn der Feind uns von Gottes Wort fernhalten kann, kann er uns auch von Gottes Stimme fernhalten. Wenn du wirklich Gottes Reden hören willst, dann musst du dir jeden Tag Zeit dafür nehmen, über das Wort Gottes nachzusinnen. Jesus hat gesagt: *„Die Worte, die ich zu euch geredet habe, sind Geist und sind Leben"* (Johannes 6,63). Es gibt eine Dimension der übernatürlichen Wahrnehmung und Sensibilität, die sich verschärft, wenn wir einfach Zeit damit verbringen, das Wort Gottes zu lesen und darüber nachzudenken. Wenn wir den Klang des Himmels kennen und erkennen lernen, indem wir Gottes Wort lesen, sind wir auch besser in der Lage, seine Stimme zu erkennen, wenn er direkt und ganz persönlich zu uns spricht.

GOTT SPRICHT DURCH SEINEN HEILIGEN GEIST

In der Gemeinde haben sich viele wiedergeborene Christen in zwei Lager aufgeteilt. Da gibt es die „Geist"-Christen und die „Wort"-Christen. Die „Geist"-Christen betonen die erfahrungsmäßigen Aspekte des christlichen Glaubens: Kraftwirkungen, Salbung, übernatürliche Erlebnisse usw. Die „Wort"-Christen bevorzugen einen eher intellektuellen Ansatz. Sie sehen sich gerne als ernsthafte Studenten des Wortes und scheuen sich vor allem, was irgendwie von Gefühlen beeinflusst ist. Meiner Meinung nach ist diese Aufteilung völliger Unsinn.

Jede Form von auf Gefühlen und Erfahrungen basierendem christlichem Glauben, die sich nicht auf die Bibel gründet, ist nichts weiter als eine Form von New-Age-Mystik. Und ein christlicher Glaube, der rein intellektuell ist und keinen Einfluss auf ein wirkliches Erleben des Wortes hat, ist nichts weiter als eine leere Hülle. Die Wortchristen müssen gleichzeitig Geistchristen sein, und die Geistchristen müssen auch Wortchristen sein. Es gibt keinen Grund, diese beiden Aspekte zu trennen. Im Gegenteil, es ist sogar gefährlich, das zu tun!

Im 6. Kapitel des Epheserbriefs spricht Paulus über die „geistliche Waffenrüstung", zu der der Gürtel der Wahrheit, der Panzer der Gerechtigkeit, die Schuhe des Evangeliums des Friedens, der Schild des Glaubens, der Helm des Heils und das Schwert des Geistes, d. h. das Wort Gottes, gehören (Verse 4-7). Es ist wichtig zu bemerken, dass keines dieser Dinge eine Angriffswaffe ist. Sicher kann man nun auf das Schwert, das Wort Gottes, hinweisen, doch beim näheren Betrachten sieht man, dass das Wort Gottes hier nicht „das Schwert des Christen" genannt wird. Es wird das Schwert des Geistes genannt. Anders ausgedrückt, es gehört dem Geist.

Nur er kann es richtig einsetzen. Ohne die Erleuchtung durch den Heiligen Geist ist die Bibel lediglich schwarze Farbe auf weißem Papier. Deshalb können selbst die hingegebensten Bibelstudenten, ja, sogar Professoren und Gelehrte, Atheisten und Gnostiker sein.

Es sind Menschen, die die Schrift von einem rein intellektuellen und erkenntnismäßigen Standpunkt aus studieren. Sie haben die Bibel dazu missbraucht, die Sünde des Götzendienstes zu begehen. Sie sehen darin nur Widersprüche und gewinnen daraus nur Zweifel. *„Der Buchstabe tötet"*, sagt Paulus, *„der Geist aber macht lebendig"* (2. Korinther 3,6).

Am Ende seines irdischen Dienstes, als er kurz davor stand am Kreuz zu sterben, sagte Jesus zu seinen Jüngern: *„Der Beistand aber, der Heilige Geist, den der Vater senden wird in meinem Namen, der wird euch alles lehren und euch an alles erinnern, was ich euch gesagt habe"* (Johannes 14,26). Der Heilige Geist ist keine Lehrmeinung oder Denomination oder eine fakultative Erfahrung, die einigen wenigen Christen vorbehalten ist. Man kann die Wichtigkeit dieser Wahrheit nicht genug betonen. Er ist die dritte Person der Dreieinigkeit. Er wurde uns vom Vater als Antwort auf das Gebet Jesu gegeben, um all das zu sein und zu tun, was Jesus in unserem Leben tun würde, wenn er noch körperlich unter uns wäre. Die Stimme Gottes zu hören bedeutet eigentlich, in unserem Herzen die Stimme des Heiligen Geistes zu vernehmen. Ohne seine aktive Beteiligung an unserem Leben würde der Himmel schweigen, denn er ist derjenige, der die Stimme Gottes in unserem Herzen offenbart.

Je mehr wir dem Heiligen Geist einen Ehrenplatz in unserem Leben einräumen, umso klarer werden wir seine Stimme hören. Diese Gemeinschaft und Verbundenheit mit dem Heiligen Geist schärft unser geistliches Einfühlungsvermögen und macht unsere Herzen mehr und mehr bereit, die Stimme des Herrn zu vernehmen, wenn er zu uns spricht.

DIE STIMME GOTTES ZU HÖREN BEGINNT MIT DEM „HERZUTRETEN"

Es gibt einen kleinen Strauch mit der Bezeichnung *dictamnus albus,* der in Israel wächst (und auch anderswo). Er ist auch unter dem Namen „Aschwurz" oder auch „Brennender Busch" bekannt, weil er ein entflammbares Gas ausströmt und sich anscheinend von selbst entzünden kann, wenn die Sonne in der Wüste heiß genug brennt. Einige Bibelkommentatoren glauben, dass der dictamnus albus die Art von Busch gewesen ist, auf den Mose gestoßen war.[2]

Da erschien ihm der Engel des HERRN in einer Feuerflamme mitten aus dem Dornbusch. Und er sah hin, und siehe, der Dornbusch brannte im Feuer, und der Dornbusch wurde nicht verzehrt. Und Mose sagte sich: Ich will doch hinzutreten und diese große Erscheinung sehen, warum der Dornbusch nicht verbrennt. Als aber der HERR sah, dass er herzutrat, um zu sehen, da rief ihm Gott mitten aus dem Dornbusch zu und sprach: Mose! Mose! Er antwortete: Hier bin ich.
2. Mose 3,2-4

An dieser Stelle empfing Mose seine göttliche Berufung und fand heraus, was Gottes Wille für sein Leben war. Allerdings gibt es in dieser Begebenheit einen interessanten Punkt, den viele übersehen. Zunächst ist es wichtig festzustellen, dass Mose nicht dadurch beeindruckt war, dass der Busch brannte. Er lebte schon seit vierzig Jahren in der Wüste. Ich bin sicher, er hatte schon vorher viele *dictamnus albus*-Büsche gesehen, und vielleicht hatte er sogar schon einmal beobachtet, wie sie spontan in Flammen aufgingen. Doch dieser Busch war deshalb besonders, weil er immer weiter brannte und brannte und brannte, und doch „nicht verzehrt wurde".

Ich weiß nicht, wie lange der Busch gebrannt hat, bis Mose merkte, dass dort etwas Außergewöhnliches passierte. Vielleicht einen Tag oder eine Woche oder einen Monat lang, ehe er beschloss, sich dieses Phänomen einmal aus der Nähe anzusehen. Die Bibel gibt uns darüber keine Auskunft. Doch eins ist sicher. Gott rief nicht aus dem Busch heraus: „Hey, du da! Mose! Komm mal her, ich will dir etwas sagen!" Nein, Gott wartete. In Vers 4 heißt es: Als der Herr sah, dass Mose herzutrat, um zu sehen, – und wirklich erst dann – sprach Gott ihn mitten aus dem Busch an.

Ich bin schon oft gefragt worden: „Warum spricht Gott nicht zu mir?" Ich glaube, die Antwort auf diese Frage ist oft sehr einfach. Wir hören nicht zu! Wir sind oft so beschäftigt und in Eile, dass wir direkt am Herrn vorbeilaufen und nicht anhalten, um ihm unsere Aufmerksamkeit zu schenken. Ich frage mich, wie oft wir eine Begegnung mit Gott oder ein Wort vom Himmel verpassen, weil wir einfach zu beschäftigt sind, um uns die Zeit zu nehmen „hinzuzutreten". Ich habe schon viele Christen getroffen, die sich selbst bemitleiden, weil sie anscheinend immer übergangen und vergessen werden. Während andere Dornbusch-Erfahrungen haben und von Gott große Offenbarungen empfangen, scheinen sie immer leer auszugehen. Sie fragen sich: „Ist Gott böse auf mich? Liebt er mich nicht? Bin ich ihm nicht wichtig?" Liebe Freunde, vielleicht wartet Gott einfach darauf, dass wir uns Zeit nehmen und „hinzutreten".

Vor einigen Jahren predigte ich in einer Gemeinde, in der eine mächtige Bewegung des Heiligen Geistes ein enormes Wachstum hervorgerufen hatte, weil Menschen gerettet und zu Jüngern gemacht wurden. Nach einem mächtigen Gottesdienst sah ich, wie einer der Neubekehrten mit einem Diakon sprach. Ich war neugierig und wollte wissen, worüber sie sprachen, und so trat ich etwas näher um zuzuhören. Ich hörte den jungen Mann sagen: „Ich bin noch nicht lange Christ, und ich habe Mühe mit dem Beten." Der Diakon sagte: „Junger Mann, Beten ist einfach. Es ist einfach Reden mit Gott. Sprich doch mit ihm, so wie du mit einem Freund sprichst."

„Ja, das mache ich", sagte der junge Mann. „Aber nach fünf Minuten habe ich alles gesagt, was mir einfällt. Und ich habe gehört, dass andere stundenlang beten. Wie kann man denn so lange beten? Was sagen sie?" Der Diakon fing an zu erklären: „Zunächst", sagte er, „schreibst du auf ein Blatt Papier eine Liste mit den Namen all deiner Freunde und Verwandten. Dann schreibst du eine Liste von dem, was du alles von Gott brauchst. Dann kannst du noch eine Liste davon machen, wofür du dankbar bist ..." Und die Liste der Dinge, über die man mit Gott sprechen konnte, wurde immer länger und länger. Nachdem der Diakon seinen Rat gegeben hatte, nahm ich den jungen Mann beiseite und sagte zu ihm: „Möchtest du wirklich das Geheimnis des Gebets kennen?"
„Ja", sagte er, „bitte, sag mir doch was es ist."
Ich sagte: „Ich kann es dir in einem einzigen Wort beschreiben: *zuhören."*

Liebe Freunde, so aufrichtig dieser Diakon auch gewesen sein mag, er hat diesem jungen Mann keinen guten Rat gegeben. Hätte dieser junge Mann das getan, was ihm geraten wurde, wäre sein Gebetsleben innerhalb einer Woche sicherlich völlig erschöpft gewesen. Beim Beten geht es nicht darum, Gott lange Listen vorzutragen, was wir alles von ihm erbitten, und so lange wie möglich ohne Unterlass zu plappern. Manchmal ist das Beste, was man tun kann, *still zu sein und zuzuhören!* Wenn ich mit jemandem zusammen bin, der sehr viel Weisheit besitzt und über viele Jahre lang Lebenserfahrungen gesammelt hat, dann bemühe ich mich, meinen Mund zu halten und zuzuhören, was diese Person zu sagen hat, denn ich weiß: Was dieser Mensch zu sagen hat, ist viel wichtiger als das, was ich zu sagen habe.

Wer könnte auch nur einen Augenblick denken, dass das, was man selbst zu sagen hat, wichtiger ist als das, was Gott zu sagen hat? François Fénelon hat gesagt: „Demut, die immer noch geschwätzig ist, geht nicht sehr tief.“ [3] Wir müssen lernen, in der Gegenwart des Herrn in einer Haltung der Demut und der Ehrfurcht still zu werden und unsere geistlichen Ohren auf seine Stimme auszurichten. Gott wird an einem solchen Ort zu uns reden, und wir werden ihm begegnen, so wie Mose, wenn wir hinzutreten und zuhören.

DIE STIMME DES HERRN ERKENNEN

Glaubst du, dass Gott zu dir gesprochen hat, bist dir aber nicht hundertprozentig sicher? Das haben wir alle schon erlebt. Es stimmt, dass die Stimme Gottes manchmal leicht zu erkennen ist und manchmal nicht. Wenn du Zweifel darüber hast, ob das, was du meinst erkannt zu haben, von Gott ist oder nicht, dann kannst du dir die folgenden Fragen stellen.

IST ES BIBLISCH?

Wenn die Antwort auf diese Frage negativ ist, dann weiß man schon Bescheid. Gott wird uns nie irgendetwas auftragen, was nicht seinem Wort entspricht. Selbst wenn das, was man fühlt, so real ist und so stark, muss man aufpassen! Es gibt in der Welt viele Geister, aber nur einen Heiligen Geist. Und der Heilige Geist wird dem Wort Gottes nie widersprechen.

BRINGT ES INNERLICHE VERWIRRUNG?

Wenn die Antwort auf diese Frage positiv ist, dann ist das, was man empfindet wahrscheinlich nicht von Gott, weil Gott nicht der Urheber der Verwirrung ist (1. Korinther 14,33). Jesus hat sein Volk mit Schafen verglichen, und Schafe sind sehr leicht verängstigt und verwirrt. Es kann sein, dass Gott uns herausfordert, anders über bestimmte Dinge zu denken, oder uns nach einem höheren Glaubensniveau auszustrecken, aber er wird keine Verwirrung verursachen, und auch keinen Zweifel und Unfrieden, was oft damit einhergeht.

BRINGT ES MEINEM HERZEN FRIEDEN?

Die Stimme Jesu wird begleitet von einem Eindruck himmlischen Friedens. Im Kontrast dazu gebraucht der Teufel Dringlichkeit, Druck und Angst, um Menschen zu treiben. Es gibt sicherlich Ausnahmen zu dieser Regel. Manchmal spricht der Herr Worte der Korrektur und der Ermahnung. Es gibt auch Situationen, in denen das Wort des Herrn für einen bestimmten Zeitpunkt gilt, und man sofort darauf reagieren muss. Doch die meiste Zeit, wenn Gott spricht, ist es nicht ein antreibendes, forderndes, extrem bedrängendes Wort wie: „Du musst es *jetzt sofort* tun, sonst passiert was!" Wenn wir glauben, dass Gott zu uns redet, um uns vor einer direkt bevorstehenden Gefahr zu warnen, und wir schnell darauf reagieren müssen, dann sollten wir das tun. Doch wenn wir den Eindruck haben, Gott sagt, wir sollen unsere Arbeitsstelle aufgeben, unser Haus verkaufen und in die Mission gehen, und das alles bis nächsten Donnerstag, dann ist es besser, die Dinge etwas langsamer angehen zu lassen, sich der Bibel zuzuwenden und von gottesfürchtigen Menschen Rat einzuholen.

HABE ICH MEINE EIGENEN WÜNSCHE UND INTERESSEN ZUR RUHE GEBRACHT?

Die Stimme unserer persönlichen Wünsche, Interessen und Meinungen kann man leicht mit der Stimme Gottes verwechseln. Um sicher zu sein, dass wir Gott hören, müssen wir unsere Wünsche und eigenen Interessen erkennen und durch einen absichtlichen Willensakt neutralisieren. Je lauter die Stimme unseres eigenen Willens ist, umso leiser wird Gottes Stimme sein. Und umgekehrt, je leiser die Stimme unseres eigenen Willens ist, umso lauter wird

Gottes Stimme sein. Wenn wir also unsere eigenen Wünsche zum Schweigen bringen, und das, was wir hören, wird leiser, dann ist es nicht von Gott. Doch wenn das, was wir hören, lauter wird, wenn wir unsere eigenen Wünsche neutralisieren, dann kann es gut sein, dass es vom Heiligen Geist ist.

MIT DER STIMME GOTTES VERTRAUT WERDEN

Bist du schon einmal an einem menschenüberfüllten Ort gewesen wie zum Beispiel in einem Einkaufszentrum zur Weihnachtszeit, und hast gehört, wie eine Person, die du gern hast, deinen Namen rief? Trotz all des Lärms, der Weihnachtsmusik und der Horden von umherhastenden Passanten hast du den Klang dieser vertrauten Stimme aus allem anderen herausgehört, weil es jemand war, den du gern hast.

Gott redet selten zu Fremden, die für ihn keine Zeit haben, und selbst wenn er es täte, würden sie seine Stimme nicht erkennen. Er liebt es, zu Menschen zu reden, die ihn lieben und den Wunsch haben, ihr Leben in seiner Gegenwart zu verbringen. Er naht sich denen, die sich ihm willentlich genaht haben (Jakobus 4,8). Je mehr Zeit wir mit ihm allein verbringen und sein Angesicht suchen durch Gebet und Lobpreis, umso leichter wird es, ihn zu hören und sofort seine Stimme in unserem Herzen zu erkennen. Je mehr wir ihn lieben, desto besser sind unsere Ohren auf den Klang seiner Stimme eingestellt.

Gott spricht zu seinem Volk durch seinen Geist. Die Herausforderung besteht darin, das Hören zu lernen, und dann die Entschlossenheit, den Glauben und die Liebe zu haben, einfach dem zu gehorchen, was er uns sagt. Wir können alle die Stimme Gottes hören, wenn wir lernen, wie man zuhört. *„Alle, die sich vom Geist Gottes führen lassen, die sind Gottes Söhne und Töchter"* (Römer 8,14 - GN).

KAPITEL 9

4. GEHEIMNIS: DER WEG NACH OBEN FÜHRT NACH UNTEN

In den 1970er und 80er Jahren strahlte der amerikanische Fernsehsender CBS die Sitcom-Serie *Die Jeffersons* aus, die zu einem großen Publikumserfolg wurde. Darin ging es um eine afro-amerikanische Familie, die zu Wohlstand kam und aus einer heruntergekommenen Wohngegend im New Yorker Viertel *Queens* in ein Luxusappartement in Manhattan zogen. Die Jeffersons freuten sich über ihren Aufstieg und prägten dabei den Ausdruck „movin' on up", was so viel bedeutet wie „weiter nach oben aufrücken". Dieser Ausdruck wurde schließlich zum Markenzeichen der Serie.

Wenn wir vom Fortschritt oder vom Aufstieg sprechen, stellen wir uns im Allgemeinen eine Aufwärtsbewegung vor und haben dafür Bilder wie: eine Leiter hinaufklettern, die „gläserne Decke" durchbrechen, in der Top-Liga mitspielen, auf einen höheren Stand kommen, aufsteigen, usw. Doch nichts bringt es besser zum Ausdruck als „movin' on up".

Up – nach oben –, das ist die Richtung, in die alle gehen wollen, denn der Weg nach oben scheint der Weg zu Ruhm, Reichtum, Anerkennung und Ehre zu sein. Doch ist es nicht eine interessante Tatsache, dass man viele der kostbarsten Substanzen der Erde nur bekommt, wenn man ganz tief nach unten gräbt? Jemand, der bereit ist, sehr weit nach unten zu gehen, könnte sehr reich werden. Bauingenieure wissen auch: Wenn sie ein hohes Gebäude bauen wollen, müssen sie zuerst sehr weit nach unten graben und ein tiefes Fundament legen. So ist es auch mit dem Aufstieg. Jesus hat gesagt: *„Wer sich selbst erniedrigt, wird erhöht werden"* (Lukas 14,11). Bei Gott ist der untere Pfad der Demut der einzige Weg, der zum Aufstieg führt.

Josef hatte hohe, erhabene Träume. Er sah seine Mutter, seinen Vater und seine Brüder, wie sie sich alle vor ihm verneigten. Doch Gottes Weg, um Josef ganz nach oben zu bringen, war ganz anders als er es sich vorgestellt hatte. Ironischerweise waren es genau diese ruhmreichen Träume, die in den Herzen seiner Brüder Verachtung hervorriefen, sodass sie ihn am Ende in die Sklaverei verkauften und er gezwungen war, ein demütiges Leben zu führen.

Josefs Weg zur Größe führte ihn durch die Tiefen der Sklaverei, des Rufmords und sogar in die Gefangenschaft im Kerker des Königs. Eine Zeitlang sah es so aus, als sei Josefs Leben auf einem absteigenden Kurs. Es wurde immer schlimmer. Ich bin sicher, dass er sich manchmal gefragt haben muss: „Warum, Gott?" War es nicht Gott gewesen, der ihm Aufstieg und Wohlstand versprochen hatte? Hatte Josef etwas falsch gemacht? Ließ Gott es deshalb zu, dass er diese schwierigen Situationen durchleben musste?

Josef stieg die dunkle Wendeltreppe der Demut und der Unterordnung hinab. Als er ganz unten die letzte Tür erreichte, entdeckte er, dass dieser dunkle, nach unten führende Weg ihn ganz nach oben gebracht hatte! Fast von einem Tag auf den anderen stieg er auf zu der höchsten Position der Macht und Autorität in der damaligen Welt. Gott hatte die ganze Zeit über im Sinn gehabt, diesen niedrigen Weg zu gebrauchen, um Josef zu erheben. Josef fand heraus, dass *der Weg nach oben nach unten führt.*

Das größte Vorbild für dieses Prinzip ist wohl Jesus Christus selbst. Er, *„der in Gestalt Gottes war und es nicht für einen Raub hielt, Gott gleich zu sein. Aber er machte sich selbst zu nichts und nahm Knechtsgestalt an, indem er den Menschen gleich geworden ist, und der Gestalt nach wie ein Mensch befunden, erniedrigte er sich selbst und wurde gehorsam bis zum Tod, ja, zum Tod am Kreuz. Darum hat Gott ihn auch* *hoch erhoben und ihm den Namen verliehen, der über jeden Namen ist, damit in dem Namen Jesu jedes Knie sich beuge, der Himmlischen und Irdischen und Unterirdischen, und jede Zunge bekenne, dass Jesus Christus Herr ist, zur Ehre Gottes, des Vaters"* (Philipper 2,6-11).

Die Welt bringt uns bei, dass wir in einer Welt leben, in der ein Hund den anderen frisst, und dass wir, wenn wir es zu etwas bringen wollen, für unsere Rechte kämpfen, uns beweisen und unsere Konkurrenten wenn nötig mit Füßen treten müssen. Doch in Psalm 75, 7-8 steht: *„Denn nicht von Osten noch von Westen, und nicht von Süden her kommt Erhöhung. Denn Gott ist Richter. Diesen erniedrigt er, und jenen erhöht er."* Wenn wir aufsteigen wollen, sollten wir so weise sein und auf den Rat dessen hören, der den Aufstieg bewirkt:

DER WEG NACH OBEN FÜHRT NACH UNTEN
Scanne den QR-Code
oder besuche lebe.kolendabuch.de/3

> *Denn jeder, der sich selbst erhöht, wird erniedrigt werden, und wer sich selbst erniedrigt, wird erhöht werden.* (Lukas 14,11)
>
> *Glückselig die Sanftmütigen, denn sie werden das Land erben.* (Matthäus 5,5)
>
> *Demütigt euch vor dem Herrn! Und er wird euch erhöhen.* (Jakobus 4,10)
>
> *Der Hochmut eines Menschen erniedrigt ihn; der Demütige aber erlangt Ehre.* (Sprüche 29,2)
>
> *Denn nicht, wer sich selbst empfiehlt, der ist bewährt, sondern der, den der Herr empfiehlt.* (2. Korinther 10,18)

> Gottes Wille für unser Leben führt uns immer auf den Pfad der Demut.

Als ich das erste Mal den Eiffelturm besichtigte, fiel mir auf, dass es drei verschiedene Warteschlangen gab, wo man sich anstellen konnte. Die eine ging bis zur ersten Plattform, die zweite bis zur zweiten Stufe und die dritte ganz bis nach oben. Den weiten Weg nach Paris zu machen, um dann nur bis zum ersten oder zweiten Niveau zu gehen, erschien mir absurd. Ich war entschlossen, bis ganz nach oben zu gehen. Ich sah, wie die Menschenschlangen für das erste und zweite Niveau die Treppen hinaufstiegen, und sich direkt auf den Weg nach oben machten. Doch aus irgendeinem unerfindlichen Grund führte meine Schlange nach unten. Es erschien mir seltsam, dass die Schlange, die ganz nach oben führen sollte, abwärts ging. Doch sehr bald verstand ich warum. Während die anderen Menschenschlangen auf Händen und Füßen die Treppen hinaufkletterten, führte unser Weg zu einem Aufzug, der uns bis ganz nach oben bringen sollte.

Gottes Wille für unser Leben führt uns immer auf den Pfad der Demut. Wir sollten nicht den Fehler begehen zu denken, dass der Weg der Demut nur für Verlierer ist. Manche Menschen sind so sehr darauf aus, Erfolg zu haben, dass sie mit aller Kraft Stufe um Stufe erklimmen, und sich mit fieberhaftem Eifer selbst beweisen und selbst befördern. Doch wir sollten nicht vergessen, dass Gott einen Aufzug bereit hält für jene, die noch höher kommen wollen, als nur bis zum ersten oder zweiten Niveau. Und nur wenn wir nach unten gehen, an den Ort der Demut und der Unterordnung, können wir in diesen Aufzug steigen. Das ist der Weg, den Jesus gegangen ist, und er führt zu dem erhabensten Ort, den es gibt. Der Weg nach oben führt nach unten.

KAPITEL 10

5. GEHEIMNIS: WERDE AKTIV!

Ein bekannter Evangelist nahm einmal an einer Tagung über Massenevangelisation teil, die in Indianapolis abgehalten wurde. Inspiriert von den bewegenden Botschaften über die Gewinnung der Verlorenen, ging er mit seinem Lobpreisleiter während einer Pause am gleichen Abend an die nächste Straßenecke. Der Lobpreisleiter stellte sich auf eine Kiste und begann zu singen. Als sich eine Menschenmenge um ihn versammelt hatte, fing der Evangelist an zu predigen. Bald hatten sich so viele Menschen um sie versammelt, dass sich die Menge bis auf die Straße ergoss. Der Evangelist dachte, es wäre am besten, die Menschen einzuladen, mit in die Tagungshalle zu kommen, wo die Evangelisations-Konferenz stattfand. Das Auditorium füllte sich sehr schnell mit geistlich hungrigen Menschen, und der Evangelist begann, leidenschaftlich das Evangelium zu predigen.

Nach einer Weile kamen die Tagungsteilnehmer von ihrem Abendessen zurück in die Halle und stellten fest, dass Leute von der Straße ihre reservierten Plätze besetzt hatten. Die Teilnehmer fingen an sich zu beschweren und zu murren. Was sich dieser Evangelist einbildete, sich so etwas herauszunehmen! *„Was denkt er eigentlich, wer er ist?"* Die Konferenzveranstalter berieten sich darüber, was zu tun sei, und schickten dann einen Abgesandten zum Evangelisten, um ihm ihr Urteil zu verkünden. Der Evangelist war mitten in seiner Predigt, als der Überbringer der Botschaft zu ihm trat und ihm etwas ins Ohr flüsterte. Der Evangelist hörte auf zu predigen und sagte der Menge, die gekommen war, um das Evangelium zu hören: „Wir müssen an dieser Stelle leider schließen, weil die Brüder, die an dieser Tagung teilnehmen, jetzt wieder ihre Plätze einnehmen und über das Thema ‚Wie können wir die Massen erreichen' debattieren wollen."

Menschen, die erleben, dass sich Gottes Wille in ihrem Leben erfüllt, sind Menschen der Tat, der Initiative und der Dringlichkeit.

Es scheint im Leben immer eine große Kluft zu bestehen zwischen Ausführung und Vorhaben, zwischen Worten und Taten, zwischen dem Tun und dem „Nur-darüberreden" etwas zu tun. Und genau in diesem Zwischenraum zwischen Wollen und Tun sterben die meisten Menschen in einer Wüste der Untätigkeit. Auf jeden Draufgänger, der bereit ist aufs Feld zu laufen, kommen tausend professionelle Konferenzteilnehmer, die sich damit zufrieden geben, endlose Diskussionen darüber zu führen, was getan werden müsste, ohne jemals wirklich etwas zu unternehmen. Doch Menschen, die erleben, dass sich Gottes Wille in ihrem Leben erfüllt, sind Menschen der Tat, der Initiative und der Dringlichkeit.

Im christlichen Umfeld verbringen viele Menschen ihr ganzes Leben damit, darauf zu warten, dass Gott etwas für sie tut. Sie sprechen von Gottes Zeitpunkt und Versorgung, sie warten darauf, dass Gott „einen Weg bereitet", „Türen öffnet" und „göttliche Begegnungen" schenkt. Obwohl es durchaus Situationen in unserem Leben gibt, in denen wir auf den Herrn warten müssen, ist der wahre Grund, warum wir so inaktiv sind, oft (oder wenn wir ehrlich sind, vielleicht sogar meistens) in Wirklichkeit überhaupt nicht so geistlich, wie wir uns selbst glauben machen wollen. Im weltlichen Kontext haben die Menschen das gleiche Problem, doch anstatt dass sie „auf Gott warten", warten sie „auf den richtigen Augenblick" oder „die perfekte Gelegenheit". Für den Gerechten wie für den Sünder gilt, dass sich die perfekten Gelegenheiten so gut wie nie bieten.

Vor Kurzem sprach ich mit einer jungen Frau, die auf ein bestimmtes Bibelseminar gehen wollte. Mit seltsam anmutender Gleichgültigkeit sagte sie zu mir, dass sie sich nicht sicher wäre, wann sie dorthin gehen würde. Sie meinte, es gäbe eine ganze Reihe Hindernisse zu überwinden (hauptsächlich finanzieller Art), und dass sie glaube, wenn es Gottes Wille wäre, er für sie „den Weg bereiten" würde. Mit anderen Worten, sie dachte, wenn sie wirklich auf dieses Bibelseminar gehen sollte, müsste Gott alle ihre Probleme aus der Welt schaffen, alle ihre Rechnungen bezahlen und einen roten Teppich für sie ausrollen. Eine solche Denkweise macht mir große Lust, auf einen Tisch zu klettern und loszuschreien!

Wo ist die Dringlichkeit? Wo ist die Leidenschaft? Wo ist die *Chuzpe*, die nötige Dreistigkeit? Wenn wir möchten, dass Gott das Meer vor uns teilt, aber nicht bereit sind, auch nur unseren großen Zeh ins Wasser zu stecken, leben wir in einer Fantasiewelt, denn so funktioniert es nun einmal nicht. Selbst wenn Gott voll und ganz hinter einer Sache steht und sie beschlossen hat, geschieht es nur sehr selten, dass er alle Aspekte unseres Lebens so arrangiert, dass alles perfekt und einfach ist. Im Gegenteil, in vielen Fällen wird Gottes Wille für unser Leben aussehen wie der schwierigere Weg, und wir werden viel Entschlossenheit brauchen, um auf diesem Weg zu bleiben. Jesus hat gesagt: *„Dem ... Reich der Himmel [wird] Gewalt angetan, und Gewalttuende reißen es an sich"* (Matthäus 11,12). Gott hält nach Menschen Ausschau, deren Herzen brennen, nicht nach den Halbherzigen.

Einer meiner Lieblingsverse in der Bibel ist Daniel 11, Vers 32: *„Die Leute aber, die ihren Gott kennen, werden fest bleiben und handeln"* (S). Jeder, der Gott kennt und seine Wege versteht, weiß, dass Gott von uns erwartet, dass wir handeln. Gott wird unsere guten Absichten nicht segnen, sondern nur das, was wir auch tatsächlich tun!

> Gott wird unsere guten Absichten nicht segnen, sondern nur das, was wir auch tatsächlich tun!

Jesus erzählt in Matthäus 21,28-31 ein Gleichnis: *„Was meint ihr aber hierzu? Ein Mensch hatte zwei Söhne, und er trat hin zu dem ersten* *und sprach: Mein Sohn, geh heute hin, arbeite im Weinberg! Der aber antwortete und sprach: Ich will nicht. Danach aber gereute es ihn, und er ging hin. Und er trat hin zu dem zweiten und sprach ebenso. Der aber antwortete und sprach: Ich gehe, Herr; und er ging nicht. Wer von den beiden hat den Willen des Vaters getan? Sie sagen: Der Erste."*

Die Moral dieses Gleichnisses ist ganz klar: Gute Absichten und leere Versprechungen sind nicht genug. Gott möchte Männer und Frauen der Tat! *„Seid aber Täter des Wortes"*, sagt Jakobus, *„und nicht allein Hörer!"* (Jakobus 1,22).

In 2. Korinther 9,10 wird gesagt, dass Gott demjenigen, der sät, den Samen geben wird. Gottes Weg leuchtet auf den ersten Blick nicht ein. Wir würden sagen: „Gott sollte zuerst den Samen geben, dann kann ich säen." Doch Gott sagt: „Fange an zu säen, dann werde ich dir den Samen geben." Während wir darauf warten, dass Gott uns versorgt, wartet Gott darauf, dass wir anfangen zu handeln. Unser in die Tat umgesetzter Glaube ist es, der das Herz und die Hand Gottes bewegt, nicht nur unser Bedürfnis.

SICH IN BEWEGUNG SETZEN

Um fliegen zu können, muss ein Flugzeug Auftrieb haben. Der Auftrieb wird durch die Geschwindigkeit erzeugt, und die Geschwindigkeit wird durch die Schubkraft erzeugt. Die Schubkraft ist die Kraft, die das Flugzeug vorwärtstreibt, und ohne sie macht alles andere keinen Sinn. Das aerodynamische Design, der gut ausgebildete Pilot im Cockpit, die ausgefeilte Navigationstechnik und der mit Kerosin gefüllte Tank sind völlig nutzlos, wenn der Motor nicht in Gang kommt und die Vorwärtsbewegung erzeugt. In unserem Leben sind wir die Einzigen, die diese Vorwärtsbewegung erzeugen können. Gott will unser Pilot sein. Er wird für den Wind unter den Flügeln und den gefüllten Tank sorgen, aber wir müssen ihm eine bestimmte Schubkraft geben, mit der er arbeiten kann. Wir können nicht Gottes Teil tun, und Gott wird nicht unseren Teil tun. Unser Teil besteht darin, auf Touren zu kommen, aus unserem Sessel aufzustehen und uns in Bewegung zu setzen. Reinhard Bonnke hat gesagt:

„Gott wird dich aus der tiefsten Grube herausholen, aber er wird dich nicht aus deinem Sessel herausholen – das musst du schon selbst tun!“ Worauf warten wir also noch? Wie lange wollen wir weiter nichts tun, während wir in der Wüste der Untätigkeit alt werden?

Es stimmt, dass Gott Türen öffnet, und manchmal öffnen sich bestimmte Türen aus ganz unterschiedlichen Gründen auch nicht. Aber es ist nicht sehr wahrscheinlich, dass alle Türen verschlossen bleiben. Stell dir vor, jemand hält im Zentrum einer Großstadt vor einer roten Ampel. Seine Ampel springt auf Grün, aber er schaut weiter nach vorne und sieht, dass die nächsten fünf Ampeln noch auf Rot stehen. Sollte er nun vor der grünen Ampel direkt vor ihm stehen bleiben und darauf warten, dass alle anderen Ampeln auch grün werden? Natürlich nicht! Er sollte an der grünen Ampel weiterfahren. Und doch tun das viele Menschen nicht. Sie fahren bei dem grünen Licht, das Gott ihnen gibt nicht weiter, weil sie vor sich andere Hindernisse sehen, von denen sie noch nicht wissen, wie sie sie überwinden werden.

Im dritten Kapitel des Buchs Josua kann man lesen, wie die Kinder Israel vor dem Hindernis des Jordanflusses standen, der über die Ufer getreten war und nicht überquert werden konnte. Der Anweisung des Herrn gehorchend, befahl Josua den Priestern, die Bundeslade aufzunehmen und in das Wasser des Jordans zu gehen. Es muss in der Tat eine ziemlich lächerliche Vorstellung gewesen sein, aber dann geschah Folgendes:

> *Und als die Träger der Lade an den Jordan kamen und die Füße der Priester, die die Lade trugen, in das Wasser am Ufer tauchten ... da blieb das von oben herabfließende Wasser stehen. Es richtete sich auf wie ein Damm ... So zog das Volk hindurch, gegenüber von Jericho.*
> Josua 3,15-16

Hätte Josua seine Ausbildung auf einem unser ausgezeichneten Bibelseminare absolviert, hätte er sicherlich einen etwas reiferen Rat erteilt. Er hätte gesagt: „Meine Herren, wir werden genau hier warten, bis der Herr uns ‚eine Tür auftut'." Doch wenn er diesen Befehl erteilt hätte, würden ihre Gebeine jetzt immer noch am Ufer des Jordanflusses verrotten, denn das Wasser hätte sich nicht eher für sie geteilt, ehe sie sich die Füße nass gemacht hätten! Liebe Freunde, manchmal müssen wir einfach vorwärtsgehen und uns die Füße nass machen, und dann sehen, was der Herr für uns tun wird!

In Matthäus 14,22-29 lesen wir, wie Petrus auf dem Wasser ging. Es war ganz früh morgens, als Jesus auf dem aufgewühlten Wasser auf das Boot der Jünger zuging. Als die Jünger ihn sahen, dachten sie, es sei ein Gespenst und schrien vor Angst, doch Jesus sprach zu ihnen: „Seid guten Mutes! Ich bin es. Fürchtet euch nicht!"
„Herr, wenn du es bist", antwortete Petrus, „so befiehl mir, auf dem Wasser zu dir zu kommen!"
„Komm!", sagte er.

Interessanterweise sagte Jesus nicht: „Komm, Petrus!" Er sagte einfach: „Komm!" Sind wir uns bewusst, was das bedeutet? Jeder der Jünger hätte auf dieses Wort hin reagieren und auf dem Wasser gehen können. Petrus wird oft dafür kritisiert, dass er seinen Blick von Jesus abwandte und sank, doch ich bewundere ihn dafür, dass er der Einzige war, der bereit war, aus dem Boot zu steigen. Man wird nie auf dem Wasser gehen, wenn man nicht bereit ist, aus dem Boot zu steigen!

Dieser Schlüssel ist so einfach, und doch wird er in christlichen Kreisen so unterbetont. Es hat fast den Anschein, als glaubten einige Leute, dass es ein Zeichen von Unglauben ist, wenn man handelt. Im Gegenteil, Glaube *ohne* Werke ist tot! Anders ausgedrückt: *Glaube ohne Taten ist tot!* Das ganze Planen, Warten und Hoffen ist vergeudete Zeit, wenn wir nicht irgendwann zur Tat schreiten. Wenn man schwimmen lernen will, muss man den Schritt wagen und ins Wasser tauchen.

Meistens sind wir uns unserer Mängel und Unzulänglichkeiten nur zu sehr bewusst. Die beste Art, damit umzugehen, ist sich vorwärts zu bewegen. Schubkraft und Bewegung bewirken, dass alles im Leben einfacher zu steuern ist. Indem wir vorwärtsgehen, entdecken wir, worauf wir uns wirklich konzentrieren müssen, wir bekommen den Ansporn, Dinge dringlich zu behandeln; man nimmt die notwendigen Änderungen vor und kann seinen Fortschritt an den realen Erfahrungen messen. Man findet heraus, dass viele der Sorgen, die man sich im Vorfeld gemacht hat, völlig unnötig waren, und dass man einige der wahren Probleme, mit denen man konfrontiert wird, noch gar nicht mit einkalkuliert hatte.

Jack Canfield, ein sehr erfolgreicher Geschäftsmann und Schriftsteller, schrieb über diesen Schlüssel in seinem Bestseller *The Success Principles* (dt. *Das Erfolgsprinzip*): „Erfolgreiche Menschen haben eine Vorliebe für Taten. Die meisten erfolgreichen Menschen, die ich kenne, halten nicht viel von übermäßigem Planen und Diskutieren. Sie warten ungeduldig darauf, dass es endlich losgeht. Sie wollen anfangen. Sie wollen, dass das Spiel angepfiffen wird ... Planung hat seine Berechtigung, aber sie darf nicht überhand nehmen. Manche Menschen warten ihr ganzes Leben lang auf den perfekten Zeitpunkt, um etwas zu unternehmen. Es gibt selten einen ‚perfekten' Zeitpunkt, egal, was man unternehmen will. Worauf es ankommt ist, einfach anzufangen, mitzuspielen, aufs Spielfeld aufzulaufen. Wenn das erst einmal getan ist, wird man Rückmeldungen erhalten, die einem erlauben, die nötigen Korrekturen vorzunehmen, um erfolgreich zu sein." [1]

ANLEGEN! ZIELEN! FEUER!

Neulich habe ich meinen Vater zu einem Schießstand begleitet. Er wollte auf einen Jagdausflug gehen und vor seiner Abreise wollte ich ihm helfen, das Gewehr, das ich ihm geschenkt hatte, „anzuschießen". Wir blickten durch das Zielfernrohr, das wir gerade erst angebracht hatten, zielten auf die Zielscheibe und feuerten, wobei uns klar war, dass wir sehr wahrscheinlich nicht genau ins Schwarze treffen würden. Doch indem wir auf die Zielscheibe schossen, konnten wir sehen, ob und wie wir das Zielfernrohr verstellen mussten. Diese Einstellung konnten wir erst machen, wenn wir gesehen hatten, wo wir den Zielpunkt verfehlt hatten. Ich finde, das ist ein gutes Bild für das Leben. Wir lernen meistens mehr aus unseren Fehlern als aus unseren Erfolgen. Doch wenn man das Gewehr nicht abfeuert, wird man auch nicht danebenschießen, und wenn man nicht danebenschießt, kann man nie die nötigen Veränderungen vornehmen, damit man ins Schwarze trifft.

Jedes Mal, wenn ich ein neues Projekt oder eine neue Initiative in Angriff nehme, ist meine ursprüngliche Idee für mich nie der endgültige Plan. Ich stürze mich hinein in dem Bewusstsein, dass ich im Laufe des Prozesses dazulernen werde. Das heißt, ich bin nicht gelähmt durch die Angst vor Versagen, sondern ich freue mich herauszufinden, was ich nicht machen darf. Meine ursprüngliche Idee ist wie ein ungeeichter Mechanismus mit vielen Einstellrädern. Diese Einstellräder sind all die unterschiedlichen Variablen, die das jeweilige Projekt beinhaltet. Wenn die Maschine erst einmal läuft, kann ich feststellen, was gut funktioniert und was nicht. Ich achte sehr darauf, ausreichend Feedback zu bekommen, und je nachdem, wie dieses Feedback ausfällt, fange ich an, die Einstellräder zu justieren.

Auch wenn ich den Eindruck habe, dass alles gut läuft, trete ich ab und zu einen Schritt zurück, um den Prozess zu analysieren. Wenn etwas gut funktioniert, werde ich versuchen, es noch besser auszunutzen. Wenn etwas nicht gut funktioniert, werde ich es korrigieren oder völlig herausnehmen. Es ist eine ständige, nie endende, dynamische Entwicklung. Durch diesen Prozess wird wahrer Fortschritt erzielt, doch bis man anfängt zu handeln, bleiben alle Pläne und Strategien einfach unerprobte Theorien.

Ich möchte allerdings noch etwas Wichtiges hinzufügen: Es geht beim Handeln nicht nur ums Ausprobieren. Im Wesentlichen geht es um Treue. Auch wenn es tausend Dinge gibt, die man aus irgendwelchen Gründen nicht tun kann, gibt es immer irgendetwas, was man tun kann. Gott sieht uns zu und merkt, was wir mit den Gelegenheiten, die er uns bietet, anfangen. Und wie wir darauf reagieren wird ausschlaggebend dafür sein, ob er uns mehr anvertraut.

Ich habe vor einiger Zeit in einer Gemeinde gepredigt, als ein junger Mann auf mich zukam und mit Tränen in den Augen sagte: „Ich habe auch so eine Berufung wie Sie. Der Herr hat mich berufen, das Evangelium zu predigen. Ich glaube, dass ich Millionen von Menschen für den Herrn gewinnen werde, aber ich weiß nicht, wo ich anfangen soll." Ich habe meinen Arm um ihn gelegt und gesagt: „Ich denke, ich kann dir helfen." Er meinte: „Das können Sie?" Ich erwiderte: „Ja, ich kann dir sagen, wo du anfangen kannst. Fange damit an, dass du deiner Familie und deinen Verwandten, die noch nicht gläubig sind, von Jesus erzählst. Dann gehe zu deinen nicht-christlichen Freunden und erzähle ihnen von Jesus. Dann geh auf die Straße und predige das Evangelium den verlorenen Menschen, wo immer du sie antriffst. Wenn Gott sieht, dass du darin treu bist, dann wird er dir mehr geben."

Ein weiterer junger Mann erzählte mir einmal von seiner Vision. Er sagte: „Ich werde ein Haus des Gebets gründen. Ich werde Gebet, Fürbitte und Lobpreis 24 Stunden am Tag, 7 Tage die Woche, 365 Tage im Jahr organisieren."

„Das ist eine großartige Vision", habe ich gesagt. „Wann wirst du damit anfangen?" Er meinte: „Naja, zuerst muss ich mehrere Dutzend Lobpreisbands zusammenbekommen und ein paar Hundert Fürbitter, die meine Vision teilen." Ich erkannte sofort, dass sein Plan einen Haken hatte. „Darf ich dir einen Rat geben?" fragte ich. Er wollte ihn unbedingt hören, deshalb sagte ich zu ihm: „Warum fängst du nicht mit einem Tag pro Woche oder einem Tag pro Monat an? Fang einfach damit an, was du tun *kannst,* und wenn du darin treu bist, wird Gott dir mehr geben." Leider fand der junge Mann meinen Rat nicht sehr inspirierend, und er beschloss, es auf die dramatischere Weise zu versuchen und darauf zu warten, bis all die Musikgruppen und Fürbitter zusammen waren. Ich muss leider berichten, dass er heute, mehrere Jahre danach, sein Gebetshaus immer noch nicht eingeweiht hat.

Ich habe nicht damit angefangen, dass ich vor Millionen Menschen gepredigt habe. Ich habe als Teenager angefangen, auf der Straße zu den Verlorenen zu predigen. Ich bin in meinem Wohnviertel von Tür zu Tür gegangen und habe meinen Nachbarn von Jesus erzählt.

Ich bin in die Parks gegangen, habe mich auf Parkbänke gestellt und gepredigt. Ich habe in Restaurants, vor Kinos, an Straßenecken gestanden. Ich bin mehr als einmal von der Polizei wegeskortiert worden, weil ich das Evangelium predigte. Als ich meinen Dienst als vollzeitlicher Evangelist begann, hatte ich nur eine einzige Einladung zum Predigen. Doch dieser Einladung folgte eine weitere, und dann immer noch weitere. Heute erhalte ich mehr Einladungen als ich je erfüllen könnte, aber es geschah alles einen Schritt nach dem nächsten, es öffnete sich eine Tür nach der anderen.

Es gibt ein altes chinesisches Sprichwort, das lautet: „Eine tausend Meilen lange Reise beginnt mit dem ersten Schritt." Vielleicht weißt du noch nicht, wie du von Punkt A nach Punkt Z kommen kannst, aber das brauchst du auch nicht zu wissen. Alles, was du heute wissen musst, ist, wie du von A nach B kommst. Und wenn du bei B angekommen bist, wirst du nach C weitergehen. Und so wirst du einen Schritt nach dem anderen tun und feststellen, dass sich die Fluten in dem Moment teilen, in dem du dir die Füße nass machst.

TEIL 3

FÜNF FEINDE DES WILLENS GOTTES FÜR UNSER LEBEN

KAPITEL 11

1. FEIND: DER SCHURKE DER FAULHEIT

Es ist eine Sache, den Willen Gottes zu kennen, es ist eine andere Sache, ihn auch zu tun. Den Willen Gottes für unser Leben zu kennen bewirkt allein gar nichts, wenn wir nicht auch entschlossen sind, im Gehorsam voranzugehen. Jemand hat einmal gesagt: „Auch wenn man auf dem richtigen Weg ist, wird man trotzdem überfahren, wenn man einfach dort sitzt." Viele Menschen, die Gottes Willen kennen wollen, sind von anderen „überfahren" worden, die diesen Willen dann tatsächlich auch tun.

Um den Willen Gottes zu tun, müssen wir handeln. Ich meine damit ganz praktische Dinge. Hier geht es nicht nur um Eingebung, sondern um körperliche Aktion. Nicht nur um göttliche Offenbarung, sondern um menschliche Anstrengung. Viele Menschen sind uneffektiv und unfruchtbar, und zwar nicht, weil sie nicht gesalbt, begabt oder ausgerüstet wären, sondern einfach, weil sie faul sind. Der Autor der Sprüche sagt in Kapitel 24, dass er an dem Feld eines Faulen vorbeiging. Er sah, dass Dornen und Unkraut den Boden bedeckt und die Mauern verschluckt hatten, die völlig verfallen waren.

Und ich schaute es, ich nahm es mir zu Herzen. Ich sah es, nahm mir daraus die Lehre: Noch ein wenig Schlaf, noch ein wenig Schlummer, noch ein wenig Händefalten, um auszuruhen, und wie ein Landstreicher kommt deine Armut, und dein Mangel wie ein unverschämter Mann.
Sprüche 24,32-34

Das Feld des faulen Mannes war völlig ruiniert. Es sah aus, als hätten Räuber seine Ernte gestohlen und seinen Lebensunterhalt zunichtegemacht. Doch sein wahrer Feind waren nicht Diebe oder Räuber, sondern die Tatsache, dass er sich nicht angestrengt hatte. Faulheit ist wie ein Dieb, der uns unser Potenzial raubt; sie ist ein Feind des Besten, das Gott für uns vorbereitet hat. Es gibt allerdings ein Problem: Keiner denkt von sich selbst, dass er faul ist. Würde ich auf der Straße wahllos Menschen die Frage stellen: „Glauben Sie, dass Sie ein fauler Mensch sind?", würden mit Sicherheit neun von zehn Personen das verneinen.

Die meisten Leute denken, dass sie hart arbeiten. Eigentlich sagen mir die Leute ständig, wie beschäftigt sie sind und wie wenig Zeit sie haben. Und doch kann man sehr beschäftigt sein und trotzdem faul, wenn man den entscheidenden Tätigkeiten aus dem Weg geht, die eigentlich in Angriff genommen werden müssten. Ich gebrauche den Begriff *entscheidende Tätigkeit,* weil nicht alles gleich wichtig ist. Im letzten Kapitel haben wir darüber gesprochen, wie wichtig es ist, zur Tat zu schreiten, doch an dieser Stelle möchte ich einen Unterschied machen zwischen effektiven Tätigkeiten und reiner Geschäftigkeit. Eine entscheidende Tätigkeit ist die Art von Aktivität, die wirkliche Ergebnisse erzielt, alles Überflüssige beiseiteschiebt und sich auf das konzentriert, was gerade am wichtigsten ist. Ich möchte Faulheit deshalb definieren als die Wahl, entscheidenden Tätigkeiten auszuweichen oder sie zu vernachlässigen.

AUSWEICHMANÖVER

Zwanzig Prozent aller Menschen geben zu, dass sie unter ständiger Prokrastination leiden.[1] Diese „Aufschieberitis" beeinflusst jeden Bereich ihres Lebens. Sie bezahlen ihre Rechnungen nicht rechtzeitig. Sie beantragen ihren Steuerausgleich nicht rechtzeitig. Sie warten bis Heiligabend, um Weihnachtsgeschenke einzukaufen. Sie stellen ihre Aufgaben für die Schule erst in letzter Sekunde fertig. Sie verpassen viele Gelegenheiten, weil sie die entscheidenden Tätigkeiten immer aufschieben. Ihr ständiges Aufschieben ist sogar so voraussagbar, dass manche Firmen es ausnutzen, um Profit daraus zu schlagen, indem sie z. B. großzügige Rabatte anbieten, die aber mit Sicherheit nie eingelöst werden.

Erstaunlich an der ganzen Angelegenheit ist, dass diese Menschen nicht den Eindruck erwecken faul zu sein. Im Gegenteil, es hat den Anschein, dass sie diejenigen sind, die am meisten zu tun haben! Doch obwohl sie sehr beschäftigt sind, führen sie die entscheidenden Tätigkeiten nicht aus. Es ist sehr wichtig, das zu erkennen. Es besteht nicht nur ein Unterschied zwischen reiner Geschäftigkeit und dem Ausführen entscheidender Tätigkeiten, sondern ich habe auch festgestellt, dass ein großer Teil dieser Geschäftigkeit im Grunde dazu dient, Wege zu finden, den entscheidenden Tätigkeiten auszuweichen. Aus diesem Grund ist das Wort *Aufschieben* (mit all seinen Begleiterscheinungen) eigentlich ein Widerspruch in sich. Weil das Aufschieben anscheinend eine Menge Arbeit beinhaltet, nenne ich es lieber *Ausweichmanöver.* Der folgende kurze Text ist eine perfekte Beschreibung dafür:

> Ich holte mir etwas zu trinken und
> spitzte meine Bleistifte an,
>
> durchsuchte meinen Schreibtisch
> nach verschollenen Utensilien.
>
> Ich stellte meine Uhr, ich rückte meinen Stuhl zurecht,
> ich lockerte meine Krawatte und richtete meine Frisur.
>
> Ich füllte meine Federhalter und
> probierte das Löschpapier aus und ging mir
> noch ein weiteres Glas Wasser holen.
>
> Ich rückte den Kalender gerade und zog das Rollo
> hoch und sortierte die verschiedenen Arten von
> Radiergummis.
>
> Jetzt aber an die Arbeit,
> jetzt kann ich mich endlich hinsetzen.
>
> Ach nein, zu spät, es ist schon Feierabend.[2]

Ich bin einmal auf ein Buch gestoßen, das mein Leben radikal verändert hat, obwohl ich es noch nicht einmal gelesen habe. Um genau zu sein, ich habe es noch nicht einmal aufgeschlagen und habe keine Ahnung, wer es geschrieben hat. Ich brauchte nur den Buchtitel zu lesen: *Tu es jetzt!* Ich war früher ein Meister der Ausweichmanöver. Ich war sehr gut darin Gründe zu erfinden, warum ich eine bestimmte entscheidende Tätigkeit jetzt gerade nicht tun konnte. Es gab immer eine Vielzahl von Gründen, warum noch mehr Planung und weitere Strategien nötig waren, ehe eine bestimmte Tätigkeit in Angriff genommen werden konnte. Doch als ich den Titel dieses Buches sah, geschah etwas Erstaunliches. Ich glaube, der Heilige Geist gebrauchte diesen Titel, um mich zu überführen, denn jedes Mal, wenn ich danach versucht war etwas aufzuschieben, klang dieser Satz in mir: „Tu es jetzt!" Das bewirkte in meinem Leben eine riesige, positive Veränderung. Mein Gebet ist, dass auch du von diesem Augenblick an diesen Satz in den Ohren haben wirst: „Tu es jetzt!" Das wird auch dein Leben radikal verändern!

KOMPROMISSE

Prokrastination bedeutet, den entscheidenden Tätigkeiten auszuweichen. Doch es gibt noch eine andere Weise, wie man entscheidende Tätigkeiten vermeiden kann, die wahrscheinlich noch problematischer ist. Ich möchte es den *bequemen Kompromiss* nennen. Ein bequemer Kompromiss ist sehr schwer zu definieren, weil es dabei, wie bei den entscheidenden Tätigkeiten auch, je nach Situation um verschiedene Dinge gehen kann. Man versteht den Unterschied zwischen den beiden am besten, wenn man sie gegenüberstellt.

Eine entscheidende Tätigkeit ist die direkteste und effektivste Aktion, die möglich ist. Der Erfolg des Auftrags oder der Mission wird über das eigene Wohl (Sicherheit, Komfort und Vorteil) gestellt. Der bequeme Kompromiss ist die Bereitschaft, sich im Interesse der Selbsterhaltung mit einer weniger effektiven Aktion zu begnügen. Entscheidende Tätigkeiten haben fast immer damit zu tun, „Bodentruppen" einzusetzen, Risiken einzugehen und mit Menschen auf eine Weise in Berührung zu kommen, bei der wir uns schutzlos fühlen.

Eine entscheidende Tätigkeit bedeutet fast immer, dass wir einen Preis zu zahlen haben und uns in irgendeiner Weise aus dem Fenster lehnen müssen. Der bequeme Kompromiss dagegen besteht immer mehr aus Worten als aus Taten. Er gestattet uns, kein Risiko einzugehen, sich in seiner Haut wohl zu fühlen und ständig in Aktion zu bleiben, doch er erzeugt nur wenig konkrete Ergebnisse. Einfach gesagt: Der bequeme Kompromiss ist eine Handlung, welche die entscheidende Tätigkeit ersetzt. Er ist eine billige Imitation, eine zweitklassige Alternative. Man macht es sich leicht.

Der bequeme Kompromiss ist eine Handlung, welche die entscheidende Tätigkeit ersetzt. Er ist eine billige Imitation, eine zweitklassige Alternative. Man macht es sich leicht.

Ich meine, dass der bequeme Kompromiss problematischer ist als das Aufschieben, weil wir, wenn wir etwas aufschieben, zumindest wissen, dass es noch nicht getan ist. Doch der bequeme Kompromiss bewirkt, dass wir unser Gewissen beruhigen und den Eindruck haben, wir hätten unsere Aufgabe erfüllt, obwohl wir in Wirklichkeit nur einen Bruchteil unseres Potenzials ausgeschöpft haben, oder vielleicht sogar gar nichts davon.

Weil ich ein Evangelist bin, fallen mir natürlich am ehesten Beispiele ein, die mit dem Seelengewinnen zu tun haben. Erlaube mir deshalb, dass ich jetzt auf meine Apfelsinenkiste steige. Es gibt im ganzen Universum keine wichtigere und dringlichere Sache, als die Errettung der Verlorenen. Es ist nicht verwunderlich, dass Jesus mit den letzten Worten, die er auf Erden gesprochen hat, den Befehl gegeben hat, das Evangelium bis an die Enden der Erde zu tragen. Diese göttliche Anweisung wird im Allgemeinen als der Missionsbefehl bezeichnet und wird im Markus-Evangelium wahrscheinlich am klarsten ausgedrückt: *„Geht hin in die ganze Welt und predigt das Evangelium der ganzen Schöpfung!"* (Markus 16,15).

Wo so viel auf dem Spiel steht, ist es nicht erstaunlich, dass der Befehl Jesu hier sehr klar und direkt ist. Er beinhaltet zwei ausdrückliche entscheidende Tätigkeiten: „hingehen" und „predigen". Wenn Jesus einfach gesagt hätte: „Setzt alles daran, die Welt positiv zu beeinflussen", hätten wir wahrscheinlich nie gewusst, welche Tätigkeit wir genau ausführen sollen. Doch Jesus wusste, dass die Errettung der Verlorenen von zwei ganz spezifischen entscheidenden Tätigkeiten abhängig ist: „hingehen" und „predigen".

Ich habe schon gehört, dass gelehrt wurde, die effektivste Art, die Verlorenen zu gewinnen, sei einfach ein gutes Leben zu führen, freundlich zu unseren Nachbarn zu sein und „unser Licht leuchten zu lassen", dort wo wir sind. Das ist zwar alles sehr gut, aber wenn es das „hingehen" und „predigen" ersetzt, dann ist es nichts weiter als ein bequemer Kompromiss. Ich bin immer wieder erstaunt, wie kreativ Menschen sein können in dem Versuch, die Welt und die Gesellschaft zu beeinflussen, ohne jemals hinzugehen und das Evangelium predigen zu müssen. Gemeinden und christliche Werke geben jedes Jahr enorm viel Zeit, Geld und Energie aus für Programme und Aktivitäten, durch die sie die Verlorenen zu erreichen hoffen, ohne jemals die beiden entscheidenden Tätigkeiten auszuführen, die Jesus uns aufgetragen hat.

Und doch sinkt die Zahl der Gemeindebesucher in der westlichen Welt jedes Jahr weiter, trotz der vielen Millionen, die ausgegeben werden, und nur sehr wenig Frucht bleibt zurück. Auch in unserer hochtechnisierten Welt, in der wir heute leben, sind die entscheidenden Tätigkeiten, die ausgeführt werden müssen, immer noch die Gleichen, wie damals, als Jesus sie uns vor zweitausend Jahren aufgetragen hat. Es wird nie effektivere Tätigkeiten geben als diese. Das Original, auch wenn es in seiner Einfachheit töricht erscheint, wird immer die effektivste und wirkungsvollste Weise bleiben, die Welt zu gewinnen: *Geht hin und predigt das Evangelium!*

DIE MACHT DER DRINGLICHKEIT

In der Bibel gibt es viele Geschichten von Männern und Frauen, die erfolgreich waren, weil sie entscheidende Tätigkeiten ausgeführt haben, oder die versagt haben, weil sie davor zurückgescheut sind.

Als David auf das Schlachtfeld kam, wo Israeliten und Philister sich in einer festgefahrenen Situation gegenüberstanden, beobachtete er, wie Goliath die Armee der Israeliten herausforderte und mit Beschimpfungen überhäufte (1. Samuel 17). Er wusste sofort, was zu tun war. Er hätte auch eine Petition vorbringen oder eine Protestbewegung starten können. Er hätte fordern können, dass eine offizielle Regierungserklärung abgegeben wird, um die Taktlosigkeit Goliaths gegenüber dem israelitischen Glauben zu verurteilen. Er hätte vielleicht sogar eine Gebetsversammlung einberufen können, um Gott zu bitten Goliath wegzunehmen.

Doch David war ein Hirtenjunge, und er hatte schon gegen Löwen und Bären kämpfen müssen. Er hatte gelernt, dass es wichtig war, die entscheidenden Tätigkeiten auszuführen. Er hatte keine Zeit, um erst nach Hause zu gehen und sich durch Muskeltraining auf einen großen Kampf vorzubereiten. Er hat keine Zielscheibe aufgestellt und angefangen, mit seiner Schleuder zu üben. Er hat einfach die entscheidende, sofort notwendige und ausschlaggebende Tätigkeit ausgeführt. Während ganz Israel auf dem Schlachtfeld stand und die Konfrontation aufschob oder nach einem leichten Ausweg aus der Klemme suchte, gab es für David nur eines zu tun: den Riesen zu köpfen. Das hat er getan, und damit kam Israel aus der festgefahrenen Situation heraus, und die Schlacht wurde noch am gleichen Tag gewonnen.

Saul dagegen suchte immer nach dem bequemen Kompromiss. Gott hatte ihm aufgetragen: *„Zieh hin und vollstrecke den Bann an den Sündern, an Amalek und kämpfe mit ihnen, bis du sie vernichtet hast!“* (1. Samuel 15,18). Saul gehorchte, aber nicht vollständig. Er eroberte und zerstörte die Stadt der Amalekiter, doch alle Amalekiter restlos niederzumetzeln schien so extrem und so unnötig zu sein. Es war doch sicher möglich, das gleiche Ergebnis mit weniger Brutalität zu erzielen. Und so beschloss Saul, Agag, den König der Amalekiter, zu verschonen, und mit ihm viele vom Volk sowie die Schafe und Rinder, die Saul als Kriegsbeute einbehielt. Saul war sich nicht darüber klar, dass dieser Auftrag von Gott nicht lediglich ein guter Vorschlag war. Es war die entscheidende Tätigkeit, die notwendig war, um das Reich zu sichern. Sauls mangelnde Bereitschaft, das zu tun, was nötig war, war unverantwortlich und ungehorsam. Gott beschloss deshalb, die Königswürde von Saul wegzunehmen und sie einem anderen zu geben, nämlich David.

Es geht in diesem Kapitel um den *Schurken der Faulheit,* und anstatt Faulheit als einfaches Nichtstun zu definieren (denn einer solchen Definition zufolge denkt keiner von sich, dass er faul ist), habe ich sie so definiert, dass man der entscheidenden Tätigkeit ausweicht oder Kompromisse eingeht (und dessen sind wir alle schuldig). Der Schlüssel liegt also darin, die entscheidende Tätigkeit auszuführen, doch je nach Situation ist nicht immer klar, worin diese Tätigkeit besteht. Um durch das Chaos durchzusteigen, kann man sich fragen: *Gibt es einen direkteren und effektiveren Weg, das zu tun?* Wenn die Antwort darauf positiv ist, dann sollte man sich fragen: *Warum scheue ich mich davor, diesen effektiveren Weg zu gehen?* Wenn eine ehrliche Selbstanalyse zeigt, dass man einfach den Weg des geringsten Widerstands geht, dass man den Preis ohne den Fleiß haben will, bzw. das wählt, was am bequemsten ist, kann man daraus schließen, dass man einen bequemen Kompromiss eingeht. Mit anderen Worten, man ist faul!

Wie definiert man also eine entscheidende Tätigkeit? Da es so viele verschiedene Situationen gibt, möchte ich ein allgemeines Prinzip vorschlagen: *Eine entscheidende Tätigkeit wird von einem Gefühl der Dringlichkeit begleitet.* Wenn wir den Eindruck haben, etwas ist dringend, dann treibt es uns nicht nur zur Tat, sondern zeigt uns auch, was genau wir zu tun haben. Wenn man zum Beispiel sieht, dass jemand drauf und dran ist, in einen Abgrund zu stürzen, würde man ihm nicht eine E-Mail schreiben, um ihn von seiner gefährlichen Situation in Kenntnis zu setzen. Man würde ihm sofort eine Warnung zurufen, zu ihm hinlaufen, ihn packen, usw.

Wenn Dringlichkeit eine sofortige Tätigkeit antreibt und vorschreibt, und wenn eine sofortige Tat das Gegenteil von Faulheit ist, dann ist das Gegenmittel für Faulheit Dringlichkeit. Man muss die Wichtigkeit dessen begreifen, was man tun soll. Man muss verstehen, dass viel auf dem Spiel steht. Man muss sich daran erinnern, dass das Auge Gottes auf uns ruht. Man muss sich selbst aufrütteln, sich selbst einen Ruck geben und aufwachen.

Ein Pastor hat mir einmal erzählt, dass er es einfach nicht schafft, neue Leute in seine Gemeinde zu bringen. Ich war überzeugt, dass sein Problem ein Mangel an Dringlichkeit und Tatkraft war, und deshalb stellte ich ihm folgende Frage: „Wenn ich Ihnen für jede neue Person, die Sie dazu bringen können, nächsten Sonntag zum Gottesdienst zu kommen, eine Million Dollar geben würde, meinen Sie, dass Sie es dann irgendwie schaffen könnten?" Er senkte seinen Blick und lächelte. „Ja, für eine Million Dollar würde ich einen Weg finden", sagte er. Wenn etwas für eine Million Dollar getan werden kann, dann ist es möglich, es zu tun. Ganz einfach! Wenn etwas getan werden *kann* und getan werden *muss,* aber nicht getan wird, dann vernachlässigt die Person, die dafür verantwortlich ist, dass es getan wird, ihre Verantwortung. Ob diese Vernachlässigung nun das Resultat eines Ausweichmanövers oder eines bequemen Kompromisses ist – es ist auf jeden Fall eine Art von Faulheit.

> Gott wird Faulheit nicht honorieren, und Faulheit wird uns immer davon abhalten, unsere Berufung zu erfüllen.

Faulheit ist ein Dieb, der uns das Beste, das Gott für unser Leben hat, rauben will. Gott wird Faulheit nicht honorieren, und Faulheit wird uns immer davon abhalten, unsere Berufung zu erfüllen. Lieber Freund, bitte nimm dir diesen Punkt sehr zu Herzen. Talent kann nie die Tat ersetzen. Intelligenz kann nie die Tat ersetzen. Salbung, Gebet und Fasten können nie die Tat ersetzen. Wenn wir Gottes Willen für unser Leben erfüllen wollen, dann müssen wir uns abwenden vom Kompromiss, vom Aufschieben und von der Faulheit. Es wird immer nötig sein, die entscheidende Tätigkeit auszuführen, und das bedeutet Fleiß, Disziplin, Risiko und ein gewisses Maß an guter alter, harter Arbeit!

KAPITEL 12

2. FEIND: DER FRIEDHOF DER ANGST

In Matthäus 25 erzählt Jesus ein Gleichnis von einem Mann, der sich auf eine Reise in ein fernes Land begab. Bevor er abreiste, vertraute er dreien seiner Knechte verschiedene „Talente" an, d. h. eine bestimmte Geldsumme. Anstatt sein Geld in einer Schatzkammer zu lassen, beschloss er, es unter den drei Knechten aufzuteilen, damit sie es investieren und seinen Reichtum auf diese Weise während seiner Abwesenheit vermehren konnten. Dem ersten Knecht gab der Meister fünf Talente, dem zweiten gab er zwei Talente und dem dritten gab er ein Talent.

Die ersten beiden Knechte investierten ihr Geld weise und konnten den Betrag verdoppeln. Der dritte Knecht hatte Angst davor, das Geld möglicherweise zu verlieren, deshalb vergrub er es in der Erde. Als der Meister wieder zurückkam, kam die Zeit der Abrechnung. Mit den ersten beiden Knechten war der Meister sehr zufrieden, doch über den dritten, der das Geld vergraben hatte, war der Meister sehr zornig. Der Meister nannte ihn einen bösen und faulen Knecht. Er nahm das eine Talent, das er dem Knecht gegeben hatte, wieder zurück und jagte ihn hinaus in die Finsternis, wo *„das Weinen und das Zähneknirschen sein wird"* (Matthäus 25,30).

Ich möchte auf den Grund aufmerksam machen, den der Knecht angab, warum er das Talent vergraben hatte. Der Knecht sagte: *„Ich fürchtete mich und ging hin und verbarg dein Talent in der Erde"* (Matthäus 25,25). Er vergrub sein Talent, weil er Angst hatte.

Angst bringt viele Menschen dazu, ihre Talente in der Erde zu vergraben. Ich meine damit nicht den Erdboden in ihrem Garten. In 1. Mose 2,7 steht, dass Gott den Menschen aus dem Staub der Erde geformt hat. *Wir* sind die Erde! Menschen vergraben ihre Talente in sich selbst, weil sie Angst haben. Es kann Angst vor dem Versagen, vor Spott, vor harter Arbeit, vor dem Unbekannten oder die Angst vor Menschen sein, um nur einige zu nennen.

Ich finde, einer der tragischsten Orte, die man besuchen kann, ist ein Friedhof, und zwar nicht wegen der Menschen, die dort begraben sind, sondern wegen allem, was in diesen Menschen, die dort begraben sind, geschlummert hat, und deshalb auch dort begraben ist: Bücher und Lieder, die nie geschrieben wurden, Botschaften, die nie gepredigt wurden, Vergebung, die nie ausgesprochen wurde, Erfindungen, die nie zu Ende gebracht wurden. So viel Potenzial, das nie genutzt wurde. So viel ist begraben und für alle Ewigkeit verloren, weil jemand Angst davor hatte, verletzt zu werden, kritisiert zu werden, abgelehnt zu werden, oder in finanzielle Schwierigkeiten oder körperlich in Gefahr zu kommen.

Der Evangelist Leonard Ravenhill erzählt, dass der Autor und Prediger A. W. Tozer ihm einmal gesagt hat: „Ich mache mir eigentlich keine Sorgen wegen dem Gericht über mein Leben als Christ. Es sind eher all die Dinge, die ich hätte tun können, aber nicht getan habe, die mir Sorgen machen."[1] Liebe Freunde, eines Tages werden wir alle vor dem Meister stehen und Rechenschaft ablegen für alles, was er uns anvertraut hat. Ach, dass wir diesen Tag doch vor allem anderen fürchten würden und dass wir bereit wären, alles zu riskieren, damit wir uns an jenem Tag nicht schämen müssen.

Wie man sieht, wurde der Knecht in die äußerste Finsternis geworfen, wo Heulen und Zähneklappern sein werden. Die Bibelgelehrten sind sich nicht einig darüber, ob damit die Hölle gemeint ist oder nicht, doch eins ist sicher (und ich denke, das ist der Hauptpunkt): Es geht um tiefe Reue und Kummer, und auch um Gewissensbisse über etwas, was für immer verloren ist und nie wiedergebracht werden kann. Viele Leute spekulieren über die Gefühle, die sie empfinden werden, wenn sie in den Himmel kommen. Es gibt bekannte Lieder darüber, wie wir tanzen und vor Freude ganz außer uns sein werden. Doch viele werden auch ein ganz anderes Gefühl empfinden, wenn sie im Himmel ankommen, und zwar Bedauern. In jenem Augenblick werden all ihre irdischen Befürchtungen so bedeutungslos und entfernt erscheinen, wie eine verblasste Erinnerung, wie ein Traum, an den man sich kaum noch erinnert. Dennoch wird man die Auswirkungen dieser Ängste in Ewigkeit spüren, denn man wird nicht zurückgehen und das tun können, was man eigentlich hätte tun sollen. Viele werden von Bedauern überwältigt sein. Kein Wunder, dass es in Offenbarung 21,4 heißt, dass Jesus alle Tränen von ihren Augen abwischen wird.

VERGRABENE TALENTE
Scanne den QR-Code

oder besuche
lebe.kolendabuch.de/4

Als ich ein Teenager war, fuhr ich auf eine Missionsreise nach England und wohnte bei einer „Gastfamilie“, einem sehr netten britischen Ehepaar. Ich werde nie das Poster vergessen, das bei ihnen an der Wand hing, auf dem das Ergebnis einer Umfrage dargestellt war, die unter zehn verschiedenen Gruppen von Leuten durchgeführt worden war. Es gab eine Gruppe von Zehnjährigen, Zwanzigjährigen, Dreißigjährigen bis hin zu Hundertjährigen. Allen wurde die gleiche Frage gestellt: „Was bedauerst du am meisten in deinem Leben?“ Alle Antworten waren interessant, einige waren lustig, aber die Einzige, an die ich mich erinnere, war die Antwort der Hundertjährigen. Aus irgendeinem Grund hat sie sich in mein Gedächtnis eingeprägt, und ich kann sie nicht aus dem Sinn bekommen. Nach ihrem langen Leben sagten diese Menschen, dass sie am meisten bedauerten, nicht mehr riskiert zu haben. Als junger Mann beschloss ich daraufhin, dass ich am Ende meines Lebens nicht zurückblicken wollte, um festzustellen, dass ich nie richtig gelebt hatte, weil ich zu ängstlich gewesen war.

Für viele Leute ist Angst ein legitimer Grund, etwas nicht zu tun. Doch ich möchte dich darauf hinweisen, dass der Meister in dem

Gleichnis von Jesus nicht sehr nett zu dem Knecht war, der sein Talent vergraben hat. Als der Knecht ihm sagt: „Ich fürchtete mich", hat der Meister ihm nicht den Arm um die Schulter gelegt und gesagt: „Schon gut, ist nicht so schlimm. Mein armer, kleiner Knecht. Es tut mir leid, dass ich dich in so eine unangenehme Lage gebracht habe." Nein, der Meister hat ihn scharf zurechtgewiesen und zornig gesagt: „Du fauler Knecht!"

Warum hat der Meister den Knecht der Faulheit beschuldigt? Weil er, anstatt seiner Angst ins Auge zu sehen und für seinen Meister ein Risiko einzugehen, den einfachen Weg gewählt hatte: Er vergrub das Talent, blieb zuhause und entspannte sich. Wer denkt, Angst sei eine gute Entschuldigung dafür, Gottes Willen nicht zu tun, der sollte noch einmal darüber nachdenken. Willst du wissen, wie man seine Ängste überwinden kann? Es gibt nur einen Weg: indem man ihnen ins Auge sieht! Die meiste Zeit ist Angst wie eine Fata Morgana. Wenn man darauf zugeht, wird sie immer durchsichtiger und verschwindet am Ende völlig. Doch um seinen Ängsten ins Auge zu sehen, braucht man Mut.

Nachdem Mose gestorben war, wurde sein Protegé Josua der neue Führer. Gott versprach, mit Josua zu sein, wie er mit Mose gewesen war. Gott versprach, Josua jeden Ort zu geben, auf den seine Füße treten würden. Gott versprach, Josua zu Wohlstand zu verhelfen, wo immer er auch hinging. Doch es gab eine Bedingung: *„Nur sei recht stark und mutig"*, sagte der Herr (Josua 1,7). Stell dir vor, dass du drauf und dran bist, die größte Herausforderung deines Lebens in Angriff zu nehmen. Du hast keine Ahnung, was vor dir liegt, und dann kommt der Herr und sagt dir: „Sei recht mutig!" Das würde mir Angst einjagen. Warum? Weil man Mut nur dann braucht, wenn Gefahr vorhanden ist. Mut ist *nicht* die Abwesenheit von Angst. Tatsächlich gibt es gar keinen Mut ohne Angst. Mut ist die Bereitschaft, sich seiner Angst zu stellen. All die Verheißungen, Siege und die Bestimmung, die vor Josua lagen, waren ganz eng damit verknüpft, ob er bereit war, sich seiner Angst zu stellen.

Wenn es bei Gottes Willen für unser Leben lediglich darum ginge, unseren Namen, unseren guten Ruf und unseren eigenen Lebensweg zu fördern, dann würde ich sagen: „Bemüh dich nicht! Bleib zuhause, setz dich vor den Fernseher und freu dich an einem bequemen, ruhigen Leben.“ Doch wir dürfen nicht vergessen, dass Gottes ewiges Reich auf dem Spiel steht! Unser Talent gehört nicht uns, es gehört dem Meister. Er hat es uns anvertraut. Doch eines Tages wird er wiederkommen, und wir werden Rechenschaft darüber ablegen müssen, was wir mit seiner Investition in uns gemacht haben.

Unser Talent gehört uns nicht, es gehört dem Meister. Er hat es uns anvertraut. Doch eines Tages wird er wiederkommen, und wir werden Rechenschaft darüber ablegen müssen, was wir mit seiner Investition in uns gemacht haben.

KAPITEL 13

3. FEIND: DAS GIFT DES UNGLAUBENS

Wie schon weiter oben gesagt, ist eine der Eigenschaften von Gottes Willen, dass er uns beruft, das Unmögliche zu tun! Doch um das Unmögliche in Angriff zu nehmen, braucht man Glauben. Satan weiß, dass er, wenn es ihm gelingt, Unglauben in unseren Geist einzuimpfen, uns Gottes Bestes rauben kann. Aus diesem Grund ist der Unglaube ein Todfeind des Plans Gottes für unser Leben.

Ich glaube, ein großer Teil des Volkes Gottes ist sich nicht bewusst, wie schlimm und gefährlich Unglauben ist. Viele fromme und selbstgerechte Christen schauen über ihre religiöse Brille auf andere herab, die andere, sichtbarere Sünden begehen. Sie kritisieren sie scharf, ohne zu merken, dass der Unglaube, den sie in ihrem eigenen Herzen haben und den sie in manchen Fällen in ihren Lehrmeinungen verankern, in Gottes Augen schlimmer ist als die Sünden, die sie verurteilen. Jesus wies seine Jünger öfter wegen ihres Unglaubens zurecht als für irgendetwas anderes. Unglaube ist deshalb so

Satan weiß, dass er wenn es ihm gelingt, Unglauben in unseren Geist einzuimpfen, uns Gottes Bestes rauben kann. Aus diesem Grund ist der Unglaube ein Todfeind des Plans Gottes für unser Leben.

gefährlich, weil er an sich schon eine Sünde ist, und darüber hinaus noch zu einem Einfallstor für andere Sünden werden kann.

Es sind schon viele großartige Bücher geschrieben und viele mächtige Predigten gehalten worden, in denen es um Glauben geht. Es stimmt, der Glaube ist die Währung des Reiches Gottes, und ohne Glauben ist es unmöglich, Gott zu gefallen (Hebräer 11,6). Ich habe allerdings den Eindruck, dass viele den Glauben grundsätzlich missverstehen. Sie beten und strecken sich nach mehr und mehr Glauben aus. Doch was wäre, wenn ich dir sagen würde, dass du schon sehr viel Glauben hast? Das Problem liegt nicht darin, dass wir zu wenig Glauben haben. Das Problem liegt ganz woanders. Was wäre, wenn ich dir sagen würde, dass dein Glaube schon ausreicht, um Berge zu versetzen? Das können viele nur sehr schwer akzeptieren, aber es ist absolut biblisch.

Glaube hat das Potenzial, Berge zu versetzen, doch Unglaube wird die Kraft des Glaubens zunichtemachen.

In Markus 9,24 kam ein Mann zu Jesus und sagte: *„Ich glaube! Hilf mir heraus aus meinem Unglauben!“* (NGÜ). Interessanterweise bittet der Mann Jesus nicht um mehr Glauben. Nein, er sagt sogar: „Ich glaube.“ Dieser Mann hatte verstanden, dass das Problem nicht der *zu kleine Glaube* war, sondern der *zu große Unglaube!* Vielleicht ist die Unterscheidung, die ich hier mache, nicht leicht nachzuvollziehen. Manche Leute denken, dass Unglaube das Gleiche ist wie „kein Glauben“. Doch es ist durchaus möglich, ein ungläubiger Gläubiger zu sein. Anders gesagt, Glaube und Unglaube können nebeneinander existieren. Glaube hat das Potenzial, Berge zu versetzen, doch Unglaube wird die Kraft des Glaubens zunichtemachen. Ich möchte das anhand eines Beispiels erklären.

Als meine Frau noch auf der Bibelschule war, machte ihr Vater ihr ein ganz besonderes Geschenk: ein Auto! Es war ein nagelneuer, silberner Volkswagen Jetta Diesel. Es war ein fantastisches Auto, das uns eine lange Zeit von großem Nutzen war. Einmal verlieh sie das Auto an einen Freund. Bevor er uns das Auto zurückbrachte, beschloss er, aus Dankbarkeit noch einmal zu tanken. Er fuhr also zur Tankstelle, steckte seine Kreditkarte ein, öffnete die Tanköffnung und begann zu tanken, und zwar *Benzin*! Wie er es angestellt hat, die fette Aufschrift am Tank „NUR DIESEL" zu übersehen, werde ich nie begreifen. Doch eins stand fest: Sein kleiner Fehler wurde für uns zu einer kostspieligen Angelegenheit und tat dem Auto gar nicht gut.

Nachdem das Benzin im Tank war, lief das Auto nicht mehr. Das Problem war nicht, dass zu wenig Dieselkraftstoff im Tank war, sondern der Zusatz einer Substanz, die mit der Bauweise des Fahrzeugs nicht kompatibel war. Und genauso funktioniert Unglaube. Der Teufel möchte Unglauben in unseren Geist injizieren, weil er weiß, dass es uns zu einem jähen Halt bringen wird.

In Matthäus 17,20 sagt Jesus: *„Wenn ihr Glauben habt wie ein Senfkorn, so werdet ihr zu diesem Berg sagen: Hebe dich weg von hier dorthin! und er wird sich hinwegheben. Und nichts wird euch unmöglich sein."* Das Senfkorn ist das kleinste aller Samenkörner. Mancher kommt daher zu dem Schluss, dass wenn Glaube wie ein Senfkorn Berge versetzen kann, sie anscheinend gar keinen Glauben haben, weil sie bisher noch nicht einmal einen Fingerhut versetzt haben. Doch in Römer 12,3 lesen wir, dass Gott *jedem* ein bestimmtes Maß an Glauben gegeben hat.

Es stimmt, dass einige Leute ein größeres Maß an Glauben haben als andere. Manche haben Glauben wie einen Apfelkern. Manche haben Glauben wie einen Pfirsichstein. Und andere wiederum haben das geringste Maß an Glauben, nämlich wie ein Senfkorn. Doch das ist eigentlich nicht wichtig, denn selbst mit einem Glauben wie ein Senfkorn hat man immer noch genug, um Berge zu versetzen! Mancher mag jetzt vielleicht fragen: „Worin besteht also das Problem? Warum habe ich es noch nicht erlebt, dass sich die Berge in meinem eigenen Leben versetzen und den Weg freigeben?"

Man muss den Kontext dieses Verses betrachten, in dem Jesus über den Glauben, der Berge versetzt, spricht. Die Geschichte steht in Matthäus 17,14-21. Ein Mann mit einem von Dämonen geplagten

Sohn hatte die Jünger um Hilfe gebeten. Doch weil sie die bösen Geister nicht austreiben konnten, hatten sie Jesus gefragt, warum sie es nicht geschafft hatten. Er antwortete: *„Wegen eures Unglaubens"* (Vers 20). Das war eine sehr klare Aussage, die Jesus noch erläuterte, indem er sagte: *„Denn wahrlich, ich sage euch, wenn ihr Glauben habt wie ein Senfkorn, so werdet ihr zu diesem Berg sagen: Hebe dich weg von hier dorthin! und er wird sich hinwegheben. Und nichts wird euch unmöglich sein"* (Vers 20). So weit scheint das alles sehr einleuchtend zu sein. Doch die Einfachheit und Klarheit dieser Aussage wird oft überschattet wegen der gleich darauf folgenden Worte Jesu: *„Aber diese Art fährt nicht aus außer durch Gebet und Fasten"* (Vers 21).

Das hört sich fast so an, als ob Jesus sich selbst widerspricht. Als er gefragt wird, warum die Jünger nicht fähig waren, die Dämonen auszutreiben, sagt er, dass es wegen ihres Unglaubens war. Doch anschließend scheint er zu sagen, dass sie nicht genug gefastet und gebetet hatten. Welches von beiden ist nun richtig? Die Verwirrung kommt dann, wenn wir die Moral der Geschichte nicht erfassen. Auf den ersten Blick scheint es, als sei der Dämon der Hauptpunkt dieses Berichts, doch wenn man näher hinschaut, dann sehen wir, dass der wahre Feind in dieser Begebenheit nicht der Dämon war, sondern der Geist des Unglaubens. Den Jüngern ging es nur um den Dämon in dem Jungen, doch Jesus ging es um den Unglauben in seinen Jüngern. Die Frage der Jünger war nach dem Austreiben des Dämons, doch die Antwort Jesu war zu dem Austreiben des Zweifels. Jesus wusste, wenn der Unglaube erst einmal ausgetrieben ist, dann ist auch das Austreiben von Dämonen kein Problem.

Manchmal müssen wir lange beten und viele Tage fasten, bevor wir den Sieg erringen, doch das ist nicht deshalb so, weil wir mit unseren Bitten Gott erst dazu bringen müssen, etwas zu unternehmen. Es ist auch nicht deshalb, weil wir die Antwort auf unsere Gebete verdienen müssen, indem wir sozusagen genügend Gebetsstunden auf unser geistliches Bankkonto einzahlen.

Viel Fasten und Gebet kann nötig und nützlich sein, damit wir einen Sieg erringen über unser störrisches Fleisch, und um den Geist des

Unglaubens auszutreiben, der Gottes Kraft daran hindert, durch uns zu fließen. Diese Art von *Unglauben* fährt nur „durch Gebet und Fasten" aus. Es ist auch interessant zu bemerken, dass einige Manuskripte den Satz über das Gebet und Fasten gar nicht beinhalten, weshalb viele Bibelübersetzungen ihn völlig weglassen. Egal, wie man es betrachtet, der Glaube ist der Schlüssel zu kraftvollem Gebet. Und das ist der Punkt, den Jesus durch diese Begebenheit deutlich machen wollte.

In Matthäus 9,25, als die Tochter von Jairus stirbt, musste Jesus alle aus dem Raum schicken, ehe er sie vom Tod auferwecken konnte. Warum hat er diesen Skeptikern nicht erlaubt, das Wunder mit eigenen Augen zu sehen? Weil er den Unglauben austreiben musste. Petrus tat das Gleiche in Apostelgeschichte 9,40: *„Da ließ Petrus alle hinausgehen, kniete nieder und betete; dann wandte er sich zu dem Leichnam und sprach: Tabitha, steh auf! Sie aber öffnete ihre Augen, und als sie den Petrus sah, setzte sie sich auf."* Jesus hat seine Jünger folgende Lektion gelehrt: Treibt den Geist des Unglaubens aus, und dann wird euch nichts widerstehen. Dämonen, der Tod und die gewaltigsten Berge werden eurem Befehl gehorchen.

Geldanleger „streuen" gerne ihre Investitionen, denn wenn eine Geldanlage nichts einbringt, dann möchten sie noch etwas haben, auf was sie zurückgreifen können. Ein gerne gebrauchtes, amerikanisches Sprichwort in der Geschäftswelt lautet: „Lege nicht alle Eier in den gleichen Korb." Das bedeutet, setze nicht deine gesamten Ressourcen auf die gleiche Karte, denn wenn dein „Korb" kaputtgeht, wirst du sonst alles verlieren. Wenn man einige seiner „Eier" nicht hineinlegt, zeigt das, dass man sich nicht hundertprozentig sicher ist, ob ein bestimmter Korb halten wird, oder nicht. Vielleicht ist man sich zu 50 Prozent sicher, oder sogar zu 99 Prozent, aber diesen kleinen Prozentsatz des Zweifels nenne ich „Unglaube". Wann weiß man also, dass man keinen Unglauben mehr hegt? Wenn man alle seine Eier in Gottes Korb gelegt hat.

In den Anfangsjahren meines Dienstes kam ich an einen Scheideweg. Ich musste mich entscheiden, welchen Weg ich einschlagen wollte. Ich musste im Grunde wählen, entweder eine Stellung anzunehmen, die Sicherheit in finanzieller und anderer Hinsicht bot, oder dem Ruf Gottes zu folgen, der Risiken und viel Unbekanntes barg. Ich war innerlich fest davon überzeugt, dass ich mich radikal für das Eine oder das Andere entscheiden musste, doch ich wollte keine der beiden Möglichkeiten loslassen. Ich betete und sagte zum Herrn: „Herr, ich will nicht töricht handeln und alle meine Eier in einen Korb legen." Doch dann hörte ich Gottes Stimme, die mir sagte: „Du kannst dich darauf verlassen, dass mein Korb hält." Ich habe festgestellt, dass es stimmt. Gottes Korb ist der Beste. Man kann ihm völlig vertrauen, und er geht nie kaputt.

Als Hernando Cortés, der berühmte spanische Konquistador, 1519 im mexikanischen Hafen von Veracruz anlegte, war er mit einer nahezu unüberwindbaren Situation konfrontiert. Vor ihm lag das mächtige Aztekenreich mit seinen riesigen Armeen. Cortés dagegen hatte nur etwa 600 Männer. Sie waren weit weg von der Heimat in einem fremden Land. Die Chancen standen hoffnungslos gegen sie. Cortés wusste, dass seine Männer immer ein Auge auf die Schiffe werfen und sich nach der Heimat sehnen würden. Er wusste, dass sie immer die höchst attraktive Alternative des Rückzugs im Hinterkopf haben würden. Er wusste, wenn seine Männer geteilte Herzen und Gedanken hätten, wäre die Mission mit Sicherheit zum Scheitern verurteilt.

Aus diesem Grund tat Cortés etwas absolut Undenkbares. Er befahl, alle elf Schiffe seiner Flotte zu verbrennen. Als die Männer am Strand standen und sahen, wie ihr einziger Fluchtweg in Flammen aufging, war das ein entscheidender Augenblick. Die Möglichkeit der Rückkehr bestand nicht mehr. Sie mussten entweder das Land erobern oder sterben. Diese völlige und unwiderrufliche Hingabe legte ein unglaubliches Potenzial frei, das ihnen die Kraft gab, dort Erfolg zu haben, wo andere vor ihnen gescheitert waren.

In Jakobus 1,8 heißt es: *„Ein Zweifler ist unbeständig auf allen seinen Wegen"* (L). Man wird nie wirklich Erfolg haben, wenn man nur halb bei der Sache ist. Wenn Gott uns beruft, ist es nicht nötig, einen „Plan B" zu haben. Man braucht nicht auf Nummer sicher gehen. Man braucht nicht einige seiner „Eier" beiseitelegen, nur für den Fall der

Fälle. Man muss den Unglauben austreiben, alle seine Eier in Gottes Korb legen, seine Schiffe verbrennen und sich von ganzem Herzen, ganzer Seele und allem, was man hat, ihm und seinem Plan hingeben.

Wenn man hundertprozentig hingegeben ist, und es keine Rückkehrmöglichkeit mehr gibt, wird man ein Niveau der Effektivität und der Kraft erreichen, das man nie zuvor erlebt hat. Man wird dort erfolgreich sein, wo andere versagt haben. Man wird auch angesichts einer überwältigenden Übermacht siegreich sein. Berge werden vor uns weichen, und nichts wird uns unmöglich sein.

KAPITEL 14

4. FEIND: DAS BERUHIGUNGSMITTEL DER AUSREDEN

Jesus hat gesagt: *„Suchet, so werdet ihr finden"* (Matthäus 7,7). Das gilt in ganz besonderer Weise für Ausreden. Wenn man nach einer Entschuldigung sucht, wird man immer eine finden. Manche Leute sind zu jung, andere zu alt. Manche sind nicht klug genug, andere nicht erfahren genug. Manche sind nicht privilegiert genug, andere haben nicht genug Geld. Wieder andere haben nicht genügend Fähigkeiten. Manche meinen, die Zeit sei noch nicht reif, andere meinen, es sei zu spät. Ausflüchte sind Billigware, an jeder Straßenecke zu haben – aber Gott wird sie nicht kaufen!

Wir werden außerordentlich kreativ, wenn es darum geht, Ausreden zu finden. Unsere Ausreden können oft sehr edel klingen, und manchmal sogar sehr geistlich. Wir benutzen unsere Ausreden, um andere zum Narren zu halten, aber vor allem halten wir uns damit selbst zum Narren. Wir nehmen sie als Beruhigungsmittel, um unser Gewissen zu beschwichtigen und uns trotz unseres Ungehorsams und unserer Faulheit gut zu fühlen.

Liebe Freunde, Gott hat einen wunderbaren Plan für unser Leben, und er lädt uns ein, aktiv daran teilzuhaben, doch Ausreden sind ein gefährlicher Feind, der uns davon abhalten kann, das zu besitzen, was Gott uns geben möchte. Ich habe miterlebt, wie Ausreden schon so viele wunderbare Menschen davon abgehalten haben, ihr von Gott gegebenes Potenzial auszuschöpfen. Das ist sehr tragisch, weil das

> Tatsache ist, dass viele Menschen schon wissen, wozu Gott sie berufen hat. Doch sie werden nie die vollen Segnungen Gottes erfahren, die er für sie vorbereitet hat, weil sie sich durch Ausreden über ihren Ungehorsam und ihre Faulheit hinwegtrösten.

Leben so kurz ist und vergeudete Zeit nie wieder zurückgewonnen werden kann.

Dieses Buch soll uns helfen, den Willen Gottes für unser Leben herauszufinden, doch das Herausfinden von Gottes Willen allein kann nie ausreichen. Den Willen Gottes zu kennen und ihn zu tun, sind zwei völlig verschiedene Dinge! Tatsache ist, dass viele Menschen schon wissen, wozu Gott sie berufen hat. Auch wenn sie es nicht merken oder es nicht zugeben wollen – Gott hat ihnen schon auf die eine oder andere Weise seinen Willen offenbart. Doch sie führen nie all das aus, was Gott ihnen zu vollbringen aufgetragen hat. Und so werden sie auch nie die vollen Segnungen Gottes erfahren, die er für sie vorbereitet hat, weil sie sich durch Ausreden über ihren Ungehorsam und ihre Faulheit hinwegtrösten.

Es gibt viel zu viele Ausreden, als dass man sie alle erwähnen könnte, aber ich möchte trotzdem einige ansprechen, die ganz besonders oft vorkommen. Wenn du die nachfolgende Auflistung verschiedener Ausreden liest, möchte ich dich bitten, es als eine Art Diagnoseprüfung zu sehen. Prüfe dein Herz, ob du durch diese oder ähnliche Ausreden davon abgehalten wirst, in der ganzen Fülle dessen zu leben, was Gott für dich vorgesehen hat.

ICH WARTE NOCH AUF DEN HERRN

Das ist eine der Ausreden, die sehr geistlich klingen. Bitte verstehe mich nicht falsch. Ich möchte damit nicht sagen, dass es nie einen legitimen Grund geben kann, auf den Herrn zu warten. Doch wie schon gesagt benutzen wir Ausreden, um unser eigenes Gewissen zu beruhigen, und je aufrichtiger diese Ausreden klingen, umso besser. Es kann in der Tat legitim sein, eine Zeitlang auf den Herrn zu warten, doch es kann – oft – auch nur eine Ausrede sein, nicht gemäß dem zu handeln, was wir schon erkannt haben.

In 2. Mose 14 waren die Kinder Israel gerade aus Ägypten ausgezogen und hatten sich auf den Weg ins Gelobte Land gemacht. Doch zwischen dem Land ihrer Sklaverei und dem Land ihrer Bestimmung lag ein anscheinend unüberwindbares Hindernis: das Rote Meer. Es war ihnen nicht möglich, diese Wassermassen zu überqueren, und so blickten sie zurück in Richtung Ägypten und sahen eine große Staubwolke, die von den Hufen tausender Pferde aufgewirbelt wurde – und direkt auf sie zukam. Das Heer des Pharaos war ausgezogen, um sie völlig auszulöschen. Wie man sich denken kann, gerieten die Kinder Israel in Panik. Sie rannten zu Mose, ihrem weisen Anführer, um Rat zu holen, und er gab ihnen folgende Anweisungen:

Mose aber antwortete dem Volk: Fürchtet euch nicht! Steht und seht die Rettung des HERRN, die er euch heute bringen wird! Denn die Ägypter, die ihr heute seht, die werdet ihr weiterhin in Ewigkeit nicht mehr sehen. Der HERR wird für euch kämpfen, ihr aber werdet still sein. Und der HERR sprach zu Mose: Was schreist du zu mir? Befiehl den Söhnen Israel, dass sie aufbrechen!
2. Mose 14,13-15

„Steht still", sagte Mose, „und seht die Rettung des HERRN, die er euch heute bringen wird!" Hast du schon einmal eine Predigt über das Stillstehen gehört? Ich schon. Ich habe sogar schon selbst genau darüber gepredigt. Und dann habe ich einmal gehört, wie Evangelist Reinhard Bonnke in einer Weise über diese Bibelstelle gepredigt hat, die meine Sichtweise völlig verändert hat. Er sagte: „Mit dem Roten Meer vor ihnen und der Armee des Pharaos hinter ihnen, hat Mose dem Volk gesagt: Fürchtet euch nicht und steht still und seht die Rettung des Herrn (Vers 13). Doch Gott war damit nicht einverstanden. Er gab einen *Gegenbefehl:* Befiehl den Söhnen Israel, dass sie aufbrechen! (Vers 15, Hervorhebung durch den Autor). Wenn wir hören: ‚Steht still', dann spricht Pastor Mose. Doch wenn wir hören: ‚Brecht auf', dann spricht Gott."

Das Wort des Herrn lautet: „Brecht auf!" Fangt an, in die Richtung zu gehen, die Gott euch weist. Sogar Gott kann ein parkendes Auto nicht lenken! Wenn wir uns für Gott in Bewegung setzen, werden wir herausfinden, dass er unsere Schritte lenkt und uns den Weg weist.

ICH MÖCHTE GOTT NICHT VORAUSEILEN

Dies ist eine weitere Ausrede, die sich geistlich anhört, aber sich vorzustellen, wir könnten schneller laufen als Gott, erscheint mir ein wenig albern. Denken wir wirklich, dass Gott im Himmel schnauft und pustet, sich auf Gabriels Schulter stützt und sagt: „Mensch, ich wünschte, dieser Typ würde mal etwas langsamer machen. Er läuft so schnell, dass ich kaum hinterherkomme!" Es ist sehr viel wahrscheinlicher, dass Gott auf uns wartet, bis wir ihn einholen, als umgekehrt.

Für jeden dieser Punkte könnte man natürlich eine ganze Reihe von Einschränkungen vorbringen, doch anstatt all die Umstände aufzuführen, in denen diese Aussage durchaus legitim sein könnte, möchte ich dich einfach auffordern, dir selbst die Frage zu stellen: „Benutze ich dies als eine Ausrede in meinem Leben?" Wenn das der Fall ist, egal, wie geistlich es auch klingt, musst du es fallen lassen und dich im Namen Jesu in Bewegung setzen!

ICH HABE NICHT GENUG GELD

Mangelnde Finanzen gehören zu den ganz praktischen Hindernissen, wenn es darum geht, unsere Träume zu verwirklichen. Doch oft ist es im Grunde eine Frage des Glaubens. Wir reden uns heraus, weil wir nicht völlig davon überzeugt sind, dass Gott uns versorgen wird. Die nächsten paar Sätze werden dein Leben und vielleicht sogar dein Schicksal verändern, wenn du sie ganz tief in dein Herz hineinsinken lässt.

Gott ist nicht arm und hat keinen Mangel an irgendetwas. Wenn er einen Auftrag erteilt, dann wird er *immer* auch dafür bezahlen, und er erwartet nicht von uns, dass wir seinen Willen ganz alleine finanzieren. Wenn Gott etwas möchte, wird er nie fragen: „Wie viel kostet das?", weil Kosten für ihn keine Rolle spielen. Das Einzige, das bestimmt, was Gott in unserem Leben tun oder nicht tun kann, ist unsere Bereitschaft ihm zu glauben, ihm zu vertrauen und ihm zu gehorchen. Wir dürfen nie festlegen, ob etwas Gottes Wille ist oder nicht, indem wir darauf schauen, was in unserem Portemonnaie ist und was nicht. Wir sollten immer in Gottes Portemonnaie schauen! Darin ist immer mehr als genug!

Ich weiß, dass nicht jeder, der dieses Buch liest, in den sogenannten „vollzeitlichen Dienst" berufen ist, aber ich möchte mich kurz an jene wenden, auf die das zutrifft, denn für sie ist die Frage nach den Finanzen wahrscheinlich eine der größten Herausforderungen und bringt am meisten Verwirrung. In unserer Zeit wird der geistliche Dienst oft als ein Beruf angesehen. Wir werden immer wieder daran erinnert, dass *„der Arbeiter seines Lohnes wert ist"* (Lukas 10,7), und dass wir *„dem Ochsen, der drischt, nicht das Maul verbinden"* sollen (5. Mose 25,4). Wenn ich über den Ruf Gottes zum Dienst predige, denken die meisten Leute zuerst an eine bezahlte Stellung und fangen an darüber nachzudenken, welches Maß an finanzieller Unterstützung sie erwarten können. Es scheint, als ob Leute den geistlichen „Dienst" automatisch mit einer bezahlten „Vollzeitstelle" gleichsetzen, und ich frage mich manchmal, wie viel Interesse daran bestehen würde, wenn eine finanzielle Entlohnung völlig ausgeschlossen wäre.

Als Gott Maleachi nach Jerusalem sandte, kurz nachdem der Tempel wieder aufgebaut war, war er entsetzt über die Apathie des Volkes und besonders der „Geistlichen". Er sah, dass die Priester eher dadurch motiviert waren, was sie mit ihrem Dienst verdienen konnten, als durch eine ernsthafte Liebe zu Gott und den Wunsch, sein Reich zu bauen. Sie waren Mietlinge und Söldner, die nur für einen Lohn arbeiteten. Gott fragte sich, ob irgendjemand noch bereit dazu wäre, das Feuer auf dem Altar anzuzünden oder die Torflügel zu schließen, wenn es dafür keine Entlohnung mehr gäbe (vgl. Maleachi 1,10). Ich habe kein Problem damit, dass jemand mit seinem geistlichen Dienst seinen Lebensunterhalt verdient, allein schon wegen der Tatsache, dass ich selbst es tue. Doch wenn die finanzielle Entlohnung die Motivation oder die Voraussetzung für einen geistlichen Dienst wird, dann ist das in der Tat ein Problem.

Ich habe im Alter von 14 Jahren angefangen zu predigen, und habe seitdem immer „im Dienst" gestanden, in ganz unterschiedlichen Funktionen. Die meiste Zeit, die ich im Dienst war, war es reine Freiwilligenarbeit und hat mich sogar viel Geld gekostet. Ich habe weltliche Arbeitsstellen gehabt, um meine Familie zu ernähren. Sogar als Hauptpastor habe ich kein Gehalt genommen und mir nie angemaßt, ein Anrecht auf etwas zu haben.

Selbst wenn in dem Dienst kein Geld zu verdienen wäre, würde ich trotzdem das tun, was ich heute tue, und zwar für den Rest meines Lebens. Warum? Weil ich Jesus liebe und weil es das ist, wozu er mich berufen hat. Ich kann mir nicht vorstellen, keinen geistlichen Dienst auszuüben. Der Dienst ist nicht mein Beruf, sondern er ist mein Leben. Ich *bin* ein Diener – es ist nicht nur eine Beschäftigung, der ich nachgehe. Ich staune manchmal darüber, dass ich heute in der Lage bin, meinen Lebensunterhalt mit etwas zu verdienen, was ich so gerne tue.

Jesus hat zu seinen Jüngern gesagt: *„Meine Speise ist, dass ich den Willen dessen tue, der mich gesandt hat"* (Johannes 4,34). Das ist Lohn genug. Es ist eine ausreichende Belohnung. Und dann gab er ihnen noch folgende Ermahnung: *„Wirkt nicht für die Speise, die vergeht, sondern für die Speise, die da bleibt ins ewige Leben"* (Johannes 6,7). Als Diener Gottes arbeiten wir nicht für Geld oder Speise; wir arbeiten für Jesus. Die Finanzen werden mit dem Dienst kommen, und wenn wir zuerst nach dem Reich Gottes trachten, dann wird uns all dies hinzugefügt werden.

Es gibt eine Menge Leute, die darauf warten, dass sie es „sich leisten können", das zu tun, was Gott ihnen aufgetragen hat. Sie haben sich irgendwie selbst davon überzeugt, dass *sie* die Verantwortung haben, Gottes Willen für ihr Leben zu finanzieren. Aber sie irren sich. Es ist Gottes Verantwortung, und er übernimmt diese Aufgabe nur zu gerne. In der Zwischenzeit sollen wir das tun, wozu er uns beruft, in welcher Weise auch immer, und aufhören, mangelnde Finanzen als Ausrede zu benutzen.

ICH HABE NICHT GENUG
(Talent, Erfahrung, Bildung, Verstand usw.)

Jedes Mal, wenn ich diese Ausreden höre, werde ich an 2. Mose 3 erinnert, als Gott Mose berufen hat. Der Herr erschien Mose in einer Feuerflamme aus einem brennenden Busch heraus und sprach zu ihm: *„Nun aber geh hin, denn ich will dich zum Pharao senden, damit du mein Volk, die Söhne Israel, aus Ägypten herausführst!"* (Vers 10). Mose hatte auf der Stelle alle möglichen Ausreden, er dachte an all das, was er nicht hatte und nicht konnte.

Mose war kein General, sondern nur ein Hirte. Er war kein geflügelter Redner, sondern er stotterte. Er war nicht dazu ausgebildet, ein Volk zu führen, sondern hatte schon Mühe damit, eine Herde Schafe zu leiten. Er konnte also unmöglich das tun, was Gott ihm auftrug! *„Wer bin ich"*, fragte Mose, *„dass ich zum Pharao gehen und die Söhne Israel aus Ägypten herausführen sollte?"* (2. Mose 3,11). An dieser Stelle sehen wir den Fehler, den Mose beging. Er irrte sich zu denken, dass es um ihn ging, um seine Talente, Fähigkeiten und Gaben. Doch Gott korrigiert Mose ganz schnell immer wieder, wie man im weiteren Verlauf des Kapitels sehen kann:

> *Ich bin* der Gott deines Vaters (2. Mose 3,6)
>
> *Ich will* dich zum Pharao senden. (2. Mose 3,10)
>
> *Ich werde* ja mit dir sein. (2. Mose 3,12)
>
> *Ich bin,* der ich bin. (2. Mose 3,14)
>
> *Ich will* euch ... hinaufführen. (2. Mose 3,17)
>
> *Ich werde* meine Hand ausstrecken. (2. Mose 3,20)
>
> *Ich werde* diesem Volk Gunst geben. (2. Mose 3,21)

Am Ende dieser Unterhaltung hatte Mose eine sehr wertvolle Lektion gelernt. Der große „Ich bin" ist der große „Ich *werde*". Gott ist derjenige, der sein Wort ausführt. Er ist nicht auf der Suche nach den talentiertesten, intelligentesten, schönsten, redegewandtesten, gebildetsten oder charismatischsten Leuten. Er sucht einfach Menschen, die bereit sind zu folgen, die sich hingeben und die gehorchen.

Wer sich aus dem einen oder anderen Grund für nicht qualifiziert hält, kann sich durch die Jünger ermutigen lassen. Als Jesus seine Jünger auswählte, ist er nicht zur Universität von Jerusalem gegangen. Er hat nicht die hellsten Köpfe der Synagoge genommen. Er ging zum Fischerhafen und wählte einige raubeinige Fischer aus. Dieser zusammengewürfelte Haufen von Laien war mit Sicherheit nicht die „oberste Sahne", doch Jesus machte ihnen ein Angebot. Er sagte zu ihnen: *„Wenn ihr mir nachfolgt, dann* ***werde*** *ich etwas aus euch machen"* (Vgl. Matthäus 4,19). Liebe Freunde, das ist das gleiche Angebot, das Jesus jedem von uns macht. Wenn wir ihm folgen, wird er etwas aus uns machen.

Jesus zu folgen ist so einfach, weil man den Weg nicht zu kennen braucht. Man braucht nicht selbst der Wundertäter zu sein. Man braucht nicht selbst der Erlöser zu sein. Man braucht nicht selbst der Heiler zu sein. Unsere Aufgabe ist einfach, uns nicht länger herauszureden, ihm die Führung zu überlassen, zu tun, was auch immer er uns aufträgt – und ihm zu folgen!

ICH BIN NOCH NICHT BEREIT

Verzögerter Gehorsam ist Ungehorsam! Ich habe festgestellt, dass dies der häufigste Grund ist, warum Menschen hinter dem Willen Gottes für ihr Leben zurückbleiben. So viele warten ständig auf den „richtigen Zeitpunkt", ehe sie den Schritt wagen und das tun, wozu Gott sie beruft. Reinhard Bonnke sagte einmal: „Alle, die ständig nach dem Willen Gottes suchen, werden von denen überrannt, die ihn tun."

Wir wissen alle, dass es bei Gott bestimmte Momente und Zeiten gibt, und dass Gott uns manchmal sagt, wir sollen warten. Wir dürfen uns nicht anmaßen, einfach ins tiefe Wasser zu springen und alles zu tun, was und wann wir wollen, und dann einfach hoffen, dass Gott am Ende alles klarmacht. Das kann sich als ein fataler Fehler herausstellen! Doch genauso kann es ein Fehler sein, ewig zu warten und zu warten, bis alles genau passt ehe wir handeln. Wenn

Gott zu uns spricht, egal, was wir darüber denken, müssen wir ihm gehorchen, denn er kennt immer genau den richtigen Zeitpunkt – nicht wir. Wie schon gesagt, selbst Gott kann kein parkendes Auto lenken! Der Feind wird dafür sorgen, dass es in unserem Leben immer unvollkommene Umstände gibt, wenn er weiß, dass wir dann ewig warten und warten, bis der perfekte Zeitpunkt kommt. Wir müssen dem Heiligen Geist – und nicht den Umständen – erlauben zu bestimmen, wann der richtige Zeitpunkt gekommen ist.

In Lukas 9,59-60 lesen wir die Geschichte von jemandem, den Jesus rief ihm nachzufolgen: *„Er sprach aber zu einem anderen: Folge mir nach! Der aber sprach: Herr, erlaube mir, vorher hinzugehen und meinen Vater zu begraben. Jesus aber sprach zu ihm: Lass die Toten ihre Toten begraben, du aber geh hin und verkündige das Reich Gottes!"*

Ich kenne diese Bibelstelle schon so lange ich denken kann, und ich muss gestehen, dass ich die meiste Zeit meines Lebens nicht verstanden habe, worum es dabei eigentlich geht. Irgendwie hatte ich den Eindruck, dass Jesus nicht sehr fair mit dem armen jungen Mann umging. Der Mann hatte ja den Ruf Jesu nicht abgelehnt. Er hatte nicht gesagt: „Nein, Herr, ich will dir nicht folgen." Im Gegenteil, er war wirklich dafür und hatte nur eine kleine Bitte. „Herr, erlaube mir, vorher hinzugehen und meinen Vater zu begraben." War das so viel verlangt? Wer von uns würde schließlich nicht zum Begräbnis seines eigenen Vaters gehen wollen? Wer von uns würde sich nicht einen Tag freinehmen, um einen nahe stehenden Verstorbenen zu begraben? Wer von uns würde nicht um das Gleiche gebeten haben, wenn einer unserer Eltern kürzlich verstorben wäre?

Damals las ich diese Schriftstelle immer wieder und versuchte sie zu verstehen. Schließlich legte ich die Bibel hin und sagte: „Herr, warum warst du mit diesem jungen Mann so ungeduldig? Warum konntest du ihm nicht noch einen Tag geben, um seinen verstorbenen Vater zu begraben?" Der Heilige Geist sprach daraufhin ganz deutlich in meinem Herzen. Anstatt meine Frage zu beantworten, stellte er mir eine Frage. Er sagte: „Woher weißt du, dass der Vater dieses Mannes schon gestorben war?" Ich las die Stelle noch einmal durch und merkte, dass nirgendwo stand, dass der Vater gestorben war. Es wurde nur gesagt, dass der junge Mann damit warten wollte Jesus zu folgen, bis er seinen Vater hatte begraben können.

Mir fiel es wie Schuppen von den Augen und ich verstand, worum es wirklich ging. Dieser junge Mann wollte den Gehorsam gegenüber dem Ruf Jesu aufschieben, bis es ihm besser passte. Vielleicht war der Vater schon alt und hätte sicherlich nicht mehr lange gelebt. Der junge Mann dachte sich: „Wenn mein Vater tot ist, passt es viel besser Jesus nachzufolgen." Er dachte sich vielleicht, dass Jesus noch die nächsten fünfzig Jahre weiter predigen und lehren würde. Da war doch sicherlich noch Zeit. Doch Jesus würde in den nächsten drei Jahren ans Kreuz gehen, und die Möglichkeit, mit ihm zu gehen und ganz persönlich von ihm zu lernen, wäre dann für immer verloren. Dieser junge Mann hatte keine Ahnung, wie kostbar, wie selten, wie vergänglich diese Einladung war. Er hat die beste Gelegenheit seines Lebens verpasst, wegen zwei kleinen Worten, die ihn teuer zu stehen kamen: „Doch zuerst." Siehst du, worum es hier ging? Und genau das tun viele von uns!

Jesus kommt, vielleicht wenn wir noch jung sind, und fordert uns auf: „Folge mir nach." Wir antworten: „Ja, Herr, ich will dir folgen, aber zuerst will ich meine Ausbildung fertig machen."

Die Zeit verstreicht, wir machen unseren Abschluss, dann kommt er wieder zu uns und fordert uns wieder auf: „Folge mir nach!" Wir antworten: „Ja, Herr, ich will dir folgen, aber zuerst will ich eine Arbeitsstelle finden und Geld zusammensparen, damit ich dann ein Polster habe, auf das ich zurückfallen kann."

Wir finden eine Arbeit, die Zeit vergeht, und er kommt noch einmal. „Folge mir nach", sagt er. Wir antworten: „Ja, Herr, ich will dir folgen, aber zuerst möchte ich, dass meine Kinder ihre Schulausbildung fertig machen."

Die Kinder werden groß, gehen aus dem Haus, haben selbst Kinder. Nun kommt er noch einmal und fordert uns wieder auf: „Folge mir nach." Wir antworten: „Ja, Herr, ich will dir folgen, aber zuerst will ich in den Ruhestand gehen, damit ich meine Rente beziehen kann."

Die Jahre vergehen viel schneller als wir denken. Die Jungen werden alt, und sehr bald ist unser Leben verbraucht. Und eines Tages wird man unsere sterbliche Hülle in die Erde senken, damit Staub wieder zu Staub wird, und am Ende sind so viele dem Ruf Gottes nie gefolgt. Liebe Freunde, die größte Tragödie in dieser Welt ist ein verschwendetes Leben. Das wahre Leben, in seinem vollen Sinn, besteht nicht nur darin, dass das Herz schlägt, sondern dass man den Willen Gottes tut. Viele sind schon tot, obwohl sie noch leben. *„Lass die Toten ihre Toten begraben"*, hat Jesus gesagt, *„du aber geh hin und predige das Reich Gottes"* (Lukas 9,60).

Wir kennen alle die zwölf Jünger. Es waren diejenigen, die dem Ruf Jesu gefolgt waren. Doch ich frage mich, wie viele ihm nicht gefolgt waren. Dieser junge Mann hätte der dreizehnte Jünger sein können. Vielleicht wäre ein Buch der Bibel nach ihm benannt worden. Sein Name hätte unter denen sein können, die auf dem Fundament des neuen Jerusalems geschrieben werden, doch wir kennen seinen Namen heute nicht. Wir wissen nur, dass er eine enorme Chance verpasst hat. Wir wollen einmal den Unterschied betrachten zwischen seiner Reaktion auf den Ruf Christi und der Reaktion derer, die tatsächlich die Jünger Jesu geworden sind.

In Matthäus 4,18-22 lesen wir den Bericht, wie Petrus und Andreas berufen wurden. *„Als er aber am See von Galiläa entlangging, sah er zwei Brüder: Simon, genannt Petrus, und Andreas, seinen Bruder, die ein Netz in den See warfen, denn sie waren Fischer. Und er spricht zu ihnen: Kommt, mir nach! Und ich werde euch zu Menschenfischern machen. Sie aber verließen* ***sogleich*** *die Netze und folgten ihm nach. Und als er von dort weiterging, sah er zwei andere Brüder: Jakobus, den Sohn des Zebedäus, und Johannes, seinen Bruder, im Boot mit ihrem Vater Zebedäus, wie sie ihre Netze ausbesserten; und er rief sie. Sie aber verließen* ***sogleich*** *das Boot und ihren Vater und folgten ihm nach."* (Hervorhebung durch den Autor)

Ich liebe es, wie Lukas das gleiche Ereignis in seinem Evangelium beschreibt. *„Und als sie die Boote ans Land gebracht hatten, verließen sie alles und folgten ihm nach"* (Lukas 5,11). *Sogleich* verließen sie ihre Netze, *sogleich* verließen sie ihre Boote. Sie verließen alles und sie folgten Jesus. Was für eine Reaktion! Wenn ich das lese, bin ich in meinem Herzen berührt. Ich habe Lust, gemeinsam mit diesen Männern aufzuspringen und alles zu verlassen, um dem Lamm zu folgen, wo auch immer es hingeht. Genau das fehlte dem anderen jungen Mann. Er hatte nicht zu entscheiden, wann der richtige Zeitpunkt des Gehorsams gekommen war. Er hätte sogleich alles verlassen und dem Ruf folgen sollen.

Das Aufschieben ist der beste Freund des Teufels. Der Teufel weiß, dass verzögerter Gehorsam das Gleiche ist wie Ungehorsam. Der Teufel weiß auch: Wer die Dinge immer auf Morgen verschiebt, wird sie nie tun. So viele Menschen sind nicht errettet worden, und zwar nicht, weil sie es abgelehnt haben, sondern weil der Teufel sie überredet hat, es noch eine Weile hinauszuschieben. Er hat jungen Menschen weisgemacht, dass sie noch viel Zeit haben. Er hat anderen weisgemacht, dass sie noch warten sollten, weil sie noch nicht bereit waren, eine Beziehung oder eine Lieblingssünde aufzugeben. Der Teufel weiß, dass es nie einen perfekteren Zeitpunkt gibt, Jesus nachzufolgen, als den Moment, in dem er uns ruft.

Wenn Jesus ruft, dann meint er nicht: „Melde dich mal im Laufe des Tages bei mir". Er meint: „Antworte mir jetzt!" Schiebe es nicht auf! Verzögerter Gehorsam ist Ungehorsam.

Vielleicht hast du schon einmal mitbekommen, wie jemand den Bibelvers zitierte, in dem es heißt: „Heute ist der Tag des Heils"? In Wirklichkeit gibt es diesen Vers nicht so in der Bibel. Im 2. Korintherbrief, Kapitel 6, Vers 2 heißt es genau genommen: „*Jetzt* ist der Tag des Heils." (Hervorhebung durch den Autor). Wenn man sagt „heute ist der Tag", dann ist das noch nicht dringend genug. Der Zeitpunkt ist *jetzt*! Wenn jemand ertrinkt, dann muss man ihn nicht irgendwann im Laufe des Tages retten. Er muss jetzt gerettet werden! Wenn Jesus ruft, dann meint er nicht: „Melde dich mal im Laufe des Tages bei mir". Er meint: „Antworte mir *jetzt*!" Schiebe es nicht auf! Warte nicht! Reagiere sofort, verlasse alles, was dich zurückhält und folge Jesus! Verzögerter Gehorsam ist Ungehorsam.

Ich möchte mich jetzt besonders an jene wenden, die eine Berufung als Evangelist haben, so wie ich auch. Jesus sagte zu dem jungen Mann in Lukas 9, Vers 60: *„Lass die Toten ihre Toten begraben, du aber geh hin und predige das Reich Gottes."* Wenn es um den Willen Gottes für unser Leben geht, ist es besonders dringend, dem Ruf Gottes zu folgen, wenn Gott uns beruft, das Evangelium zu predigen.

Stell dir vor, du bist Arzt. Du bist sogar der beste Arzt im ganzen Land, und dieses Land wird von einer tödlichen Epidemie heimgesucht. Überall um dich herum sterben die Menschen. Du bist der Einzige, der weiß, wie man die Krankheit heilen kann. Du bist der Einzige, der den Impfstoff hat. Du rennst zum Krankenhaus, um Hunderte von Patienten zu retten, die schon im Sterben liegen. Wenn dir auf dem Weg dorthin jemand zurufen würde: „He, du da! Komm her und hilf uns, diese Toten hier zu beerdigen!", dann würdest du antworten: „Tut mir leid, ich kann euch nicht helfen. Ich habe zu viel damit zu tun, Leben zu retten, als dass ich Zeit habe, Tote zu beerdigen."

Liebe Freunde, wir haben den kritischsten aller Aufträge. Überall um uns herum gehen Millionen von Menschen zugrunde. Wir haben die Antwort auf die Epidemie der Sünde und des Todes. *„Kinder"*, sagt Johannes, *„es ist die letzte Stunde"* (1. Johannes 2,18). Die Not könnte nicht dringender und der Zeitpunkt nicht passender sein. Es gibt eine Menge guter Zwecke, für die man sich einsetzen kann, aber nichts ist wichtiger als der Ruf, das Evangelium zu predigen. Wir müssen die „guten" Zwecke jemand anders überlassen und uns auf das Allerwichtigste konzentrieren: Seelen zu gewinnen! Wir sind nicht berufen, die Toten zu begraben, wir sind berufen, sie wieder zum Leben zu erwecken.

DIE BERUFUNG UND DER AUFTRAG

Erlaube mir, an dieser Stelle ganz praktisch zu werden. Ich habe einmal darüber gepredigt, dass es wichtig ist, dem Ruf mit einer bestimmten Dringlichkeit zu folgen. Nach der Predigt kam jemand auf mich zu und sagte: „Gott hat mich in die Mission berufen, aber Sie haben gesagt, dass ich jetzt sofort gehorchen soll. Heißt das, ich soll auf der Stelle meine Arbeit kündigen und sofort in ein anderes Land ziehen?" Dieses Thema wird, wenn es um solche Details geht, natürlich sehr persönlich und muss auf die jeweilige Situation zugeschnitten werden. Letzten Endes kann nur jeder selbst wissen, was Gott zu ihm sagt, und jeder ist Gott für sich selbst Rechenschaft schuldig. Doch für die meisten Leute kann ich ziemlich sicher sagen, dass wenn Gott uns beruft, er nicht von uns verlangt, das nächste Taxi zum Flughafen zu nehmen oder mit der nächsten Flut auszulaufen.

Das mag sich wie ein Widerspruch zu dem anhören, was ich zuvor gesagt habe, aber wenn hier etwas unklar ist, dann liegt das hauptsächlich daran, dass wir nicht zwischen der „Berufung" und dem „Auftrag" unterscheiden.

Als Jesus seine Jünger rief, hat er sie nicht berufen Apostel, Propheten, Evangelisten, Pastoren oder Lehrer zu sein. Er hat sie einfach berufen, ihm zu folgen. Und als sie sich aufmachten ihm zu folgen, hat Jesus ihnen versprochen, aus ihnen „Menschenfischer zu machen". Die Jünger haben ihre Netze auf der Stelle verlassen, um Jesus zu folgen, aber sie wurden nicht auf der Stelle zu Menschenfischern. Eine Zeit der Ausbildung lag zwischen dem Moment, in dem Jesus sie rief ihm zu folgen, und dem Moment, in dem er sie aussandte, das Evangelium zu predigen.

Beim Gehorsam dem Ruf Gottes gegenüber geht es darum, Jesus zu folgen. Wenn man den Ruf Jesu vernommen hat und denkt, dass man sich sofort ins Flugzeug setzen und aufs Missionsfeld gehen soll, dann hat man sehr wahrscheinlich nicht richtig verstanden, was sein Ruf genau bedeutet. Er hat wahrscheinlich nicht gesagt: „Geh hin und tue dies oder das." Es ist wahrscheinlicher, dass er gesagt hat: „Komm und folge mir." Über den genauen Auftrag sollte man sich keine Gedanken machen, denn er wird deutlich werden, wenn wir Jesus einfach folgen.

KAPITEL 15

5. FEIND: DIE ZAUBEREI DES UNGEHORSAMS

Nach Beendigung einer Predigt kamen kürzlich zwei junge Männer auf mich zu und sagten, der Herr hätte sie berufen Evangelisten zu sein. Sie fragten mich, ob ich ihnen einen Rat geben könnte. Ich sagte: „Ja, ich kann euch einen Rat geben, und zwar in einem Wort: Gehorcht!" Ich denke, das ist wahrscheinlich der wichtigste Rat, den man jemandem geben kann, wenn es darum geht, den Willen Gottes herauszufinden und in ihm zu bleiben. Leider ist es auch einer der Bereiche, in dem viele im Volk Gottes die größten Schwierigkeiten haben. Wir sind wie Schafe, wir tendieren dazu, uns zu verirren und sind unglaublich dumm. Wir sind wie Esel, störrisch und eigenwillig. Wir sind wie Pfauen, stolz und eingebildet. Wir sind schnell dabei zu analysieren und verstandesmäßig zu erklären, aber langsam dabei zu gehorchen. Wir sind Meister im Aufschieben und Experten darin, uns zu rechtfertigen. Ausreden zu finden, ist für uns etwas ganz Natürliches, doch einfach zu gehorchen erscheint uns so schwierig.

„Und nun, Israel, was fordert der HERR, dein Gott, von dir, als nur, den HERRN, deinen Gott, zu fürchten, auf allen seinen Wegen zu gehen und ihn zu lieben und dem HERRN, deinem Gott, zu dienen mit deinem ganzen Herzen und mit deiner ganzen Seele, indem du die Gebote des HERRN und seine Ordnungen, die ich dir heute gebe, hältst, dir zum Guten?" (5. Mose 10,12-13; Hervorhebung durch den Autor). Man sieht, dass Gottes Gebote uns nicht gegeben wurden,

um uns die Laune zu verderben. Sie sind uns zu unserem eigenen Guten gegeben worden. Vielleicht klingt das wie ein Klischee, aber bitte winke nicht einfach ab und überspringe diesen Abschnitt. Nimm dir einen Moment Zeit, um darüber nachzudenken. Gott ist allwissend und vollkommen weise. Er kennt die Zukunft. Er kennt die Vergangenheit. Er sieht, was in unserem Leben und im Leben unserer Mitmenschen noch auf uns zukommen wird. Er weiß, was mit der Wirtschaft geschehen wird, in der Politik und im ganzen Weltgeschehen. Wenn er spricht, gibt er uns Insider-Informationen, um uns einen Vorteil zu verschaffen, und unser Gehorsam ist das Nützlichste, was man für sich selbst tun kann.

Gott ist allwissend und vollkommen weise. Wenn er spricht, gibt er uns Insider-Informationen, um uns einen Vorteil zu verschaffen, und unser Gehorsam ist das Nützlichste, was man für sich selbst tun kann.

Ich könnte viele Beispiele aus meinem eigenen Leben anführen, wo Gott mir etwas ganz Spezifisches gesagt hat, aber weil das Gehorchen ein gewisses Maß an persönlichen Opfern mit sich brachte, kämpfte ich und rang innerlich mit mir selbst, manchmal viel zu lange. Am Ende stellte ich fest, dass seine Anweisungen dazu erteilt worden waren, um mir Berge von Leid, Schmerzen und Ausgaben zu ersparen. Wenn wir nur lernen könnten zu gehorchen, würden wir in jeder Weise erfüllt, glücklich und gesegnet sein. Ein berühmtes amerikanisches Kirchenlied von John H. Sammis drückt das sehr gut aus:

> Vertraue und gehorche,
> denn es gibt keinen anderen Weg
> um in Jesus froh zu sein,
> als zu vertrauen und zu gehorchen.[1]

Man denke an Saul, den ersten König von Israel, der ständig meinte, sein Plan wäre besser als Gottes Befehl. Jeder Akt der Auflehnung führte ihn tiefer in Schwierigkeiten und entfernte ihn weiter vom

Willen Gottes. *„Samuel aber sprach: Hat der HERR so viel Lust an Brandopfern und Schlachtopfern wie daran, dass man der Stimme des HERRN gehorcht? Siehe, Gehorchen ist besser als Schlachtopfer, Aufmerken besser als das Fett der Widder. Denn Widerspenstigkeit ist eine Sünde wie Wahrsagerei, und Widerstreben ist wie Abgötterei und Götzendienst. Weil du das Wort des HERRN verworfen hast, so hat er dich auch verworfen, dass du nicht mehr König sein sollst"* (1. Samuel 15, 22-23).

Genau wie Ungehorsam den Segen Gottes blockiert, setzt Gehorsam ihn frei. Ein Beispiel dafür ist die Witwe von Zarpat, die ein außergewöhnliches Wunder der Versorgung erlebte. Eine schreckliche Hungersnot herrschte im Land. Gott hatte zu Elia gesagt: *„Mache dich auf, geh nach Zarpat ... Siehe, ich habe dort einer Witwe befohlen, dich zu versorgen"* (1. Könige 17,9). Es ist interessant zu bemerken, dass Gott Elia nicht zu einer Frau schickte, die in einer großen Villa wohnte, mit riesigen Vorratskammern voller Korn, aus denen sie den Propheten versorgen konnte. Der Herr sandte ihn stattdessen zu einer armen Witwe, die selbst nicht genug Nahrungsmittel hatte, um ihre Familie zu ernähren.

Ich betone das, weil Gott Elia zu irgendjemand anderem geschickt haben könnte. Oder er hätte ihn auch weiter durch die Raben ernähren können. Der Punkt ist, dass Elia die Lebensmittel der Witwe nicht wirklich brauchte. Der Grund, wieso Gott Elia zu dieser Witwe schickte, war nicht, um ihn mit Nahrung zu versorgen. Gott sandte Elia zu der Witwe, um die Witwe zu versorgen. Warum würde der Herr einer armen Witwe befehlen, ein so großes Opfer zu bringen? Das muss grausam und sinnlos erscheinen. Doch es war zu ihrem eigenen Besten! Ihr Gehorsam legte einen Brunnen der Versorgung frei, der für sie völlig unerwartet kam. *„Das Mehl im Topf ging nicht aus, und das Öl im Krug nahm nicht ab nach dem Wort des HERRN, das er durch Elia geredet hatte"* (1. Könige 17,16).

Gunst, Wohlstand, Frieden, Freude und Segen liegen für die bereit, die gehorchen. Doch die Widerspenstigen ernten den Lohn ihrer eigenen Entscheidungen. In Kolosser 3,6 werden die Ungläubigen „Kinder des Ungehorsams" genannt, und es wird gesagt, dass der Zorn Gottes auf sie kommen wird. Wir sind nicht Kinder des Ungehorsams. Uns erkennt man an einer anderen Eigenschaft. In Johannes 10,27 sagt Jesus: *„Meine Schafe hören meine Stimme, und ich kenne sie, und sie folgen mir."* Eine Eigenschaft, die Gottes Volk von den Verlorenen unterscheidet, ist der Gehorsam seiner Stimme gegenüber.

Hast du schon einmal darüber nachgedacht, was für eine große Sünde der Ungehorsam ist? Die gesamte Schöpfung, die Galaxien, die Planeten, die Gezeiten, die Natur, alles gehorcht seinem Befehl, alles – außer den Menschen. Die größte Sünde der Menschheit ist wahrscheinlich die Sünde des Eigenwillens. Mir gefällt die Art und Weise wie der Missionar Paul Washer diesen Punkt in einer seiner letzten Predigten illustrierte. Er sagte: „Stell dir Folgendes vor: Da steht Gott am Tag der Schöpfung. Er schaut Sterne an, die Tausende unserer Sonne verschlucken könnten. Er schaut sie an und sagt: ‚Ihr Sterne alle, bewegt euch an diesen Platz und zwar in dieser Reihenfolge, bewegt euch im Kreis und bewegt euch genau, wie ich es euch sage, bis ich euch einen anderen Befehl gebe.' Und alle Sterne gehorchen. Er sagt weiter: ‚Ihr Planeten, setzt euch in Bewegung und dreht euch um euch selbst. Ordnet euch auf genau die Weise an, die ich euch vorschreibe, bis ich euch einen anderen Befehl gebe'. Er schaut die Berge an und sagt: ‚Erhebt euch', und sie gehorchen. Er sagt zu den Tälern: ‚Erniedrigt euch', und sie gehorchen ihm. Er schaut die Meere an und sagt: ‚Ihr kommt bis hierher und nicht weiter', und die Meere gehorchen, und dann schaut er euch an und sagt: ‚Kommt', und ihr sagt: ‚Nein!'"[2]

> Es gibt keine Alternative zum Gehorsam, noch nicht einmal Opfer, Gebete oder Tränen. Wenn Gott spricht, gibt es nur eine angemessene Reaktion: sofortigen, bedingungslosen Gehorsam.

Ich schließe diesen Buchteil über die Feinde des Willens Gottes für unser Leben absichtlich mit einem Kapitel über Rebellion, weil letzten Endes der Ungehorsam die Wurzel aller anderen Feinde ist. Faulheit, Angst, Unglaube und Ausreden können leicht überwunden werden, wenn wir uns innerlich ganz einfach entschließen zu gehorchen, komme was wolle. Die Rebellion ist nicht nur ein Feind des Willens Gottes für unser Leben, sie ist auch das Zeichen einer sehr problematischen Herzenshaltung. Für Gott ist Rebellion und Sturheit wie Zauberei, Sünde und Götzendienst! Es gibt keine Alternative zum Gehorsam, noch nicht einmal Opfer, Gebete oder Tränen. Wenn Gott spricht, gibt es nur eine angemessene Reaktion: sofortigen, bedingungslosen Gehorsam.

Viele Leute beten, dass sie Gottes Willen erkennen wollen, lesen die Bibel und suchen seinen Willen, doch Gott hat bereits zu ihnen gesprochen, und sie haben noch nicht gehorcht. Das nennt man Rebellion, und es wird Gottes Segen daran hindern, im Leben einer solchen Person zu fließen. Wenn wir nicht gehorchen, wird kein anderer Ratschlag in diesem Buch uns helfen. Tatsache ist, wenn wir nicht gehorchen, wird uns sogar die Bibel nicht helfen. Und wie Martin Luther einmal gesagt hat: „Du kannst genauso gut aufhören, das Wort Gottes zu hören und zu lesen und es dem Teufel geben, wenn du nicht die Absicht hast, danach zu leben.“[3]

TEIL 4

FÜNF BLEIBENDE FRAGEN BEZÜGLICH GOTTES WILLEN

KAPITEL 16

BEDEUTET WIDERSTAND, DASS ICH NICHT IM WILLEN GOTTES BIN?

Wir haben alle schon Phrasen gehört wie z. B. „Wo Gott uns hinführt, versorgt er uns auch" oder „Was Gott anordnet, ordnet er auch". Und auch, wenn in trivialen Sprüchen wie diesen eine gewisse Wahrheit liegt, kann man dadurch den Eindruck gewinnen, dass wenn jemand in Gottes Willen ist, alles ganz einfach sein wird. Dieses Missverständnis kann dazu führen, dass man ständig Gottes Berufung und seinen Willen in Frage stellt. Doch was machen wir, wenn das Bankkonto leer ist und an jeder Ecke Herausforderungen auf uns lauern? Schließen wir daraus, dass Gott nicht mit uns ist? Sollten wir dann lieber umkehren oder aufgeben, wenn es hart auf hart kommt?

Dem Ruf Gottes zu folgen ist keine Garantie dafür, dass wir nicht auch mit schwierigen Situationen oder Nöten konfrontiert werden. Eigentlich ist eher das Gegenteil der Fall.

Dem Ruf Gottes zu folgen ist keine Garantie dafür, dass wir nicht auch mit schwierigen Situationen oder Nöten konfrontiert werden. Eigentlich ist eher das Gegenteil der Fall. Jesus hat seinen Jüngern in Johannes 16,33 gesagt: *„In der Welt habt ihr Bedrängnis"*, und Paulus schreibt im 2. Timotheusbrief 3,12, dass jeder, der ein gottesfürchtiges Leben führt, Verfolgung erleiden wird. Doch inmitten des Leids gibt es Frieden, und jedes Problem, dem wir begegnen, wird unseren Charakter formen und uns Gott näherbringen.

Viele kennen den Vers in Römer 8,28, wo es heißt: *„Wir wissen aber, dass denen, die Gott lieben, alle Dinge zum Guten mitwirken, denen, **die nach seinem Vorsatz berufen sind.**"* Doch viele wissen nicht, dass der Apostel Paulus, als er diese Worte schrieb, damit eigentlich Leiden und Nöte meinte. Er sagte im Grunde, dass sogar diese Probleme zu unserem Guten mitwirken, wenn wir Gott lieben und nach seinem Vorsatz berufen sind. In Gottes Willen zu leben ist keine Garantie dafür, dass wir allen Problemen und Widerständen ausweichen können, aber es ist eine Garantie dafür, dass jede Prüfung, die wir durchlaufen, ein Mittel ist, durch das Gottes Liebe letztendlich aktiv unser Gutes bewirkt!

> In Gottes Willen zu leben ist keine Garantie dafür, dass wir allen Problemen und Widerständen ausweichen können, aber es ist eine Garantie dafür, dass jede Prüfung, die wir durchlaufen, ein Mittel ist, durch das Gottes Liebe letztendlich aktiv unser Gutes bewirkt!

In der Schrift gibt es viele Berichte über „Wüstenerfahrungen", die große Männer und Frauen Gottes durchlebt haben. Diese Berichte über ihre Nöte und Probleme sind nicht einfach wahllose Abschweifungen vom eigentlichen Thema. Es sind ganz zentrale Elemente ihrer persönlichen Geschichte, denn Gott gebraucht die Wüste, um aus gewöhnlichen Menschen Glaubenshelden zu machen.

JESUS IN DER WÜSTE DER VERSUCHUNG

Im 4. Kapitel des Lukas-Evangeliums lesen wir über die Versuchung Jesu in der Wüste. Der erste Vers lautet: *„Jesus aber, voll Heiligen Geistes, kehrte vom Jordan zurück und wurde vom Geist in die Wüste geführt"* (S). Wie schon gesagt, wurde Jesus *nicht* vom Teufel in die Wüste geführt. Dieser Vers sagt, dass er vom *Geist* in die Wüste geführt wurde! Wenn wir uns mitten in einer Wüstenerfahrung befinden, fangen wir oft sofort an, dem Teufel zu widerstehen. Doch es kann sein, dass Gott derjenige ist, der uns in die Wüste führt. Wieso würde Gott uns das antun? Warum hat er es Jesus angetan?

Der Grund findet sich in einem weiteren Punkt, den ich im Bericht von Lukas über die Versuchung Jesu herausstellen will.

In Lukas 4,1 wird gesagt, dass Jesus, als er in die Wüste ging, „voll Heiligen Geistes" war. Doch am Ende, als er aus der Wüste herauskam, wird gesagt, dass er *„in der Kraft des Heiligen Geistes* zurückkehrte" (Vers 14, Hervorhebung durch den Autor). Die Wüste produziert irgendwie etwas Kraftvolles in Männern und Frauen Gottes. Die Wüste ist Gottes Übungsgelände, und oft ist es eine Voraussetzung für eine Beförderung! Sogar Jesus musste das durchleben.

Es ist eine Sache, mit dem Heiligen Geist erfüllt zu sein und das Potenzial zu haben, große Dinge für Gott zu tun. Es ist eine völlig andere Sache, durch das Tal des Todesschattens gegangen zu sein und am anderen Ende siegreich herauszukommen. Es gibt einen großen Unterschied zwischen einem Offiziersschüler in der Grundausbildung und einem kriegserfahrenen Veteranen, zwischen einem neuen Rekruten und einem Kriegshelden, der viele Prüfungen durchgemacht hat und seine Dekorationen und Narben durch Heldenmut verdient hat. Wenn man Krisen des Glaubens durchlebt und Gottes Versorgung und Macht gesehen hat, wenn er einen aus der Grube gezogen und die Füße wieder auf festen Grund gestellt hat, wenn er sich immer und immer wieder treu erwiesen hat, dann wird man aus der Wüste zurückkehren und die Kraft des Heiligen Geistes, die in einem ist, kennen und darin wandeln.

DAVID IN DER WÜSTE DES WARTENS

David war kein Spitzenkandidat für Größe. Er war nicht die erste Wahl seines Vaters. Als Samuel kam, um aus dem Haus Jesses einen König zu salben, hat sein Vater ihn noch nicht einmal vom Feld hereinrufen lassen. Er stellte dem Propheten stattdessen die älteren, ansehnlicheren Söhne vor. Doch Gottes Wahl ist oft nicht die Gleiche wie die menschliche Wahl, denn der Mensch schaut die äußere Erscheinung an, aber Gott das Herz. Gott hatte David auf dem Feld gefunden, wo er treu seine Schafe hütete und anbetend auf seiner Harfe spielte. Gegen jede menschliche Logik wählte Gott David aus, der nächste König Israels zu werden. Doch ehe David den Thron bestieg, musste er durch die Wüste gehen.

König Saul, der von bösen Geistern besessen war und von grausamer Eifersucht geplagt wurde, hasste David mit unerbittlicher Leidenschaft und jagte ihn wie einen Vogel (Klagelieder 3,52). David floh nach Süden, in Richtung Totes Meer, in eine öde Wüste, in der es nicht viel Wasser gibt und das Leben schwierig ist. Dort verbarg er sich acht Jahre lang in Höhlen und floh vor Saul. David war gesalbt worden, um der nächste König Israels zu sein, und trotzdem versteckte er sich wie ein Tier in einem Loch. Es wäre ein Leichtes für David gewesen, während dieser Wüstenjahre Gottes Plan in Frage zu stellen, doch Gott gebrauchte die glühende Hitze, die salzige Luft und die beißenden Sandstürme, um durch das einsame Leiden in der Wüste aus dem Hirtenjungen einen König zu formen. Als David aus der dürren Einöde zurückkehrte, stieg er auf zu einem Thron und zu einem ewigen Bund mit dem lebendigen Gott.

MOSE IN DER WÜSTE DER GEBROCHENHEIT

Mose war von Gott ausersehen, der Befreier Israels zu sein. Er wurde als Baby vor einem Massaker bewahrt und danach von der ägyptischen Königsfamilie adoptiert. Er wuchs im Palast des Pharaos auf, ernährte sich von erstklassigen Delikatessen, wurde von Ägyptens besten Lehrern unterrichtet und genoss den feinsten Luxus. Man brauchte diesen feschen jungen Mann nur anzusehen und wusste, dass er für eine große Aufgabe die beste Wahl war. Doch diesem feinen jungen Mann, der nach jedem menschlichen Maßstab ein Ideal war, fehlte eine bestimmte Voraussetzung, um seine vorgezeichneten Aufgaben ausführen zu können. Deshalb meldete Gott ihn in der Schule der Gebrochenheit an und schickte ihn in die Wüste, wo Mose die nächsten vierzig Jahre seines Lebens verbrachte.

Manchmal muss Gott uns zerbrechen, ehe er uns wieder aufbauen kann, so wie er es möchte. Und oft ist es so: Je beeindruckender das Gebäude ist, das wir selbst errichtet haben, umso länger und schmerzhafter ist auch der Prozess des Sich-selbst-Sterbens und des

Sich-Ausliefers an Gott. Mose rannte in die Wüste als stolzer Prinz und kam wieder zurück als demütiger Prophet. Er hatte vielleicht gedacht, dass sein Leben am Ende war, als er an jenem Tag in den hintersten Winkel der kargen Wüste floh. Er war sich wahrscheinlich dessen nicht bewusst, dass es der Tag eines Neuanfangs war. Vierzig Jahre Wanderung in der Wüste gipfelten in jener schicksalsträchtigen Unterhaltung mit einem brennenden Busch, die den Lauf der Geschichte verändern sollte. Zu diesem demütigsten aller Männer sprach Gott von Angesicht zu Angesicht, wie ein Mann mit seinem Freund. Diesen Mann führte er mittels Feuer und Wolkensäule. Diesem einfachen Hirten gab Gott die Steintafeln, die er mit seinem eigenen Finger beschrieben hatte. Es war dieser geflohene Totschläger, von dessen Gesicht die Herrlichkeit Gottes strahlte, als er vom Berg Sinai wieder herunterkam. Es war dieser gebrochene Prinz, den Gott gebrauchte, um das Meer zu teilen und ein ganzes Volk aus der Sklaverei zu befreien.

ISRAEL UND DIE WÜSTE DER REINIGUNG

Gott brauchte nur einen Tag, um Israel aus Ägypten herauszubringen, aber er brauchte vierzig Jahre, um Ägypten aus Israel herauszuholen. Ganz richtig: Gott führte das gesamte Volk Israel durch die Wüste, ehe er es in sein Erbe hineinbrachte. Siehst du langsam ein bestimmtes, immer wiederkehrendes Muster? Zwischen Ägypten und Kanaan, dem Land der Gefangenschaft und dem Land der Bestimmung, gibt es immer einen Prozess, einen Weg, der durch ein dürres, einsames, ödes Land führt. An diesem Ort tut Gott ein ewiges und bleibendes Werk in unserem Leben, durch das sein Name verherrlicht wird.

Wir würden die Wüste nur zu gerne umgehen. Wir würden der Feuerprobe ausweichen, wenn wir die Wahl hätten. Und doch wird die Symphonie unseres Lebens und unserer ganz persönlichen Geschichte durch diese Moll-Töne am Ende reich und schön. Wenn man an all die Geschichten denkt, die uns inspiriert haben, und an jede Erinnerung, die uns kostbar ist, wird man feststellen, dass jedem Sieg ein Kampf vorausging, und jeder Höhepunkt von einem Konflikt eingeleitet wurde. Das Zeugnis, das jeder erzählen will, beinhaltet eine Prüfung, die keiner aushalten möchte. Die Geschichte, die jeder gerne erzählen möchte, beinhaltet eine Wüste, der jeder aus dem Weg gehen will. Doch wenn man mit Menschen spricht, die durch die Feuerprobe gegangen und daraus so wertvoll wie Gold hervorgekommen sind, wird man immer wieder den Satz hören: „Um nichts in der Welt würde ich diese Erfahrung gegen etwas anderes eintauschen."

Unsere Grundhaltung ist, dass wir das Vergnügen dem Leiden vorziehen, und normalerweise suchen wir nach dem Weg des geringsten Widerstands. Doch Gott ist nicht so wie wir, und er blickt auf unser Leben vom Standpunkt der Ewigkeit aus. Sein Hauptanliegen ist nicht unser Komfort, sondern unser Konform-Sein mit dem Bild seines Sohnes. Was meinst du, wie schlagkräftig würde eine Armee sein, wenn die Soldaten in 5-Sterne-Hotels ausgebildet werden würden? Wie verlässlich wäre ein Gelehrter, wenn er nie eine Prüfung ablegen würde? Wie lange würde ein Boxer im Ring stehen, wenn sein Training nur aus Kissenschlachten bestünde?

Ich habe über ein wissenschaftliches Experiment gelesen, bei dem sich eine Gruppe von Forschern in einer künstlichen Umgebung, die sie „Biosphäre" nannten, von der Außenwelt isoliert hatte. Innerhalb dieser Biosphäre hatten die Wissenschaftler erfolgreich fast jede Wetterbedingung, die es gibt, nachgestellt, bis auf eine: den Wind. Zu ihrer Überraschung hatte das Nichtvorhandensein von Wind katastrophale Auswirkungen auf die Bäume. Sie begannen sich zu krümmen und unter ihrem eigenen Gewicht zu zerbrechen. Es stellte sich heraus, dass der Wind die Bäume stärkt, indem er sie unter Druck setzt. Ohne diesen Widerstand können die Bäume nicht genügend Kraft entwickeln, um sich selbst aufrecht zu halten. Douglas Mallochs Gedicht „Good Timber" (dt. Gutes Holz) bringt diesen Punkt auf brillante Weise zum Ausdruck:

Ein Baum, der nie zu ringen hat
um Sonne, Himmel, Luft und Licht,
und steht auf Ackerboden satt,
dem es auch nie am Nass gebricht:
Niemals wird er ein König sein –
er vegetiert und geht dann ein.

Ein Mann, dem alles leicht gelingt,
vor dem das Hindernde verpufft,
der nie sich müht, der niemals ringt
um Sonne, Himmel, Licht und Luft:
Aus dem wird nie ein starker Mann –
er lebt und stirbt, wie er begann.

Was stark sein soll, braucht Widerstand,
wird nicht so leicht hinweggerafft;
was sich bewährt, das hat Bestand,
und schweres Mühn bringt neue Kraft.
Denn Hitz‘ und Kälte, dies Gespann,
schafft gutes Holz in Baum und Mann.

Und dort, wo es so schwierig war,
da stehn sie beide – hoch und fest;
da reden sie mit Sternen gar –
doch manche Narb‘ erkennen lässt,
dass Sturm es gab und oftmals Qual.
So ist das Leben nun einmal.[1]

Vor einigen Jahren, als unsere Kinder noch Kleinkinder waren, lebten wir in einem Haus mit einem Schwimmbecken, was wir sehr genossen. Doch ich hatte immer die Sorge, dass eines unserer Kinder hineinfallen könnte, wenn die Erwachsenen nicht hinschauten. Ich war um ihre Sicherheit besorgt und habe meinen Sohn und meine Tochter deshalb zu einem Schwimmkurs angemeldet. Die ersten paar Tage waren eine Tortur, sowohl für sie als auch für uns, weil das Schwimmenlernen wie eine Feuertaufe ist. Ich bin sicher, meine Kinder dachten, dass ihr Schwimmlehrer sie ertränken wollte. Sie schrien, sie wehrten sich, sie protestierten, und sie flehten um ihre Erlösung von der Tortur. Doch wenn sie zu uns, den Eltern, herüberschauten, sahen sie, dass wir ganz ruhig am Beckenrand saßen.

Wir beobachteten ihre Kämpfe und es tat uns im Herzen weh zu sehen, wie verzweifelt sie waren, aber wir mischten uns nicht ein. Diese Herausforderung war zu ihrem Besten, und wir haben es zugelassen, weil wir sie liebten. Allerdings waren unsere Augen die ganze Zeit, in der sie kämpften und litten, aufmerksam und voller Liebe auf sie gerichtet. Wir verfolgten jede ihrer Bewegungen und hätten es nie zugelassen, dass sie in echte Gefahr kommen.

Kurz vor seinem Tod hat Mose ein Lied über Israel gesungen, in dem er sagte: *„Er* (der Herr) *fand sie* (Israel) *in einem öden Land, in der weiten, einsamen Wüste. Er umgab sie und wachte über ihnen, er behütete sie wie seinen Augapfel"* (5. Mose 32,10 – NL). Mose, Israel, David und unzählige andere, sogar Jesus selbst, gingen im Gehorsam auf Gottes Ruf durch die Wüste. Die Probleme, denen sie dort begegneten, und die Prüfungen, die sie bestehen mussten, gehörten alle zu Gottes Plan und dienten dazu, Gottes Absichten für ihr Leben auszuführen.

In Gottes Willen zu sein bedeutet nicht, dass es nie Rückschläge geben wird, oder dass wir gegen Schwierigkeiten immun sind. Doch sogar mitten in der Wüste wird Gott seine Flügel über uns breiten und um uns herum sein, wie ein Adler, der um seine Jungen herumfliegt. Er wird uns behüten wie seinen Augapfel, und er wird nicht zulassen, dass wir ertrinken.

KAPITEL 17

WIE KOMME ICH VON DORT, WO ICH BIN, DAHIN, WO GOTT MICH HABEN WILL?

In der Vorhalle unseres CfaN-Hauptbüros befindet sich ein riesiges Bild, das eine ganze Wand einnimmt. Es zeigt eine enorme Menschenmenge bei einer unserer Evangelisationsveranstaltungen in Afrika. Die Leute sind oft überwältigt von diesem Foto, weil es einen kleinen Eindruck davon vermittelt, wie riesig diese Veranstaltungen sind. Es inspiriert besonders andere Evangelisten, die so wie wir berufen sind, so viele Menschen wie möglich mit dem Evangelium zu erreichen. Einmal besuchte ein junger Evangelist unser Büro und stand eine sehr lange Zeit vor diesem Bild und starrte es einfach nur an. Schließlich zeigte er auf das Bild und sagte: „Ich habe mir nur versucht auszumalen, wie ich von da, wo ich jetzt bin, *dorthin* kommen kann."

Wenn dieser Traum wirklich von Gott ist, dann wird dir alles, was dafür nötig ist, gegeben werden, während du vorwärts gehst.

Ich denke, dass dies eine sehr oft gestellte Frage ist. Wie können wir von da, wo wir uns jetzt befinden, dorthin gelangen, wohin Gott uns ruft? Wenn auch du dir diese Frage stellst, dann bist du am richtigen Ort, auch wenn es im Moment nicht so aussehen mag. Du bist an dem Ort, wo du einen Traum hast, der dir vom Himmel gegeben wurde. Wenn dieser Traum wirklich von Gott ist, dann wird dir alles, was dafür nötig ist, gegeben werden, während du vorwärts gehst. Es wird das absolut spannendste Abenteuer deines Lebens werden.

Gott hat geredet, und er wird seinen Teil tun, doch welche Rolle spielen wir in dem Ganzen? Wir müssen erkennen, dass jede Reise mit einem einzigen, kleinen Schritt beginnt. In das hineinzugehen, was Gott in Zukunft für uns bereithält, fängt damit an, dass wir jetzt im Glauben kleine Schritte tun. Stelle dir folgende drei Fragen:

WELCHE SCHRITTE KANN ICH UNTERNEHMEN, UM MICH VORZUBEREITEN?

Jede Reise beginnt mit einem einzigen, kleinen Schritt. In das hineinzugehen, was Gott in Zukunft für uns bereithält, fängt damit an, dass wir jetzt im Glauben kleine Schritte tun.

Vielleicht hast du schon einmal gehört, dass jemand sozusagen über Nacht ganz besonders erfolgreich wurde. Tatsache ist, dass diese plötzlichen, sensationellen Erfolge meistens eine Illusion sind. Jemand hat mir einmal gesagt: „Es hat mich dreißig Jahre harter Arbeit gekostet, um von einem Tag auf den anderen erfolgreich zu werden." Die Wahrheit ist, wenn man sieht, dass jemand anscheinend von einem Tag auf den anderen erfolgreich ist, handelt es sich in Wirklichkeit um eine Kombination von viel Vorbereitung und einer günstigen Gelegenheit. Es stimmt, dass sich manchmal günstige Gelegenheiten bieten, aber nur jene, die sich vorbereitet haben, sind in der Lage, sie zu nutzen. Was können wir also tun, um uns auf die günstigen Gelegenheiten vorzubereiten, die Gott uns über den Weg führen wird?

Vielleicht hat Gott dich berufen, in anderen Nationen das Evangelium zu predigen, aber du hast bisher noch keine Einladungen zum Predigen erhalten. Wenn ich in dieser Situation wäre, würde ich schon mal meinen Reisepass beantragen, einen Koffer kaufen und einige evangelistische Botschaften vorbereiten, damit ich bereit wäre, wenn die

Gelegenheit sich bietet, voranzugehen. Welche Gelegenheiten haben wir jetzt schon, die dem, wozu Gott uns beruft, entsprechen? Was haben wir jetzt gerade in der Hand? Gibt es irgendetwas, was wir tun müssen? Denke einmal darüber nach. Ruft Gott dich vielleicht, eine Ausbildung oder ein Studium zu machen, durch die du dich darauf vorbereiten kannst, die Vision umzusetzen, die er dir gegeben hat? Wenn das der Fall ist, dann geh heute noch ins Internet und mache dich auf die Suche nach geeigneten Ausbildungsstellen. Hat er dir den Traum gegeben, ein Unternehmen zu gründen? Dann überlege mal, wen du kennst, der schon Erfahrungen als Unternehmer gemacht hat. Musst du dich um deine körperliche Fitness kümmern und dein Gewicht reduzieren, ehe du das tun kannst, wozu Gott dich beruft? Dann ändere deine Essgewohnheiten und beginne heute mit einem intensiven Bewegungsprogramm. Tu etwas. Tu irgendetwas. Es kann sein, dass es im Moment überhaupt keinen Sinn macht, aber tu es trotzdem. Auch ein kleines Samenkorn, das im Glauben gesät wird, kann der Beginn der Erfüllung dessen sein, wozu Gott dich berufen hat.

WIE KANN ICH IM GLAUBEN REAGIEREN?

Seit unser Werk „Christus für alle Nationen" 1987 in den Vereinigten Staaten eingetragen wurde, haben wir dort nie ein Grundstück besessen, weil wir immer der Überzeugung waren, alle verfügbaren Gelder sofort an das Missionsfeld weiterzuleiten und in Seelen zu investieren, anstatt in Steine und Zement. Wir haben Büros gemietet und waren sehr zufrieden mit dem, was der Herr uns gegeben hatte. Doch vor einigen Monaten, an einem Samstagmorgen, erhielt ich einen Anruf von unserem Gründer, dem Evangelisten Reinhard Bonnke. Er sagte zu mir: „Der Herr hat mir heute Morgen gesagt, dass er ein ‚Harvest Home' für uns hat."

Evangelist Bonnke glaubte, dass Gott uns ein eigenes Gebäude geben wollte. Das Problem war nur, dass wir keinen Penny in irgendeinem Bausparvertrag oder Ähnlichem investiert hatten, und dass wir noch nie ein solches Vorhaben ins Auge gefasst hatten. Doch Pastor Bonnke war sich sicher, dass der Herr geredet hatte, und deshalb sagte er: „Ich komme und ich möchte mich sofort mit dir treffen." Er fuhr noch am gleichen Samstagmorgen zwei Stunden, um sich mit mehreren von uns wegen dieses ‚Harvest Home' zu unterhalten. Es war klar, dass zu diesem Zeitpunkt nichts unternommen werden konnte. Auch wenn Gott gesprochen hatte, mussten sehr viel Vorarbeit, gründliche Nachforschungen und sorgfältige Vorbereitungen geleistet werden.

Als ich Evangelist Bonnke fragte, warum er es so eilig hatte, sich mit uns zu treffen, sagte er: „Ich habe den Eindruck, dass Gott sein Auge auf mich gerichtet hält, und ich möchte, dass er sieht: Wenn er spricht, dann springe ich." In den folgenden Wochen waren wir Zeugen eines Wunders, als buchstäblich jeder Penny für den Kauf eines nagelneuen, hochmodernen Gebäudes auf übernatürliche Weise hereinkam! Ich erkannte eine direkte Verbindung zwischen der rückhaltlosen Reaktion des Evangelisten Bonnke auf Gottes Reden und der sensationellen Versorgung für dieses Wunder.

Wenn Gott dir seinen Willen offenbart hat, aber du dir nicht sicher bist, was du jetzt tun sollst, dann tu *irgendetwas*! Zeige Gott, dass du sein Reden ernst nimmst und dass du darauf eingehst, wenn er redet. Wie ich schon zuvor sagte, sogar Gott kann kein parkendes Auto lenken! Wir müssen ihm etwas geben, womit er arbeiten kann. Es gibt so viele Leute, die Gottes Willen suchen, ihn finden und dann nie erleben, dass er in ihrem Leben zum Tragen kommt, weil sie nie bereit sind, irgendeine Aktion zu unternehmen.

Manche Menschen warten darauf, dass Gott alles für sie tut. Einige haben die Einstellung: „Wenn diese Vision von Gott ist, dann wird sie sich von alleine realisieren." Doch, liebe Freunde, so funktioniert es eben nicht! In Matthäus 6,26 sagt Jesus: *„Seht hin auf die Vögel des Himmels, dass sie weder säen noch ernten noch in Scheunen sammeln, und euer himmlischer Vater ernährt sie doch."* Das stimmt! Gott versorgt die Vögel des Himmels, aber er baut nicht die Nester für sie oder sammelt die Nahrung für sie. Sie müssen ihre Flügel ausbreiten, und sie müssen ihren Teil tun. Wenn wir zuhause sitzen und darauf warten, dass Gott uns die Realisierung seines Willens auf einem Silbertablett serviert, dann können wir lange warten. Es wäre ratsamer, dass wir unsere Flügel ausbreiten und im Glauben und Gehorsam anfangen zu handeln. Wir müssen Gott zeigen, dass wir springen, wenn er spricht.

WAS KANN ICH TUN, UM MICH IN DIE RICHTUNG MEINER BERUFUNG ZU BEWEGEN?

Wenn man sich in einem verdunkelten Raum befindet und hört, wie jemand auf der anderen Seite unseren Namen ruft, dann geht man in die Richtung, aus der die Stimme kam, um die betreffende Person zu finden. Das ist ganz klar. Doch ich wundere mich oft darüber, wie viele Menschen den Eindruck haben, dass Gott sie in eine bestimmte Richtung ruft, aber dann alles Mögliche tun, wodurch sie sich in genau die entgegengesetzte Richtung bewegen.

Zum Beispiel: Wenn jemand die Berufung hat, Arzt zu werden, dann sollte er nicht Jura studieren. Wenn man in die Mission berufen wurde, dann sollte man kein großes Haus in seiner Heimatstadt kaufen. Wenn man berufen ist, Pastor zu werden, sollte man nicht jemanden heiraten, der die Gemeinde nicht ausstehen kann.

Wir sollten darauf achten, dass alles, was wir unternehmen, uns näher an die Erfüllung unseres Auftrags heranführt. Joe glaubt zum Beispiel, dass Gott ihn dazu beruft, eine Franchise-Restaurantkette zu gründen und mit dem Gewinn die Mission zu unterstützen. Doch er arbeitet als Autoverkäufer und hat nicht die nötigen Finanzen, um dieses Unternehmen zu gründen. Wie kann Joe also anfangen, sich in die richtige Richtung zu bewegen?

Zuerst muss er anfangen, schon jetzt die Mission finanziell zu unterstützen, auch wenn es nur kleine Beträge sind. Menschen sagen oft zu mir, dass sie kurz vor einem lukrativen Geschäftsabschluss stehen, und wenn sie dann Millionen verdient haben, werden sie anfangen, unsere Missionen in Afrika zu unterstützen. Aber wenn sie nicht schon von dem geben, was sie jetzt zur Verfügung haben, dann habe ich große Zweifel daran, dass sie es tun werden, wenn sie ihre Millionen verdient haben sollten. Und darüber hinaus interessiert Gott sich nicht für Menschen, die voller guter Absichten sind, was sie tun werden, *falls* er sie segnet. Er möchte lieber Menschen segnen, die *jetzt schon* mit dem, was sie haben, treu und gehorsam sind.

Das Nächste, was Joe tun könnte, ist, eine Arbeit zu suchen, die ihn näher an das heranbringt, wozu Gott ihn beruft. Eine Stelle im Gastgewerbe könnte ihm die nötigen Erfahrungen und Kontakte vermitteln, die er als Autoverkäufer nicht sammeln kann. Wenn Joe wirklich der Überzeugung ist, dass Gott ihn beruft, eine Restaurantkette zu gründen und zu managen, dann sollte er sich in diesen Bereich einarbeiten und vertiefen, auch wenn das bedeutet, ein niedrigeres Gehalt zu bekommen oder als Hausmeister oder Hilfskellner zu arbeiten.

Viele Leute möchten gerne, dass Gott ihre Zukunft vor ihnen ausbreitet, so wie man den Plan eines Hauses, das gebaut werden soll, vor sich ausbreitet. Doch so funktioniert es nie. Man darf die kleinen Anfänge nicht verachten. Man darf die kleinen Schritte nicht verachten, solange es gehorsame, glaubensvolle Schritte sind, die einen in die Richtung führen, in die Gottes Berufung uns weist. Wenn man im Gehorsam und im Glauben vorangeht, wird er uns alles offenbaren – einen Schritt nach dem anderen.

KAPITEL 18

WAS SOLLTE ICH TUN, WÄHREND ICH GOTTES WILLEN SUCHE?

Es ist sehr wichtig zu betonen, dass das Wort „suchen“ ein Tätigkeitswort ist. Manche Leute, die von sich sagen, sie suchen Gottes Willen, warten in Wirklichkeit nur auf ihre „große Chance“. In diesem Kapitel stellen wir die Frage: „Was sollte ich tun, während ich Gottes Willen suche?“ Die Punkte, die ich ansprechen möchte, sind im Grunde Hinweise, die zeigen, ob man Gottes Willen wirklich sucht. Wenn man diese Dinge nicht tut, dann sucht man im Grunde nicht nach Gottes Willen.

Jemand, der Gottes Willen sucht, fragt aktiv nach der Wegweisung Gottes, hält Ausschau nach verschiedenen Möglichkeiten, das einzusetzen, was er schon in der Hand hat. Er hilft anderen, die ihnen von Gott gegebenen Visionen zu realisieren und ist dort treu, wo er sich gerade befindet.

AKTIV NACH GOTTES WEGWEISUNG FRAGEN

Frage Gott, was er von dir möchte! Höre auf ihn, damit er dich leitet und dich im Alltag führt! Jakobus 4,2 sagt: *„Ihr habt nicht, weil ihr nicht bittet.“* Dass Gebet wichtig ist, scheint vielleicht eine zu triviale Sache zu sein, um es speziell zu erwähnen, und ich möchte deine Intelligenz damit nicht beleidigen. Aber man wundert sich manchmal, wie viele Leute sich nie die Zeit genommen haben, ernsthaft darüber zu beten, was Gott eigentlich von ihnen erwartet. Es gibt Zeiten, in denen Gott absichtlich etwas zurückhält, was er uns geben will, einfach weil wir uns nicht die Zeit genommen haben, ihn darum zu bitten.

> Jemand, der Gottes Willen sucht, fragt aktiv nach der Wegweisung Gottes, hält Ausschau nach verschiedenen Möglichkeiten, das einzusetzen, was er schon in der Hand hat. Er hilft anderen, die ihnen von Gott gegebenen Visionen zu realisieren und ist dort treu, wo er sich gerade befindet.

In meinem Buch *Bis sich die Türen öffnen – das Übernatürliche durch Glauben und Gebet freisetzen* habe ich ausführlich über das Thema Gebet und Fürbitte geschrieben. Der folgende Auszug demonstriert ein grundlegendes Prinzip aus dem Leben von Asa, einem König, der sich sein eigenes Grab schaufelte:

Es ist erstaunlich, wie viele Menschen es gibt, die Gott nur sehr wenig an ihrem Leben beteiligen. Wenn es um Entscheidungen hinsichtlich Finanzen, Familie, Karriere und die gewichtigen Dinge des Lebens geht, dann suchen sie sich irgendwo anders guten Rat, doch vor dem König des Universums beugen sie nie die Knie, obwohl er das Verlangen hat, ihnen zu helfen. Er möchte sich durch unser Leben verherrlichen, doch so oft geben wir ihm dazu nicht das Recht.

Es ist äußerst dramatisch, wenn wir es verpassen, unseren Herrn um Rat zu fragen. Wenn wir unserm Schöpfer, Erhalter und Versorger den ihm rechtmäßig zustehenden Platz in unserem Leben nicht einräumen, dann ist das eine wirkliche Beleidigung Gott gegenüber.

In 2. Chronik 16,9 heißt es: *„Denn des HERRN Augen durchlaufen die ganze Erde, um denen treu beizustehen, deren Herz ungeteilt auf ihn gerichtet ist."* Das ist ein Vers, der in ganz unterschiedlichen Situationen immer wieder gerne zitiert wird, doch es mag dich erstaunen, den Kontext dieses Verses zu sehen und die interessanten Begleitumstände, die damit einhergehen. Es gewährt einen Einblick in unser eigenes Leben und ist gleichzeitig auch eine Ermahnung.

Bascha, der König von Israel, kämpfte gegen Juda und versuchte die Bewohner von Rama auszuhungern, indem er die Stadt belagerte. So nahm Asa, der König des angegriffenen Landes Juda, *„Silber und Gold aus den Schätzen des Hauses des HERRN und des Hauses des Königs. Und er sandte zu Ben-Hadad, dem König von Aram, der in Damaskus wohnte, und ließ ihm sagen: Ein Bund sei zwischen mir und dir ... mach deinen Bund mit Bascha, dem König von Israel, ungültig, dass er von mir abzieht!"* (2. Chronik 16,2-3).

Die Aramäer, deren Unterstützung Asa durch das Gold aus dem Haus des Herrn erkauft hatte, kamen und befreiten das Südreich Juda aus der Hand des Königs Bascha. Das sah zunächst nach einem Happy End aus, doch dem Herrn war es nicht wohlgefällig. Gott selbst wollte der Verteidiger und Beschützer Judas sein, doch stattdessen hatte Asa sein Vertrauen auf die Aramäer gesetzt. Asa hatte das Gold aus dem Haus des Herrn genommen und einem anderen gegeben und genauso gab er auch die Ehre, die dem Herrn zustand, einem anderen.

So sandte Gott einen Propheten namens Hanani mit einer Botschaft zu König Asa:

„Weil du dich auf den König von Aram gestützt hast und dich nicht auf den HERRN, deinen Gott, gestützt hast, darum ist das Heer des Königs von Aram deiner Hand entronnen. Waren nicht die Kuschiter und die Libyer eine gewaltige Heeresmacht mit Wagen und Reitern in großer Menge? Doch weil du dich auf den HERRN stütztest, gab er sie in deine Hand. Denn des HERRN Augen durchlaufen die ganze Erde, um denen treu beizustehen, deren Herz ungeteilt auf ihn gerichtet ist. Hierin hast du töricht gehandelt. Darum wirst du von nun an Kriege haben."
2. Chronik 16,7-9

Aufgrund von Furcht hatte sich Asa entschlossen, sein Vertrauen in den König der Aramäer zu setzen und ihn zur Hilfe zu rufen anstatt den Herrn. Er verging sich gegen Gott. Als ein Resultat davon gab ihm Gott das, was er am meisten fürchtete: *„Darum wirst du von nun an Kriege haben."* Indem er den Herrn nicht einschloss, brachte Asa genau das auf sich, was er zu vermeiden versuchte. *„Es ist besser, sich* *bei dem HERRN zu bergen, als sich auf Menschen zu verlassen. Es ist besser, sich bei dem HERRN zu bergen, als sich auf Edle zu verlassen"* (Psalm 118,8-9).

Wie oft hat Gott nicht schon bereitgestanden, um uns zu helfen? Doch wir wandten uns ihm nicht zu und gaben ihm keine Gelegenheit, einzugreifen und sich durch unsere Krise zu verherrlichen. Als Resultat davon haben wir unseren Frieden verloren und leiden unter unnötigen Lasten – alles nur, weil wir den Herrn nicht um Hilfe gebeten haben. Und was noch schlimmer ist: Eine weitere Gelegenheit zur Verherrlichung Gottes wurde vergeudet.

Erstaunlicherweise beging Asa *genau den gleichen* Fehler drei Jahre später noch einmal:

„Und im 39. Jahr seiner Regierung erkrankte Asa an seinen Füßen. Seine Krankheit war überaus schwer; aber auch in seiner Krankheit suchte er nicht den HERRN, sondern die Ärzte. Und Asa legte sich zu seinen Vätern; und er starb im 41. Jahr seiner Regierung" (2. Chronik 16,12-13).

Kannst du das Muster erkennen? Der Autor versucht durch diese Geschichte eine Wahrheit zu vermitteln, die von größter Wichtigkeit ist. Asa verließ sich auf fremde Armeen, anstatt auf den Herrn, und als Ergebnis erbte er endlosen Krieg. Als er krank wurde, verließ er sich auf die Hilfe der Ärzte, anstatt auf den Herrn, und als Ergebnis erbte er den Tod. Gott wollte ihn von seinen Feinden befreien. Gott wollte ihn von seinen Krankheiten heilen. Doch aus irgendwelchen nicht nachvollziehbaren Gründen ignorierte Asa – wie so viele von uns es auch tun – Gott in den wichtigsten Dingen des Lebens und besiegelte damit sein eigenes Schicksal.

Der letzte Vers in diesem Kapitel fasst Asas Leben in einer ernüchternden Aussage zusammen: *„Und man begrub ihn in seinem Grab,* ***das er sich ... hatte aushauen lassen****"* (2. Chronik 16,14). Zusammengefasst kann man sagen, dass Asa sein eigenes Grab schaufelte und den letzten Nagel in seinen eigenen Sarg einschlug, weil er sich entschloss, sich auf den „Arm aus Fleisch" zu verlassen, anstatt auf den Herrn. Durch die Missachtung betroffen übergab ihn Gott dem, was er am meisten fürchtete. Jeremia 17,5 sagt: *„So spricht der HERR: Verflucht ist der Mann, der auf Menschen vertraut und Fleisch zu seinem Arm macht und dessen Herz vom HERRN weicht!"*

Wenn du auf der Suche nach Gottes Willen für dein Leben bist, dann betest du aktiv darüber, wartest vor dem Herrn und hörst auf seine Weisungen. Manchmal erhalten wir keine Antwort, weil wir ganz einfach nicht gefragt haben. Oder man hat gefragt, aber dann hat man nicht hingehört. Es kann sein, dass man einfach den Fernseher abschalten, die Computerspiele beiseitelegen und Zeit vor dem Herrn auf den Knien verbringen muss, indem man sein Wort liest und auf seine Stimme hört. Seine Verheißung an uns lautet: *„Ja, ihr werdet mich suchen und finden, wenn ihr von ganzem Herzen nach mir verlangen werdet"* (Jeremia 29,13 – S).

Wenn du auf der Suche nach Gottes Willen für dein Leben bist, dann betest du aktiv darüber, wartest vor dem Herrn und hörst auf seine Weisungen.

GEBRAUCHE, WAS DU IN DER HAND HAST

Wenn Leute letztlich herausfinden, was sie Gottes Willen gemäß tun sollen, erkennen sie oft rückblickend, dass Gott schon viele Dinge früh in ihr Leben hineingelegt hat, um sie auf ihre Berufung vorzubereiten. Dabei kann es sich um ein natürliches Talent oder eine bestimmte Fähigkeit handeln. Oder auch um bestimmte Interessen. Es können auch Menschen sein, die sie in der Ausrichtung auf ihre Berufung beeinflusst haben, auch wenn es ihnen zu dem Zeitpunkt nicht bewusst war. Es kann sogar ein Ereignis oder ein Erlebnis sein, durch das sie in die Richtung getrieben wurden, die Gottes Plan entsprach. Eines ist jedoch sicher: Gott bereitet uns *immer* auf das vor, was er für uns bereithält.

Als Gott Mose berief, die Kinder Israel aus Ägypten zu befreien, war Mose völlig überfordert. Er hatte tausend Fragen und konnte sich noch nicht einmal vorstellen, wo er beginnen sollte, um eine solche Heldentat zu vollbringen. Er fing an, Gott mit Fragen zu bombardieren, mit Bedenken und Einwänden. Doch Gott hat nicht zu ihm gesagt: „Mach dir keine Sorgen, Mose. Ich werde Folgendes tun: Zuerst werde ich das Wasser des Nils zu Blut werden lassen, dann schicke ich eine Froschplage, dann eine Mückenplage und danach eine Stechfliegenplage. Als Nächstes bringe ich ihr Vieh um, schicke Beulen, Hagel und Heuschrecken, ehe ich noch Finsternis und den Tod ihrer Erstgeborenen verursachen werde. Und wenn ihr erst einmal aus Ägypten heraus seid, werde ich das Rote Meer teilen und euch durch die Wüste führen, mit einer Wolkensäule bei Tag und einer Feuersäule bei Nacht." Ich bin sicher, eine solch detaillierte Darlegung von Gottes Plan hätte Mose sicher beruhigt. Doch als Mose all seine panischen Fragen dazu stellte, wie Gott sein Volk nun befreien wollte, antwortete Gott nur mit einer Gegenfrage: „Mose, was hast du in der Hand?" Und Mose antwortete: „Einen Stab."

Man muss kurz einmal über die Absurdität dessen nachdenken, was Gott Mose auftrug. Er schickte diesen flüchtigen Vagabunden in das mächtigste Imperium der Welt, um sein Volk zu befreien. Und als Munition hatte Mose nichts weiter als einen Stab! Während der ganzen Erzählung im 2. Buch Mose, mit all den Wundern, übernatürlichen und gewaltigen, weltbewegenden Ereignissen, hatte Mose nichts weiter in der Hand als einen Stab! Doch als Mose das tat, wozu er in der Lage war, als er das gebrauchte, was in seiner Hand war, begann die ganze Geschichte sich nach und nach zu entfalten. Jedes Ereignis führte das nächste herbei, wie eine Reihe von Dominosteinen, bis hin ins Gelobte Land.

Mache doch heute einmal eine Bestandsaufnahme über dein Leben und stelle fest, was du heute in der Hand hältst. Vielleicht sind es bestimmte Menschen, Beziehungen, Interessen, Gelegenheiten, Gedanken oder Träume. Es kann durchaus sein, dass die Samen für deine Zukunft schon in den Boden deines Lebens ausgesät wurden. Bitte Gott um Weisheit, sie zu erkennen. Und dann begieße sie fleißig und geduldig, und warte auf die Ernte.

ANDEREN HELFEN, IHRE VON GOTT GEGEBENE VISION ZU ERFÜLLEN

Während wir darauf warten, dass Gott die Erfüllung unserer Vision herbeiführt, oder selbst wenn wir noch nicht wissen, wozu Gott uns beruft, können wir schon das Prinzip der Saat und Ernte für uns nutzen. Suche dir jemand anders, der eine Vision vom Herrn hat und investiere in die Vision dieser Person, als wäre es deine eigene. Stelle deine Zeit, deine Energie und deine Ressourcen zur Verfügung, um jemand anderes voranzubringen. Du wirst feststellen, dass du, wenn du in die Vision eines anderen hineinsäst, bald auch eine eigene Vision ernten wirst.

DORT TREU SEIN, WO MAN SICH BEFINDET

Es war eine Zeitlang üblich, dass große Firmen für die Besetzung ihrer Leitungspositionen in angesehenen Universitäten oder in anderen erfolgreichen Firmen talentierte Führungskräfte abwerben. Doch ich habe mehr und mehr festgestellt, dass die Politik vieler großer Unternehmen sich eher dahin orientiert, Menschen aus den eigenen Reihen für diese Positionen zu rekrutieren. Sie suchen nach talentierten Leuten in ihren eigenen Reihen, Personen, die ihre Vertrauenswürdigkeit bewiesen und ihren Weg nach oben erarbeitet haben, manchmal sogar „von ganz unten". Das ist auch schon immer Gottes bevorzugte Beförderungsmethode gewesen. Gott hält Ausschau nach treuen Menschen, die er befördern und segnen kann. Er prüft uns, indem er uns kleinere Aufgaben anvertraut, um zu sehen, wie wir darauf reagieren, und wenn wir unsere Sache gut gemacht haben, gibt er uns mehr Verantwortung.

Mose hatte eine der wichtigsten Leitungspositionen der Menschheitsgeschichte. Ihm wurde die Aufgabe übertragen, ein ganzes Volk, und zwar nicht irgendeines, sondern Gottes auserwähltes Volk durch die Wüste bis ins Gelobte Land zu führen. Es ist interessant festzustellen, dass Mose, bevor Gott ihm eine so wichtige Rolle anvertraute, einen ähnlichen Auftrag hatte, allerdings in einem sehr viel kleineren Rahmen. Er leitete keine Menschen durch die Wüste, sondern eine Herde Schafe, durch genau dieselbe Wüste, und das ebenfalls vierzig Jahre lang! Wie hätte Gott Mose die Leitung seines Volkes anvertrauen können, wenn Mose nicht vorher seine Treue beim Schafehüten bewiesen hätte?

Dieses Prinzip kommt in den Lehren Jesu immer wieder durch. Im Gleichnis von den Talenten sagt Jesus zu dem Knecht, der seine Investition verdoppelt hatte: *„Recht so, du guter und treuer Knecht! Du bist über Wenigem treu gewesen, ich will dich über Vieles setzen"* (Matthäus 25,21 – S). In einem anderen Gleichnis sagt Jesus: *„Wer im Geringsten treu ist, ist auch in Vielem treu, und wer im Geringsten ungerecht ist, ist auch in Vielem ungerecht"* (Lukas 16,10). Er vergleicht danach die Fähigkeit des Knechts mit Geld umzugehen, mit seiner Fähigkeit „wahren Reichtum" zu verwalten. *„Wenn ihr nun mit dem ungerechten Mammon* [weltlichen Reichtum] *nicht treu gewesen seid, wer wird euch das Wahrhaftige anvertrauen? Und wenn ihr mit dem Fremden nicht treu gewesen seid, wer wird euch das Eure geben?"* (Lukas 16,11-12).

In Psalm 75,7-8 wird uns gesagt: *„Denn nicht von Osten, noch von Westen, und nicht von Süden her kommt Erhöhung. Denn Gott ist Richter. Diesen erniedrigt er, und jenen erhöht er."* Das Wort Gottes sagt es ganz klar: Die Beförderung kommt nicht aus der horizontalen Ebene, vom Osten oder Westen. Das bedeutet, dass Menschen nicht die Urheber unserer Beförderung sind. Die Beförderung kommt in der vertikalen Ebene auch nicht vom Süden (was in diesem Bild „von unten" bedeutet), denn der Teufel ist ebenfalls nicht der Urheber unserer Beförderung. Wenn die Beförderung also weder vom Osten, Westen oder Süden kommt, dann wissen wir, dass nur eine Richtung übrig bleibt, aus der die Beförderung kommen kann, nämlich vom Norden (also „von oben")! Wir müssen nach oben blicken! Gott ist der Urheber der Beförderung, und er erhöht all jene, die treu sind.

KAPITEL 19

UND WENN ICH SCHON SEHR LANGE WARTE?

In diesem Kapitel möchte ich mich an zwei verschiedene Gruppen von Personen wenden. Zum einen an jene, die schon lange nach Gottes Willen suchen, ihn aber noch nicht gefunden haben, und zum anderen an jene, die meinen, Gottes Willen zu kennen, aber schon lange darauf warten, dass er sich realisiert.

Zunächst möchte ich mich an jene unter euch wenden, die schon lange nach Gottes Willen suchen, ihn aber noch nicht gefunden haben. Ich habe eine Herausforderung, eine Frage und eine Ermutigung für euch.

Die Herausforderung: Es ist wichtig zu erkennen, dass ein großer Unterschied besteht zwischen dem Suchen nach Gottes Willen und dem bloßen Warten, dass etwas geschieht. Das Wort „suchen" impliziert Aktion, nicht Passivität. Jene, die nach Gottes Willen suchen, sind aktiv und fragen nach Gottes Führung, halten Ausschau nach Gelegenheiten zum Dienst, helfen anderen, ihre von Gott gegebenen Visionen zu erfüllen und sind dort, wo sie sich im Moment befinden, treu (wie schon im vorigen Kapitel erwähnt). Du musst dein Herz ehrlich vor Gott prüfen und dir die Frage stellen, ob du unter Berücksichtigung dieser Gesichtspunkte wirklich Gottes Willen für dein Leben suchst, oder ob du nur auf den „großen Durchbruch" wartest. Das sind zwei ganz unterschiedliche Dinge. Wer ehrlich sagen kann, dass er aktiv nach Gottes Willen sucht, wie es hier beschrieben wurde, und ihn noch nicht gefunden hat, dem möchte ich zwei Dinge sagen.

Die Frage: Kann es sein, dass du Gottes Willen für dein Leben schon herausgefunden hast, aber nicht bereit warst, ihn als solchen anzuerkennen? Manchmal kann man etwas nicht sehen, was direkt vor einem ist, weil es nicht so aussieht, wie man es sich vorgestellt hat. Vielleicht stellt man sich einen großen Dienst und weltweite Anerkennung vor, doch stattdessen möchte der Herr, dass man hinter den Kulissen arbeitet. Wir müssen offen sein für die Möglichkeit, dass Gott etwas für uns zu tun hat, was nicht so aussieht, wie wir es uns vorgestellt haben. Und deshalb haben wir es noch nicht entdeckt. Wenn das der Fall ist, dann solltest du dich nicht entmutigen lassen. Wenn du Gott vertraust und seinem Willen folgst, egal, wohin er dich führt, wirst du herausfinden, dass du am Ende viel glücklicher sein wirst, als wenn du bekommen hättest, was du ursprünglich wolltest. Dein Vater weiß, was am besten ist. Wenn du sicher bist, dass das Problem in deinem Fall nicht darin liegt, dass du Gottes Willen nicht als solchen anerkennst, dann ermutige ich dich von ganzem Herzen, weiter danach zu suchen.

Manchmal kann man etwas nicht sehen, was direkt vor einem ist, weil es nicht so aussieht, wie man es sich vorgestellt hat.

Die Ermutigung: Wenn du immer noch aktiv nach Gottes Willen für dein Leben suchst, lass dich nicht frustrieren. Suche einfach weiter und du wirst ihn eines Tages finden. Lass nicht zu, dass der Feind Samen der Entmutigung oder des Zweifels in dein Herz sät. Werde nur immer entschlossener und suche mit kindlicher Beherztheit weiter, bis du fündig wirst.

Ich ging vor Kurzem einmal mit meinen Kindern in unserem hiesigen Einkaufszentrum einkaufen. Wir gingen an einem Geschäft vorbei, in dem es eine Spielzeugeisenbahn gibt. Mein Sohn weiß das und er spielt gerne damit, deshalb fragte er mich, ob er damit spielen könnte, ehe wir das Einkaufszentrum wieder verließen. Ich stimmte zu. Ein paar Minuten später fragte er noch einmal, und noch einmal und noch einmal. Die ganze Zeit, die wir im Einkaufszentrum waren, fragte er unaufhörlich, bis ich das Unvermeidliche schließlich nicht länger hinauszögerte und sagte: „Gut, lass uns mit der Eisenbahn spielen gehen." Er war begeistert. Während wir zu dem Geschäft gingen, sagte er: „Papa, ich habe nur immer wieder gefragt, weil ich *wirklich* mit der Eisenbahn spielen wollte. Kann ich was trinken?" Nachdem ein Wunsch erfüllt war, ging er gleich zum nächsten über!

Ich weiß, dass ich nicht der Einzige bin, der ein hartnäckiges Kind hat. Irgendwie haben alle Kinder diese Eigenschaft. Doch auch auf die Gefahr hin, dass du mir nicht glaubst: Es geht mir nicht auf die Nerven. Ich denke, wir könnten im Grunde alle etwas daraus lernen. Jesus schien jedenfalls so zu denken.

Wenn du Gott vertraust und seinem Willen folgst, egal, wohin er dich führt, wirst du herausfinden, dass du am Ende viel glücklicher sein wirst, als wenn du bekommen hättest, was du ursprünglich wolltest.

In Matthäus 7,7-8 lehrt Jesus darüber, wie man bittet, sucht und anklopft. Doch es ist hier wichtig zu bemerken, dass im Griechischen eine kontinuierliche Handlung beschrieben wird, weshalb die englische *Amplified Bible* diese Stelle folgendermaßen übersetzt: *„Bittet immer weiter, und euch wird gegeben werden; sucht immer weiter, und ihr werdet finden; klopft immer weiter* [ehrfürchtig] *an, und euch wird* [die Tür] *aufgetan werden. Denn jeder, der immer weiter bittet, empfängt; und wer immer weiter sucht, wird finden; und wer immer weiter anklopft, dem wird* [die Tür] *aufgetan werden"* (eigene Übersetzung, Hervorhebungen durch den Autor).

Bittet immer weiter. Sucht immer weiter. Klopft immer weiter an. Macht immer weiter und immer weiter. Das hört sich ganz so an wie mein Sohn, wenn er mit der Spielzeugeisenbahn spielen will, oder wenn er etwas trinken möchte, oder wenn er sonst etwas möchte. Interessanterweise sagt Jesus im Vers direkt danach: *„Oder ist einer unter euch, der seinem Sohn einen Stein gibt, wenn er um Brot bittet?"* (Vers 9). Daran sieht man, dass Jesus diese Art von Beharrlichkeit mit dem Beispiel illustriert, was ein Kind tun würde.

Irgendwann habe ich es plötzlich verstanden: Kinder sind beharrlich, weil sie es sein müssen. Sie sind abhängige Geschöpfe. Je jünger sie sind, umso mehr Bedürfnisse haben sie. Und deshalb müssen sie, um zu überleben, die Kunst der Beharrlichkeit meistern. Mein Sohn bittet unaufhörlich, weil er mich als die Quelle seiner Versorgung sieht. Wenn ich ihm kein Wasser gebe, dann bleibt er durstig. Wenn ich ihm kein Essen gebe, wird er verhungern. Ich bin seine Quelle für Unterkunft, Kleidung, Schutz und Freizeitbeschäftigung – für alles. Er ist beharrlich, weil er es sein muss, um zu überleben, und er hat ein Anrecht darauf.

Mein Sohn kommt zu mir ohne Angst und ohne zu zögern. Er bittet mit einer wahren Kühnheit. Er ist nicht entmutigt oder lässt sich in irgendeiner Weise aus der Fassung bringen, wenn ich nicht augenblicklich auf seine Bitte eingehe. Er fragt einfach noch einmal. Und jedes Mal, wenn er bittet, erwartet er eine Antwort, genau wie das Mal davor. Sein Suchen ist unglaublich einfach und vertrauensvoll. Ich würde sagen, es ist ein wunderschönes Beispiel für Glauben.

Doch je älter wir werden, umso weniger sind die Leute bereit uns zu geben, was wir brauchen, nur weil wir darum bitten. Wir müssen unser Brot verdienen und die Erfolgsleiter hochklettern. Um zu überleben, müssen wir unsere Abhängigkeit aufgeben und lernen, uns selbst zu versorgen. Wenn wir dann gelernt haben, für uns selbst zu sorgen, ist es uns zuwider, um etwas zu bitten. Wir wollen nicht aufdringlich oder anmaßend sein. Wenn wir um etwas bitten müssen, dann tun wir es zögernd und fragen nur ungern ein zweites Mal.

Viele Menschen machen den Fehler, sich mit dieser würdigen, erwachsenen Haltung an Gott zu wenden. Sie bringen vorsichtige und wohl formulierte Bitten vor, die logisch und vernünftig sind. Wenn sie nicht sofort eine Antwort erhalten, schließen sie daraus, dass es entweder nicht Gottes Wille war und lassen es auf sich beruhen, oder sie sind beleidigt, frustriert und entmutigt.

Doch der Preis geht an jene, die kühn genug sind, mit verwegener Zuversicht nach dem Himmel zu greifen. Damit meine ich nicht arrogante Vermessenheit, sondern kindliches Vertrauen. Lassen wir doch unseren unglaublichen Verstand, unsere stolze Erkenntnis und unsere trügerische Selbstständigkeit beiseite. Finden wir uns mit unserer völligen und totalen Abhängigkeit von unserem Vater ab. Erkennen wir, dass unsere Sohnschaft die einzige Grundlage ist, auf der wir uns Gott überhaupt nahen können. Als Sohn oder Tochter Gottes ist es unser legitimes Vorrecht zu bitten, und es ist für Gott ein himmlisches Vergnügen, uns zu antworten. Deshalb dürfen wir mit Kühnheit, Zuversicht und Beharrlichkeit bitten.

Bitte immer wieder, so wie ein Kind den Vater um Brot bittet. Klopfe immer wieder an, so wie die Witwe vor dem ungerechten Richter in Lukas 18. Suche immer weiter, so als ob du nach der kostbaren Perle suchst (Matthäus 13,45-46). Lass dich von den Widerständen nicht aufhalten, so wie die Frau, die unter Blutfluss litt (Markus 5,25-34). Stütze dich auf das Wort, so wie ein Mann, der gegen den Wind geht. Beiße dich an seinen Verheißungen fest, so wie es ein Pitbull mit einem Stück Fleisch machen würde. Verlange das, was dir gehört. Gib ihm keine Ruhe Tag und Nacht, bis seine Antwort wie aufgestautes Wasser durchbricht und deine Wüste in eine blühende Wiese verwandelt. Wenn die Antwort nicht unverzüglich kommt, sei nicht entmutigt oder frustriert. Hebe deine Augen voller Erwartung und Vertrauen auf zu den Bergen und bitte immer und immer wieder. Bitte immer weiter, suche immer weiter, klopfe immer weiter an. Mach immer weiter, bis du empfängst – denn im Namen Jesu wirst du das auch!

NICHT AUFGEBEN!

Wenn du glaubst, dass du Gottes Willen für dein Leben schon kennst, aber schon lange darauf wartest, dass er sich erfüllt, dann möchte ich dich mit diesen Worten aus Habakuk 2,2-4 ermutigen, wo Gott zu Habakuk sagt: *„Schreib die Vision auf, und zwar deutlich auf die Tafeln, damit man es geläufig lesen kann. Denn die Vision gilt erst für die festgesetzte Zeit, und sie strebt auf das Ende hin und lügt nicht. Wenn sie sich verzögert, warte darauf; denn kommen wird sie, sie wird nicht ausbleiben.“*

Es ist sehr wichtig sich daran zu erinnern, dass man jetzt die Samen aussät, die festlegen, was man in der Zukunft ernten wird. Unsere innere Einstellung ist ein Samen. Unsere Zeit ist ein Samen. Unsere Gebete sind Samen. Ein häufiger Grund, weshalb jemand frustriert sein kann, ist, dass er anfängt gute Samen auszusäen (so wie es im vorhergehenden Kapitel beschrieben wurde, als es darum ging, was zu tun ist, während man Gottes Willen sucht), aber die Frucht, die er daraus erwartet, nicht sieht. Ich möchte das folgendermaßen erklären.

Vor einer Weile beschloss ich, dass es für mich an der Zeit wäre, wieder fit zu werden. Ich kaufte eine Reihe Fitness-Videos, die mir wärmstens empfohlen worden waren. Am ersten Tag meines neuen Fitnessprogramms beschlossen mein 6-jähriger Sohn und meine 4-jährige Tochter gemeinsam mit ihrer Mutter, dass sie das Programm mit mir zusammen durchführen wollten. Alle vier waren wir also dabei, uns für ein stärkendes Gymnastikprogramm aufzuwärmen. Das Video lief gerade einmal fünf Minuten, wir waren mitten in den Dehnübungen, als mein Sohn sich völlig begeistert zu mir wandte und sagte: „Hey, Papa, du hast fast schon Muskeln! Schau mal deine Arme an!"

Meine Frau und ich mussten herzhaft lachen, aber mein armer Sohn verstand überhaupt nicht, was daran so lustig war. Ich brachte es nicht übers Herz, ihm zu erklären, dass es nicht so funktioniert. Es hatte mich viel Zeit und viele Donuts, gekoppelt mit langen Perioden sitzender Tätigkeit und mangelnder Entschlossenheit gekostet, bis ich so unfit geworden war. Wieder fit zu werden, Gewicht zu verlieren und Muskeln aufzubauen, würde auch nicht über Nacht geschehen, und schon gar nicht nach einigen Minuten simpler Aufwärmübungen. Wir wohnen nicht auf einem Bauernhof, deshalb muss mein Sohn das Prinzip von Saat und Ernte auf andere Weise lernen. Aber es sind Prinzipien, die auch von vielen Erwachsenen leider nicht verstanden werden.

Als ich Pastor war, kam ein neubekehrtes Gemeindeglied nach dem Sonntagmorgengottesdienst zu mir. Der Mann war offensichtlich verärgert und wollte mit mir sprechen. „Pastor", sagte er, „die Bibel spricht davon, ‚Gott zu prüfen' mit unserem Zehnten und unseren Opfern, und genau das habe ich auch getan." Er erklärte mir, dass seine Familie, bevor er Christ wurde und angefangen hatte in die Kirche zu gehen, eine Zeitlang große finanzielle Engpässe durchlebt hatte. Jetzt lernte er die Bibel kennen und hatte die Garantie in Maleachi gelesen, dass die „Fenster des Himmels" sich für die öffnen, die geben.

Am Sonntag zuvor hatte er daraufhin beschlossen, „Gott zu testen". Er tat den gesamten Inhalt seiner Geldbörse in den Opferkorb und gab damit zum ersten Mal etwas in die Kollekte. Doch die darauffolgende Woche verlief nicht so, wie er erwartet hatte. Seine finanziellen Probleme bestanden weiter, und er hatte jetzt den Verdacht, dass mit der Bibel etwas nicht stimmte. Er hatte gesät, doch er hatte nichts geerntet.

Der Fehler dieses Bruders bestand in einem grundsätzlichen falschen Verständnis davon, wie Saat und Ernte funktionieren, ähnlich wie bei meinem Sohn, der nach fünf Minuten unserer ersten Trainingseinheit an meinem Arm nach neu gewachsenen Muskeln suchte. Ich erklärte diesem Bruder, dass das, was wir heute ernten, nicht das Ergebnis dessen ist, was wir erst vor einigen Stunden gepflanzt haben. Wir ernten heute, was wir vor mehreren Monaten oder sogar Jahren gepflanzt haben, in einer anderen Jahreszeit. In gleicher Weise werden die Samen, die wir heute säen, nicht unbedingt am nächsten Tag oder am nächsten Sonntag reif zur Ernte sein.

Stellen wir uns einmal vor, wie das Leben damals auf einem israelischen Bauernhof gewesen sein muss. Im Laufe der langen Wintermonate haben sich die ehemals vollen Vorratskammern geleert, die Regale sind blank, und die Familie lebt von mageren Portionen und träumt von Brot, das frisch aus dem Ofen kommt. Plötzlich beginnt es heftig zu regnen, und die kurz vorher noch staubigen Felder werden überflutet. Der Vater sagt zu seinem Sohn: „Komm, es ist Zeit, die Saat auszustreuen." Gemeinsam gehen sie in die Scheune, wo der Vater auf den Heuboden klettert und riesige Säcke mit Körnern herunterholt.

„Vater", ruft der Junge aus, „jetzt können wir ja Brot backen!" Der Vater antwortet: „Nein, mein Sohn. Diese Körner sind nicht zum Essen gedacht. Komm, ich zeige dir, wofür sie sind." Er füllt einen Sack mit Körnern und sie waten auf die überfluteten Felder hinaus. Dann tut der Vater etwas völlig Absurdes. Er fängt an, die Körner ins Wasser zu werfen! Am Abend, als der Junge am Tisch sitzt und seine magere Portion vertilgt, fragt er sich, warum sein Vater all das Korn weggeworfen hat. Viele Wochen werden vergehen, bevor er versteht; doch irgendwann wird sich das Wasser zurückziehen und der kleine Junge wird nach draußen gehen und das Wunder sehen. Die Felder werden bedeckt sein mit kleinen Sprossen, die sich himmelwärts strecken, um eine Ernte aus goldenen Körnern hervorzubringen. Salomo erwähnte diese alte Bauerntechnik, als er schrieb: *„Wirf dein Brot hin auf die Wasserfläche! – denn du wirst es nach vielen Tagen wieder finden!"* (Prediger 11,1).

Gutes Korn wegzuwerfen, wenn man hungert, ist keine leichte Sache, aber was noch schwieriger ist, danach noch *viele Tage lang* auf die Ernte zu warten. Deshalb ermutigt Paulus uns, indem er sagt: *„Lasst uns aber im Gutestun nicht müde werden! Denn* ***zur bestimmten Zeit*** *werden wir ernten, wenn wir nicht ermatten"* (Galater 6,9 – Hervorhebung durch den Autor).

Es ist wunderbar und gleichzeitig ernüchternd, sich bewusst zu machen, dass wir alle ständig Samen aussäen. Bei Saat und Ernte geht es nicht nur darum, Geld in den Opferkasten zu tun. Diesen Cheeseburger, den man gegessen hat, diesen Film, den man sich angeschaut hat, diese Bemerkung, die man gemacht hat, diese Zeit, die man mit seiner Familie verbracht hat, dieses Buch, das man gelesen hat – alles, was wir tun, ist eine Saat, die in der Zukunft eine Ernte hervorbringen wird, gut oder schlecht. Man sollte wirklich darauf achten, was man in dieser Jahreszeit pflanzt, weil man sich in der nächsten davon ernähren wird.

Schlussendlich ist unser Leben die Summe aller Entscheidungen, die wir getroffen haben, also in gewisser Weise eine Ernte dessen, was wir gesät haben. Normalerweise kann man das, was man heute erntet, nicht sofort dadurch verändern, dass man anfängt, jetzt guten Samen auszusäen. Doch wenn wir entschlossen sind, Tag für Tag den richtigen Samen zu säen, dann werden wir „zur bestimmten Zeit" die Ernte einbringen, „wenn wir nicht ermatten".

Wenn wir schon eine lange Zeit warten und die Erfüllung der Verheißungen Gottes für unser Leben immer noch nicht gesehen haben, dann müssen wir weiter guten Samen säen und dürfen nicht ungeduldig werden. Wir müssen zulassen, dass Gott in unserem Herzen das Werk tut, das er vollbringen will. Die Kinder Israel wanderten jahrzehntelang in der Wüste im Kreis herum, weil sie ihre Lektion nicht gelernt hatten. Manche Menschen drehen sich im Kreis, weil sie nicht das lernen, was Gott ihnen beibringen möchte. Und sie werden nie die nächste Stufe erreichen, wenn sie den Test nicht bestehen. Wir müssen aufhören zu zappeln und uns zu winden und zu versuchen, so schnell wie möglich dort herauszukommen, sondern wir müssen treu und geduldig sein. Wenn wir den Test bestanden haben, wird er uns den nächsten Schritt führen.

KAPITEL 20

WIE KANN ICH IM WILLEN GOTTES BLEIBEN?

Ach, großartig ist's, zu glauben den Traum,
wenn wir jung auf den sternbedeckten Strom über uns schau'n;
doch größer ist's, wenn wir nach den Kämpfen im Leben
am Ende sagen: diesen Traum hat's gegeben!"[1]

Das sind die Worte des US-amerikanischen Dichters Edwin Markham. Ein noch viel weiserer Mann, der König Salomo, hat es so ausgedrückt: *„Besser das Ende einer Sache als ihr Anfang"* (Prediger 7,8). Es ist in der Tat etwas Großartiges, den Willen Gottes herauszufinden, aber es ist noch großartiger, wenn man den Rest seines Lebens darin bleibt und am Ende sagen kann: „Ich habe den Willen Gottes getan."

Als der Apostel Paulus, nachdem er Gottes Plan ausgeführt hatte, das Ende seines Lebens erreichte, konnte er mit Zuversicht und Bestimmtheit sagen: *„Die Zeit meines Abscheidens steht bevor. Ich habe den guten Kampf gekämpft, ich habe den Lauf vollendet, ich habe den Glauben bewahrt; fortan liegt mir bereit der Siegeskranz der Gerechtigkeit, den der Herr, der gerechte Richter, mir als Belohnung geben wird an jenem Tag"* (2. Timotheus 4,6-8). Indem wir uns nun dem Ende dieses Buches nähern, ist mein aufrichtiges Gebet, dass du Gottes Willen nicht nur finden, sondern auch eines Tages diese so ersehnten Worte des Meisters hören wirst: „Recht so, du guter und treuer Knecht!"

Es bricht einem das Herz zu sehen, dass nicht jeder, der den Lauf beginnt, ihn auch beenden wird. Auf dem Weg werden viele Verluste erlitten. Während ich hier sitze und das letzte Kapitel schreibe, bitte ich den Heiligen Geist mir zu helfen, dir etwas mitzuteilen, was dir helfen wird, auf Kurs zu bleiben und alles auszurichten, was Gott für dein Leben geplant hat.

STEH IN DEINEM LINSENFELD

In 2. Samuel, Kapitel 23, lesen wir über die „Helden Davids", eine kleine Miliz außergewöhnlich fähiger Krieger. Es war keine große Armee, doch es war eine schlagkräftige Armee, wie eine speziell ausgebildete Sondereinheit. Sie waren außerordentlich geschickt im Gebrauch ihrer Waffen. Die Bibel berichtet sogar, dass sie mit ihren Schleudern ein Haar spalten konnten – und zwar mit links! (Vgl. 1. Chronik 12,2) In diesem Kapitel wird dann weiter von den einzelnen Heldentaten einiger weniger dieser Männer berichtet, die von diesen Besten noch die Allerbesten waren!

Jene Männer waren wie lebensechte Superhelden, gegen die Rambo wie ein Möchtegern aussehen würde. Einer von diesen Männern war Joscheb. *„Er schwang seinen Speer über achthundert Mann, die er auf einmal erschlagen hatte"* (Vers 8). *„Und Abischai ... schwang seinen Speer über dreihundert Erschlagenen"* (Vers 18). Benaja, der Sohn Jojadas, *„war ein tapferer Mann, groß an Taten, aus Kabzeel. Der erschlug die beiden Kriegshelden von Moab. Und er stieg hinab und erschlug den Löwen in der Zisterne an einem Schneetag. Und er war es, der einen ägyptischen Mann erschlug, einen Mann von schrecklichem Aussehen. Und der Ägypter hatte einen Speer in der Hand. Er aber ging mit einem Stock zu ihm hinab, riss dem Ägypter den Speer aus der Hand und brachte ihn mit dessen eigenem Speer um"* (Verse 20-21). Doch am liebsten von Davids Helden mag ich Schamma.

Und nach ihm kommt Schamma, der Sohn des Age, der Harariter. Und die Philister sammelten sich zu einer Truppe. Nun war dort ein Feldstück voller Linsen. Das Kriegsvolk aber floh vor den Philistern. Da

stellte er sich mitten auf das Stück und entriss es ihnen und schlug die Philister. So schaffte der HERR eine große Rettung.
2. Samuel 23,11-12

Einige Theologen glauben, dass Schamma, der in 2. Samuel erwähnt wird, der gleiche Mann ist, der in Richter 3,31 auftaucht und dort Schamgar genannt wird. Dieser tötete sechshundert Philister mit einem Ochsenstecken! Wie dem auch sei, eins ist sicher: Schamma erzielte einen überragenden Sieg gegen eine unmöglich zu überwindende Übermacht, und durch seinen Mut und seine Kühnheit bewirkte Gott einen großen Triumph für Israel. Wir wollen diese Geschichte etwas näher betrachten.

Es war ein ganz gewöhnlicher Tag in Israel. Die Leute gingen wie immer ihren täglichen Geschäften nach. Am Rande der Stadt, in einem abgelegenen Feld, brachte eine Gruppe von Erntearbeitern eine magere Linsenernte ein. Auf einmal fiel von den Hügeln her ein Schatten auf dieses Linsenfeld, als Hunderte bis an die Zähne bewaffneter Philister-Soldaten auftauchten. Die Herzen der Leute vergingen vor Angst. Diese Bauern waren einfache Landarbeiter, nur mit Spaten, Hacken und ähnlichen landwirtschaftlichen Geräten bewaffnet. Sie wussten, dass sie gegen eine Berufsarmee wie diese keine Chance hatten. Wenn sie auf ihrem Feld blieben, würde das den sicheren Tod bedeuten. Mit einem Blick auf ihr Linsenfeld, das nur ein unbedeutendes Landstück war, wussten sie, dass es sich nicht lohnte, dafür Leib und Leben zu riskieren. Sie ließen ihre Geräte fallen und rannten um ihr Leben.

Drei Eigenschaften, die absolut notwendig sind, wenn man den Weg ganz zu Ende gehen und Gottes Willen für sein Leben erfüllen will: Integrität, Konzentration und Ausdauer.

Das hätte das Ende dieser Geschichte gewesen sein können, doch zum Unglück der Philister war auf diesem Feld auch ein Mann, der nicht nur ein einfacher Landarbeiter oder Bauer war. Er war ein Krieger. Er war einer von „Davids Helden". Schamma war vielleicht einer der größten Krieger, die es je gegeben hat, und dies sollte sein glorreichster Kampf werden. Aus der Geschichte von Schamma möchte ich drei Weisheiten herausgreifen und dir mit auf den Weg geben, von denen ich meine, dass sie dir helfen können, im Willen Gottes zu bleiben. In dieser Geschichte werden drei Eigenschaften genannt, die meiner Meinung nach absolut notwendig sind, wenn man den Weg ganz zu Ende gehen und Gottes Willen für sein Leben erfüllen will: Integrität, Konzentration und Ausdauer.

AM ANFANG DARAN DENKEN, WAS AM ENDE ZÄHLT

Anders als die unausgebildeten Landarbeiter, die vom Feld geflohen waren, kannte sich Schamma mit den Strategien der Kriegsführung aus. Möglicherweise war dieses Feld nur ein gewöhnliches Linsenfeld, aber der Angriff war kein Zufall, sondern hatte äußerst strategische Gründe. Es kann sein, dass die Philister dieses Linsenfeld ausgewählt hatten, weil sie dachten, niemand würde ernsthaft versuchen, ein so wertloses Stück Land zu verteidigen, sodass sie es kampflos erobern konnten. Doch die Philister hätten auf diesem Landstück einen Stützpunkt und eine Operationsbasis errichten können, von der aus sie weitere Angriffe auf das Volk Israel unternehmen würden.

Wenn der Feind unser Leben angreift, wird er nicht zuerst den Bereich attackieren, den man am besten unter Kontrolle hat, sondern er wird unser Linsenfeld angreifen, also den Bereich, von dem er denkt, dass wir uns nicht die Mühe machen werden, ihn zu verteidigen, und wo man geneigt wäre Kompromisse einzugehen. Und durch solche Kompromisse wird er Stützpunkte errichten, um in unserem Leben die Herrschaft zu übernehmen. Ich bin sicher, dass du das schon erlebt hast.

Da ist zum Beispiel ein frisch verheiratetes Paar. Sie sind so verliebt, dass sie gar nicht genug Zeit miteinander verbringen können. Doch ein paar Jahre später hat sich die Lage radikal verändert. Sie hassen einander und wollen sich scheiden lassen. Du fragst dich: „Wie konnte es dazu kommen?" Das kann ich dir verraten. Es geschah durch ein Linsenfeld nach dem anderen. Salomo schrieb: „[Es sind] *die kleinen Füchse, die die Weinberge verderben!"* (Hohelied 2,15). Ein wenig Unehrlichkeit hier, ein wenig Respektlosigkeit da, ein verletzendes Wort, eine nicht vergebene Übertretung, und bald wächst eine Wurzel der Bitterkeit heran und es dauert nicht lange, bis der Feind erfolgreich einen Stützpunkt in der Beziehung dieses Paares etabliert hat. Von dieser gefährdeten Zone aus wird er dann weiter die Ehe bombardieren, bis er sie völlig zerstört hat.

Integrität bedeutet, die kleinen Dinge wichtig zu nehmen, und genauso darüber zu wachen wie über die großen Dinge. Schamma war ein erfahrener Krieger. Er wusste, dass der Feind, wenn er sich bei diesem kleinen Linsenfeld auf einen Kompromiss einließ, ihm bald auch die Haustür eintreten würde. Er war wild entschlossen, den Philistern auch nicht einen Quadratzentimeter zu überlassen. Wenn es uns gelingt, auch das kleinste, unbedeutendste Linsenfeld in unserem Leben zu verteidigen, kann der Feind keinen Fuß in die Tür bekommen. Anstatt zu testen, wie nah wir an den Abgrund der Sünde herangehen können, ohne abzustürzen, sollten wir sogar jeden Anschein des Bösen vermeiden (1. Thessalonicher 5,22).

Anstatt zu fragen: „Wie viel Kompromiss ist zu viel?", sollten wir ständig darauf bedacht sein, unseren persönlichen Maßstab anzuheben, um immer mehr wie Jesus zu werden. Mord wurde vom Gesetz unter Strafe gestellt, aber Jesus sagte, dass sogar Hass Mord ist. Ehebruch wurde vom Gesetz unter Strafe gestellt, aber Jesus sagte, dass sogar Begierde Ehebruch ist. Jesus wusste, dass Mord aus einer Saat des Hasses wächst, und dass Ehebruch aus der Saat der Begierde wächst. Wenn die Saat einmal gepflanzt ist, ist der Baum, auch wenn er noch nicht ausgewachsen ist, schon geboren. Es ist viel besser, die Saat der Sünde zu zermalmen, ehe sie gepflanzt werden kann, als einen riesigen Urwaldriesen böser Triebe und Süchte zu fällen. Susanna Wesley gab dem jungen John Wesley folgenden Rat: „Wenn du die Rechtmäßigkeit oder Unrechtmäßigkeit eines Vergnügens beurteilen musst, dann befolge diese einfache Regel: Was deine

Vernunft schwächt, die Zartheit deines Gewissens beeinträchtigt, dein Gespür für Gott trübt und die Freude an geistlichen Dingen schmälert, das soll für dich Sünde sein."[2]

Integrität zu besitzen bedeutet, mit der Sünde brutal umzugehen. Als die Philister in dieses Linsenfeld einfielen, warf Schamma nicht die Arme in die Luft und sagte: „Hey, Leute, wir können doch darüber reden, oder? Lasst uns versuchen, zu einer Einigung zu kommen, von der alle etwas haben." Schamma hat sich nicht mit einer weißen Fahne an die Philister gewandt, sondern mit einem zugespitzten Ochsenstecken. Er war nicht gekommen, um zu verhandeln, sondern um zu kämpfen. Wenn wir Männer und Frauen mit Integrität werden wollen, dann wird das nicht zufällig geschehen. Integrität erfordert Wildheit und Entschlossenheit. Das sieht man auch bei Hiob, als er sagte: *„Bis ich verscheide, lasse ich meine Rechtschaffenheit nicht von mir weichen. An meiner Gerechtigkeit halte ich fest und werde sie nicht fahren lassen"* (Hiob 27,5-6).

Integrität bedeutet, zu tun, was richtig ist, auch wenn es bedeutet, allein zu stehen. Schamma stand ganz allein in diesem Feld. Er hätte ganz sicher lieber mit einem seiner mächtigen Kameraden aus Davids Miliz dort gestanden, aber sie waren nicht da. Die Landarbeiter waren von der Bildfläche verschwunden und hatten Schamma ganz ohne moralische Unterstützung allein gelassen. Er stand allein, doch er stand fest.

Integrität zu besitzen bedeutet, zu tun, was richtig ist, auch wenn keiner zuschaut. Schamma hat nicht gegen die Philister gekämpft, weil er ein gefeierter Krieger werden wollte. Die übrigen Israeliten hatten ihn allein gelassen. Er kämpfte nicht wie ein Gladiator in der Arena, vor einer Menge anfeuernder Fans. Und doch sprechen wir mehrere Tausend Jahre später noch von diesem glorreichen Kampf. Irgendwie hatte es sich herumgesprochen, und alle wussten, was in jenem unscheinbaren Linsenfeld passiert war. Jesus hat gesagt: *„Es ist aber nichts verdeckt, was nicht aufgedeckt, und nichts verborgen, was nicht erkannt werden wird; deswegen wird alles, was ihr in der Finsternis gesprochen haben werdet, im Licht gehört* *werden, und was ihr ins Ohr gesprochen haben werdet in den Kammern, wird auf den Dächern ausgerufen werden“* (Lukas 12,2-3). Charakter ist, was du bist, wenn keiner zuschaut. Das ist dein wahres Ich.

Meistens schlummern unsere Charakterfehler unter der Oberfläche, unsichtbar für den oberflächlichen Betrachter. Menschen achten im Allgemeinen sehr darauf, dass niemand ihre Probleme oder Defizite bemerkt. Doch wenn sie nicht behoben werden, werden sich diese unsichtbaren Entzündungsherde zu einer für alle sichtbaren Krankheit entwickeln.

Vor einigen Jahren war ein sehr bekannter Prediger in einen öffentlichen Skandal involviert, der ihm und seiner Familie viel Schmerz und Schande einbrachte, seinen Dienst zunichtemachte und den gesamten Leib Christi blamierte. Nachdem seine illegalen Aktivitäten in den landesweiten Nachrichtenmedien publik gemacht worden waren, saß seine Gemeinde völlig schockiert und fassungslos am Sonntagmorgen im Gottesdienst und hörte sein Schuldbekenntnis, das folgendermaßen begann: „Es tut mir so leid. Es tut mir leid für die Enttäuschung, den Verrat und die Schmerzen. Es tut mir leid für das schreckliche Vorbild, das ich gegeben habe. Mein Herz ist mit einer überwältigenden, verzehrenden Trauer erfüllt wegen dem Schmerz, den ich und meine Familie, und auch unsere Gemeinde in den letzten Tagen erlitten haben. Es tut mir so schrecklich leid für diese Umstände, die euch alle beschämt und geschändet haben.“

Wie kann ein Mann, der so mächtig von Gott gebraucht wurde, so tief fallen? Es geschieht durch ein Linsenfeld nach dem anderen, einem ungeschützten, anscheinend unbedeutenden Lebensbereich, der nicht Gott geweiht ist, nach dem anderen. Ein kleiner Kompromiss hier, eine lüsterne Fantasie dort. Jedes einzelne Zugeständnis scheint so belanglos zu sein. Sünde ist zunächst immer wie ein kleines Schoßhündchen, doch sie wächst zu einem riesigen Tier, das immer gieriger nach mehr verlangt. Je mehr man es füttert, umso größer und hungriger wird es. Es wird immer schwieriger, es zufriedenzustellen, und bald wird der Schoßhund zum Herrchen. Am Ende muss man das Tier entweder töten, oder es wird uns töten. Der Teufel ist sehr geduldig. Er ist bereit zu warten, manchmal jahrelang, bis die Sünde langsam heranreift. Wenn der Feind erst einmal einen Stützpunkt im Leben einer Person etabliert hat, wird er nicht nachlassen, bis er die Person zerstört hat oder bis die Person diesen Stützpunkt zerstört.

Stell dir vor, was passiert wäre, wenn dieser Pastor sich selbst hätte hören können, wie er diese Rede vor seiner Gemeinde hält, ehe sich dieser Eklat ereignete. Stell dir vor, dass er in die Zukunft hätte schauen und sich selbst an jenem schicksalsreichen Sonntagmorgen hätte sehen können, an dem er seiner weinenden Gemeinde sagen musste: „Ich bin ein Schwindler und ein Lügner." Stell dir vor, was gewesen wäre, hätte er sehen können, welcher Schmerz und welches Leid aus diesen kleinen, frühen Kompromissen erwachsen würde. Oder wenn er die Tränen in den Augen seiner Frau und seiner Kinder hätte sehen können. Ich glaube, wenn er gewusst hätte, wie die ganze Sache enden würde, wäre ein heiliger Zorn in ihm aufgestiegen, und er hätte seinen Mann gestanden und jeden Quadratzentimeter gegen den Feind verteidigt.

Ich werde eine Predigt nie vergessen, die ich gehört habe, als ich im Bibelseminar war. Sie wurde von unserem Präsidenten Dr. Michael L. Brown gehalten. Er predigte über ein faszinierendes Wort, das in den hebräischen Schriften 61-mal vorkommt. Es ist das Wort *acharit* (ausgesprochen *a-ka-riet*). Es gibt in unserer Sprache nicht wirklich ein einzelnes Wort, das die genaue Bedeutung wiedergibt, doch die wortwörtliche Bedeutung ist: „das letzte oder endgültige Ende". Es bezeichnet die Hinterseite oder die hinteren Teile, den Teil, der noch kommt, den Teil, der folgen wird, das endgültige Ende.[3] Dieses Wort wird in Psalm 37,37-38 gebraucht, wo es heißt: *„Achte auf den Rechtschaffenen und sieh auf den Redlichen; denn die Zukunft* [acharit] *für einen solchen ist Frieden; die von Gott Abgefallenen aber werden allesamt vertilgt, die Zukunft* [acharit] *der Gottlosen wird abgeschnitten."*

Von dem deutschen Mönch Thomas von Kempen stammt der bekannte Ausspruch: „Glücklich der Mann, der seine Todesstunde immer vor Augen hat."[4] Doch wenn er Hebräer gewesen wäre, hätte er es wahrscheinlich folgendermaßen gesagt: „Glücklich der Mann, der die Stunde seines acharit [seines letzten Endes] immer vor Augen hat." Es wäre in jedem Fall ein besserer Ausspruch gewesen, weil es nach unserer Todesstunde noch ein „letztes Ende" gibt, das über das Grab hinausreicht.

Ich habe vor Kurzem jemanden sagen hören, dass er schockiert war, als er in der Tageszeitung seinen eigenen Namen in den Todesanzeigen gelesen hat. Anscheinend hatte jemand anders in der Stadt genau den gleichen Namen wie dieser Mann. Doch als er seinen Namen in der Liste der Verstorbenen sah, gab ihm das über sein eigenes Lebensende zu denken. Stell dir vor, du hättest die Möglichkeit, deinen eigenen Nachruf zu schreiben. Was würdest du schreiben? Was soll deiner Meinung nach darinstehen? Hast du schon einmal innegehalten und über dein *acharit* nachgedacht?

Evangelist Reinhard Bonnke hat einmal zu mir gesagt, dass er als junger Mann bei einem Gebetstreffen für Pastoren am Altar neben einem älteren Diener Gottes kniete. Er hörte, wie der alte Mann weinte, als er Gott bat, ihm all die unreinen Dinge zu vergeben, die er in seinem Leben zugelassen hatte. Der junge Evangelist wurde dadurch tief berührt. Pastor Bonnke erzählte, dass er daraufhin an einen anderen Platz gegangen ist, wo ihn niemand hören konnte, und sein eigenes Gebet zu Gott geschrien hat. „Herr", hat er gesagt, „hilf mir, dass ich von Anfang an darauf achte, was am Ende wichtig ist."

Heute ist Evangelist Bonnke 73 Jahre alt und ist nie in einen Skandal verwickelt gewesen oder in Sünde gefallen. Ich habe einmal gehört, wie er gefragt wurde: „Gibt es irgendetwas in Ihrem Leben, was Sie anders machen würden?" „Nein", hat er geantwortet, „ich bereue nichts." Was für ein großartiges Vorbild für die nächste Generation!

Liebe Freunde, wir sollten uns in unserem Herzen vornehmen, unser Leben so zu führen, dass wir am *acharit* nicht über die Unreinheit und Sünde zu weinen brauchen, die wir zugelassen haben. *„Ich ermahne euch nun"*, sagt Paulus, *„wandelt würdig der Berufung, mit der ihr berufen worden seid"* (Epheser 4,1). Wir sollten entschlossen sein, ein Leben zu führen, das unserer Berufung würdig ist, ein Leben mit Integrität, in dem wir von Anfang an auf das achten, was am Ende wichtig ist.

SICH NICHT ABLENKEN LASSEN

Ich finde es interessant, dass uns in 2. Samuel 23,12 gesagt wird, wo genau Schamma sich positioniert hat. Da heißt es: *„Er stellte sich mitten auf das Feld"* (GN). Er stand nicht am Rand und auch nicht an einer der Ecken. Er war direkt in der Mitte des Feldes. Ich habe schon oft gesehen, dass Menschen zu einem bestimmten Feld berufen wurden, doch mit der Zeit haben sie sich ablenken lassen. Sie verloren ihre Ausrichtung und drifteten in die Randbereiche ihres Feldes, und manchmal sogar in andere Felder hinein, in die sie nicht zum Dienst berufen waren. Wenn wir im Zentrum des Willens Gottes für unser Leben bleiben wollen, muss man entschlossen sein, in der Mitte des Feldes zu bleiben, in das er einen gerufen hat, und diese Ausrichtung behalten und nicht zulassen, dass der Feind einen von dieser Berufung ablenkt.

Vor mehreren Jahren predigte ich in Spanien in Madrid, in einer Stierkampfarena. Weil ich ganz in die Kultur eintauchen wollte, besuchte ich am Abend vor unserer eigenen Veranstaltung zum ersten (und einzigen) Mal einen Stierkampf in der gleichen Arena. Ich werde dieses Erlebnis nie vergessen, weil es für mich eine sehr wichtige Lebenslektion beinhaltete.

Ich sah zu, wie an jenem Abend ein halbes Dutzend Stiere brutal getötet wurden. Die meisten von ihnen waren weit entfernt von jeglicher Zivilisation aufgezogen worden und hatten nur selten menschliche Wesen erblickt. Wenn ein Stier in das lärmende Chaos der Stierkampfarena losgelassen wird, wird er aggressiv und sucht nach einem Angriffsziel. Und dort, in der Mitte der Arena, steht der Matador. Er fängt an, seinen Umhang zu schwenken, und der Stier gerät in Rage.

Man muss verstehen, dass es für den Matador ein außerordentlich gefährlicher Sport ist. Diese ungezähmten Stiere sind im Grunde wilde Tiere und tausend Pfund schwere „Tötungsmaschinen".

Es ist für sie ein Leichtes, diesen kleinen, seinen Umhang schwenkenden Mann niederzutrampeln oder zu zerquetschen. Doch der Matador hat eine Geheimwaffe: das Ablenkungsmanöver.

Der Stier greift den Matador immer wieder an und kommt jedes Mal ganz nah an seinen Gegner heran. Doch gerade wenn der Stier fast sein Ziel erreicht, kommt plötzlich ein anderer Mann von der Seite gerannt, sticht einen Spieß in den Stier und rennt wieder weg. Der Stier dreht sich, um seinen Überraschungsangreifer zu erblicken, und fängt an, in dessen Richtung zu rennen. Doch sofort kommt ein weiterer Mann von der entgegengesetzten Seite gerannt und sticht einen weiteren Spieß in den Stier, und so weiter. Diese Spieße baumeln von der dicken Flanke des Stieres. Und auch wenn durch die Einstiche Blut fließt, handelt es sich in keinem Fall um lebensgefährliche Wunden. Der Stier ist ein sehr robustes Tier. Doch diese Seitenangriffe spielen eine sehr wichtige Rolle. Sie lenken den Stier von seinem Hauptangriffsziel ab: dem Matador. Wenn der Stier sich einfach auf ein Ziel konzentrieren könnte, würde er mit Sicherheit jeden Kampf gewinnen. Doch er wechselt ständig sein Ziel, und jagt einer Ablenkung nach der anderen hinterher. Was der Stier dabei nicht merkt, ist, dass er sich in einem Wettlauf mit der Zeit befindet. Weil er aus den Spießwunden blutet, wird er immer schwächer. Jede Minute wird der Stier schwächer, langsamer und matter. Er bricht schließlich im Sand zusammen, und in diesem Moment bringt der Matador ihm den Todesstoß bei.

Der Heilige Geist rüstet uns aus, ein fruchtbares und effektives Leben zu führen, und all das auszuführen, was Gott uns aufträgt. Der Teufel ist kein ernstzunehmender Gegner für den Heiligen Geist, der in uns lebt. Der, der in uns ist, ist größer als der, der in der Welt ist. Doch so wie der Stierkämpfer hat auch der Feind eine Geheimwaffe: die Ablenkung. Wenn der Teufel uns nicht aufhalten kann, dann wird er versuchen, uns durch ein Ablenkungsmanöver nach dem anderen aus der Bahn zu werfen. Der Teufel weiß etwas, was wir so oft vergessen, und zwar, dass wir uns in einem Wettlauf gegen die Zeit befinden. Genau wie bei dem Stier, aus dessen Wunden das Blut fließt, läuft auch uns allen die Zeit davon. Jede Minute, die wir uns von dem, wozu Gott uns berufen hat, ablenken lassen, bringt uns näher an das Ende des Kampfes heran. Der Teufel wird sogar „gute" Dinge als Ablenkung gebrauchen, wenn es ihm dadurch gelingt, uns von dem Besten, das Gott für uns hat, fernzuhalten.

In Jakobus 4,14 wird unser Leben beschrieben als *„ein Dampf, der eine kleine Zeit sichtbar ist und dann verschwindet"*. Der Tag hat nicht genug Stunden, um alles zu tun. Unser Leben zählt nicht genug Jahre, um alles zu tun. Es fließt nicht genug Blut in unseren Adern, um für alles zu bluten. Deshalb ist es so wichtig, dass wir weise entscheiden, welche Kämpfe wir kämpfen wollen, dass wir uns nicht ablenken lassen, und nicht das Beste auf dem Altar des Guten opfern.

In 1. Korinther 9,24 ermutigt Paulus uns, den Wettlauf unseres Lebens so zu laufen, dass wir den Siegespreis gewinnen. Jemand, der läuft um zu gewinnen, richtet seinen Blick auf die Ziellinie und hält mit ganzer Kraft darauf zu. Jemand, der läuft um zu gewinnen, hat sich entschieden, alles andere beiseitezulegen, um den Preis zu erlangen.

Reinhard Bonnke erzählte mir einmal, wie eine Zeitung böse Lügen über ihn verbreitet hatte. Seine Freunde, die um seinen guten Ruf besorgt waren, drängten ihn, darauf zu reagieren. Doch als er darüber betete, sprach der Herr zu ihm und sagte: „Du bist mein Erntearbeiter. Halte den Mähdrescher nicht an, nur um eine Maus zu fangen!"

Es gibt viele gute Kämpfe, die man in unserer Welt kämpfen kann, und der Teufel würde sich freuen, wenn wir uns in jedem einzelnen engagieren. Denn wenn er uns damit ablenken kann, Mäuse zu fangen, kann er uns die Ernte stehlen. John Maxwell hat geschrieben: „Heute, im Alter von sechzig Jahren, schaue ich auf meine Jugend zurück und schaudere über meine Naivität. In meiner Werkzeugkiste der Erfahrungen befand sich damals nur ein einziges Werkzeug: ein Hammer. Und wenn man nur einen Hammer besitzt, dann sieht alles aus wie ein Nagel. Und so hämmerte ich auf alles los. Ich habe viele Kämpfe gekämpft, die ich nicht hätte kämpfen sollen."[5]

Vor einigen Jahren begeisterte sich einer meiner Freunde für eine bestimmte theologische Debatte. Obwohl es dabei um etwas ging, was nur wenig oder sogar gar keine direkte Auswirkung auf das wahre Leben hatte, war er so sicher, dass er Recht hatte, dass er in der Gemeinde, in der er Mitarbeiter war, eine fortlaufende Debatte in Gang setzte. Der Pastor merkte, dass diese Debatte mehr Schaden als Segen brachte und bat ihn, das Thema fallen zu lassen. Er weigerte sich und nahm lieber den Verlust seiner Arbeitsstelle und seines Dienstes in Kauf. Diese Begebenheit wäre nicht unbedingt erwähnenswert, wenn ich dies nur einmal beobachtet hätte. Doch ich könnte mehrere Personen nennen, die heute nicht mehr im geistlichen Dienst sind, weil sie von etwas völlig Irrelevantem aus der Bahn geworfen wurden. Irgendwie haben sie die große Ernte aus dem Blick verloren und angefangen, Mäuse zu jagen.

Paulus ermahnt uns: *„Törichte Streitfragen aber und Geschlechtsregister und Zänkereien und gesetzliche Streitigkeiten vermeide! Denn sie sind unnütz und wertlos“* (Titus 3,9). Paulus bezeichnet diese Streitfragen, Zänkereien und Streitigkeiten wohlgemerkt nicht als Sünde, sondern er bezeichnet sie als unnütz und wertlos. Auch wenn etwas nicht unbedingt eine Sünde ist, kann es uns trotzdem von dem, was eigentlich wichtig ist, ablenken. Deshalb ermahnt Paulus uns, dass wir uns nicht ablenken lassen, sondern auf das konzentriert bleiben sollen, was nützlich und gewinnbringend ist.

Ich habe erlebt, wie Pastoren mehr Zeit darauf verwenden, sich um die Bauprojekte ihrer Gemeinde zu kümmern, als um den Hirtendienst an ihren Leuten. Ich habe gesehen, wie der Dienst von Evangelisten, die von Gott berufen wurden, das Evangelium von der Erlösung zu predigen, sich in ein humanitäres Werk verwandelte. Ich habe gesehen, wie Menschen, die auf bestimmten Gebieten begabt sind, sich lukrativeren Bereichen zugewandt haben, die sie von ihrer Berufung weggetrieben haben. All das sind Beispiele dafür, wie der Feind uns von Gottes Willen für unser Leben ablenken kann. Dabei sind diese Ablenkungen nicht notwendigerweise schlechte Dinge. Tatsache ist, dass es manchmal großartige Dinge sind. Doch wenn sie uns vom Besten abhalten, nämlich den Willen Gottes zu tun, dann hat der Feind sein Ziel erreicht.

Wir haben viel darüber gesprochen, dass Gott einen Plan für unser Leben hat. Doch wir dürfen nicht vergessen, dass auch der Feind einen Plan für uns hat, und sein Plan ist, dass wir ineffektiv und unfruchtbar werden. Er würde zu gerne sehen, dass wir unseren Mähdrescher irgendwo parken, um Mäuse zu jagen. Und wenn er uns nicht stoppen kann, dann wird er versuchen, uns aus der Bahn zu werfen. Er wird versuchen, uns von unserem eigentlichen Auftrag abzulenken. Wir müssen ihn ignorieren. Wir müssen unseren Blick auf den Siegespreis gerichtet halten, in der Mitte des Feldes weiterkämpfen, und den Lauf so laufen, dass wir am Ende gewinnen!

GIB NIE AUF

Als Schamma in der Mitte seines Linsenfeldes stand, blieb er nicht nur kurz dort, um ein paar Ohrfeigen auszuteilen und dann zu verschwinden. Für Schamma gab es nur zwei Möglichkeiten: siegen oder sterben! Er behielt das Feld, verteidigte seinen Linsenacker, und in 2. Samuel 23,12 lesen wir den guten Ausgang der Geschichte: *„So schenkte der Herr den Israeliten einen großen Sieg"* (GN).

Wir möchten alle Gottes Willen für unser Leben herausfinden, doch wenn wir ihn gefunden haben, ist das nicht das Ende der Geschichte. Es ist erst der Anfang! Wenn wir unseren Auftrag von Gott bekommen haben, dann müssen wir in unserem Feld stehen und so lange kämpfen, bis Gott den Sieg schenkt. Dazu braucht man eine Eigenschaft, die anscheinend nur wenige besitzen: Ausdauer.

In Epheser 6 werden wir aufgefordert, *„die ganze Waffenrüstung Gottes anzuziehen"* (Vers 11). Doch in den Versen 13 und 14 wird noch etwas Wichtiges gesagt: *„Damit ihr ... stehen bleiben könnt! So steht nun!"* Anders ausgedrückt, wenn man alle Vorbereitungen getroffen hat, um stehen zu bleiben, dann muss man nur noch eins tun: stehen! Und an diesem Punkt schlagen viele Leute fehl. Sie machen sich große Mühe, um Gottes Willen für ihr Leben herauszufinden. Sie gehen auf die Bibelschule, sie lesen Bücher, sie empfangen prophetische Worte, sie bereiten sich auf jede erdenkliche Weise vor. Doch wenn der Kampf zu hitzig wird, dann lassen sie ihre Waffen fallen und treten den Rückzug an. Ich bin mir sehr wohl bewusst, dass ich hier keine „Wohlfühl-Predigt" halte.

Wir suchen ständig nach einer Abkürzung, nach Tipps und Tricks, doch ich fürchte, dass um dieses Prinzip kein Weg herumführt. Selbst wenn man außerordentlich begabt, talentiert, gesalbt und gesegnet ist, wird man ohne Ausdauer nicht viel ausrichten, denn große Siege werden immer nach großen Schlachten errungen. Das englische Wort persevere (Ausdauer haben) wird gebildet aus dem Präfix per, was bedeutet „durch", und severe, was so viel bedeutet wie „hart" oder „heftig". Der Sieg wird von jenen errungen, die sich durch heftige Schlachten hindurchkämpfen und nicht aufgeben, bis sie den Sieg errungen haben.

R. Alec Mackenzie, der sehr viel über das Thema des Zeitmanagements geschrieben hat, hat gesagt: „Die Fähigkeit, sich zu konzentrieren, auf einem Kurs zu bleiben, ohne sich ablenken oder umleiten zu lassen, ist eine Kraft, durch die Menschen mit mittelmäßigen Fähigkeiten es geschafft haben, Höchstleistungen zu vollbringen, die einem Genie versagt geblieben sind. Ihr einziges Geheimrezept dafür ist die Ausdauer."[6]

Helen Hayes hat im Laufe ihrer fast siebzig Jahre währenden Schauspielkarriere mehrere begehrte Preise gewonnen. Doch sie selbst schrieb diesen Erfolg nicht ihrem Talent oder ihren Fähigkeiten zu: „Ohne Ausdauer ist nichts wirklich von Nutzen."[7] Der Chemiker Louis Pasteur, der das Krankheiten vorbeugende Verfahren erfunden hat, das heute als Pasteurisierung bekannt ist, hat gesagt: „Meine Stärke liegt einzig und allein in meiner Beharrlichkeit."[8]

Anscheinend war Schamma nicht der Einzige von Davids Helden, der wusste, was es heißt, Ausdauer zu haben. Die Bibel berichtet, dass Eleasar so lange und so hart in einem Kampf kämpfte, dass seine Hand am Schwert kleben blieb (2. Samuel 23,10). Wenn es darum geht, den Willen Gottes für unser Leben zu erfüllen, dann ist Beharrlichkeit keine Option. Sie ist unumgänglich. Wenn Eleasar oder Schamma ihre Waffen losgelassen oder aufgehört hätten zu kämpfen, hätte der Feind sie getötet. Wenn wir Gottes Berufung loslassen, werden wir sie nie erfüllen.

Was machen wir, wenn es hart auf hart kommt? Wir müssen fest stehen und nicht loslassen! Was macht man, wenn der Feind von allen Richtungen auf einen einschlägt? Fest stehen und nicht loslassen! Was macht man, wenn man finanzielle Engpässe, gesundheitliche Probleme, Verrat, Verlassenheit, Ablehnung und Schmerzen durchmacht? Fest stehen und nicht loslassen! Liebe Freunde, der Kampf ist des Herrn, und er wird ihn in seiner Zeit gewinnen. Unser Teil besteht nicht darin, alles in Frage zu stellen. Unser Teil besteht darin, zu gehorchen und fest zu stehen, bis Gott den Sieg schenkt.

Mögen wir alle in unserem eigenen Feld, so wie die Helden Davids, bereit sein, bis zum Tod für das Reich Gottes zu kämpfen. Und wenn der Tag für uns kommt, diese Welt zu verlassen, bete ich, dass das Schwert unseren leblosen Fingern entwunden werden muss. Mögen wir am Ende nicht vor dem Fernseher, sondern gestiefelt und gespornt in dem Feld gefunden werden, das Gott uns zugeteilt hat. Wir wollen nie aufgeben! Nie den Rückzug antreten! Uns nie dem Feind ergeben! Bei der Frage, ob wir Gottes Willen für unser Leben erfüllen oder nicht, geht es nicht nur um uns. Es geht auch um unsere Kinder und Enkelkinder, und um die Zukunft des ewigen Reiches Gottes. Deshalb wollen wir stehen! Kämpfen! Und bis zum Ende durchhalten. Und Gott wird uns den Sieg geben, in Jesu Namen!

~~DAS ENDE~~

DER ANFANG

...

Scanne den QR-Code

oder besuche
lebe.kolendabuch.de/conclusion

FUSSNOTEN

EINLEITUNG

1. U.S. Army Space Reference Text (For Leavenworth, KS: US Army Space Institute, 1993) http://www.fas.org/spp/military/docops/army/ref_text/chap6im.htm (eingesehen am 15. August 2012).

2. National Weather Service, "Layers of the Atmosphere" http://www.srh.noaa.gov/jetstream/atmos/layers.htm (eingesehen am 15. August 2012).

KAPITEL 1
HAT GOTT WIRKLICH EINEN PLAN FÜR MEIN LEBEN?

1. Zitiert in: Greg Ogden, *Discipleship Essentials* (Downers Grove, IL: InterVarsity Press, 1998); eigene Übersetzung.

2. Healthsolution.in, "You Use 200 Muscles to Take One Step" http://tinyurl.com/7s5y89g (eingesehen am 21. März 2012); eigene Übersetzung.

3. Emmett L. Williams und George Mulfinger Jr., *Physical Science for Christian Schools* (Greenville, SC: Bob Jones University Press, 1974), 628; Scott M. Huse, *The Collapse of Evolution* (Grand Rapids, MI: Baker Books, 1997); eigene Übersetzung.

4. Deane B. Judd und Günter Wyszecki, *Color in Business, Science and Industry–Wiley Series in Pure and Applied Optics,* Third Edition (New York: Wiley-Interscience, 1975), 388; eigene Übersetzung.

5. Howard Crosby Warren, *Human Psychology* (New York: Cornell University Library, 2009), 167; eigene Übersetzung.

6. Charles Darwin, *The Origin of Species*: 150th Anniversary Edition (New York: Penguin, 2003); dt. Übersetzung aus: *„Wenn Tiere reden könnten“*, Gitt/Vanheiden, CLV Bielefeld, 1990)

7. Lucille Keir, Barbara A. Wise, Connie Krebs, and Cathy Kelley-Arney, *Medical Assisting: Administrative and Clinical Competencies*, Sixth edition (Australia: Cenage Learning, 2007), 377; eigene Übersetzung.

8. David G. Myers, *Psychology*, 4th edition (New York: Worth Publishers Inc, 1995), 43; eigene Übersetzung.

9. Tim LaHaye und David Noebel, *Mind Siege* (Nashville: Word Publishing, 2000), 45; eigene Übersetzung.

10. Scott Lafee, "Wellnews: All the News That's Fit," *U-T San Diego*, July 31, 2007, http://www.utsandiego.com/uniontrib/20070731/news_lz1c31wellnuz.html (eingesehen am 16. August 2012); eigene Übersetzung.

11. Sandra Aamodt und Sam Wang, *Welcome to Your Brain* (New York: Bloomsburg, 2008); eigene Übersetzung.

12. *Unlocking the Mystery of Life*, von Lad Allen (La Mirada, CA: Illustra Media, 2010), DVD; eigene Übersetzung.

13. Mark Eastman und Chuck Missler, *The Creator Beyond Time and Space* (Costa Mesa: CA: TWFT Publishers, 1996), 84; eigene Übersetzung.

KAPITEL 2
HABE ICH GOTTES WILLEN MISSVERSTANDEN?

1. Darrell L. Bock, *Jesus According to Scripture* (Grand Rapids, MI: Baker Academic, 1990), eigene Übersetzung.

2. Mark Martin, "The Secret to David Green's Successful 'Hobby,'" CBN News, 6. November 2010, http://www.cbn.com/cbnnews/finance/2010/November/The-Secret-to-David-Greens-Successful-Hobby/ (eingesehen am 24. Oktober 2012), eigene Übersetzung.

3. ChristiaNet.com, "Hobby Lobby CEO, David Green" http://christiannews.christianet.com/1096289115.htm (eingesehen am 21. August 2012), eigene Übersetzung.

4. "Interview mit Winfred Wentland, CfaN-Field-Director" http://www.bonnke.net/cfan/de/interviewww (eingesehen am 18. Juli 2013)

KAPITEL 3
WIE ERKENNE ICH GOTTES WILLEN?

1. "His Plan for Me", Autor unbekannt. Zitiert in: Jill Briscoe, *8 Choices That Will Change a Woman's Life* (New York: Howard Books, 2004), 198; eigene Übersetzung.

2. Ken Ham, *The New Answers Book 3* (Green Forest, AR: New Leaf Publishing Group/Master Books, 2010); eigene Übersetzung.

3. Kathryn Kuhlman in einer Predigt, veröffentlicht auf YouTube, am 25. Dezember 2006, http://www.youtube.com/watch?v=xBpldBh346w (eingesehen am 21. August 2012); eigene Übersetzung.

KAPITEL 4
UND WENN GOTT MICH ZU ETWAS BERUFT, WAS ICH NICHT TUN WILL?

1. "Jesus, Use Me" von Billy Campbell, Herb Smith, und Jack Campbell. Copyright © 1951 Gospel Publishing House. Admin.

The Lorenz Corporation. International Copyright Secured. Alle Rechte vorbehalten. Abdruck mit freundlicher Genehmigung; eigene Übersetzung.

KAPITEL 6
1. GEHEIMNIS: DAS REICH GOTTES AN ERSTER STELLE

1 Kathryn Kuhlman und Jamie Buckingham, *A Glimpse Into Glory* (Alachua, FL: Bridge-Logos, 1983). Viewed at Google Books; eigene Übersetzung.

2. Reinhard Bonnke, *Living a Life of Fire* (Orlando, FL: E-R Productions LLC, 2010), 246.

3. Paul Lee Tan, *Encyclopedia of 7700 Illustrations* (Rockville, Maryland: Assurance Publishers, 1984), 1208; eigene Übersetzung.

4. Mission Aviation Fellowship, "Nate Saint" http://www.maf.org/about/history/nate-saint.UDTsDKllRqM (eingesehen am 22. August 2012); eigene Übersetzung.

5. Kendra Cherry, "Hierarchy of Needs: The Five Levels of Maslow's Hierarchy of Needs", http://psychology.about.com/od/theoriesofpersonality/a/hierarchyneeds.htm (eingesehen am 22. August 2012); eigene Übersetzung.

KAPITEL 7
2. GEHEIMNIS: EIN HINGEGEBENER WILLE

1. A. W. Tozer, *The Pursuit of God* (Radford, VA: Wilder Publications, LLC., 2008), 21; eigene Übersetzung.

2. *The Very Best of Winds of Worship* (Double CD), copyright © 1998 Vineyard Music Group, "More Love, More Power" ist der

Erinnerung an John Wimber gewidmet (1934–1997), http://www.worship.co.za/series/mla-01.asp (eingesehen am 22. August 2012); eigene Übersetzung.

KAPITEL 8
3. GEHEIMNIS: GOTTES STIMME HÖREN

1. Reinhard Bonnke und George Canty, Holy Spirit Revelation and Revolution (Orlando, FL: E-R Productions LLC, 2007), 59; eigene Übersetzung.

2. C. R. Lovell, *Plants and the Skin* (Oxford: Blackwell Scientific Publications, 1993); eigene Übersetzung.

3. François Fénelon, *The Seeking Heart,* zitiert von Fred Smith in "Leader's Insight: How Integrity Grows", *Leadership Journal,* October 15, 2007, http://www.christianitytoday.com/le/channel/utilities/print.html?type=collection&id=11655 (eingesehen am 22. August 2012); eigene Übersetzung.

KAPITEL 10
5. GEHEIMNIS: WERDE AKTIV!

1. Jack Canfield, *The Success Principles* (New York: HarperCollins Publishers, 2005), 102–103; eigene Übersetzung.

KAPITEL 11
1. FEIND: DER SCHURKE DER FAULHEIT

1. Hara Estroff Marano, "Procrastination: Ten Things to Know", *Psychology Today,* 23. August 2003, http://www.psychologytoday.com/articles/200308/procrastination-ten-things-know (eingesehen am 22. August 2012); eigene Übersetzung.

2. "The Procrastinator's Poem", Autor unbekannt, zitiert in *Sermons Illustrated,* BibleStudyTools.com, http://www.biblestudytools.com/pastor-resources/illustrations/procrastination-11566723.html (eingesehen am 22. August 2012); eigene Übersetzung.

KAPITEL 12
2. FEIND: DER FRIEDHOF DER ANGST

1. Mack Tomlinson, *In Light of Eternity:* The Life of Leonard Ravenhill (Conway, AR: Free Grace Press, 2010); eigene Übersetzung.

KAPITEL 15
5. FEIND: DIE ZAUBEREI DES UNGEHORSAMS

1. "Trust and Obey" von John H. Sammis. Public domain. Eigene Übersetzung.

2. Paul Washer, "A Sermon That Has Angered Many – Examine Yourself", Predigt in der Grace Community Church in San Antonio, Texas, http://media.sermonaudio.com/mediapdf/5220621750.pdf (eingesehen am 24. August 2012), eigene Übersetzung.

3. Zitiert von Charles Stanley in "When the Odds Are Against You," In Touch With Charles Stanley, posted at LightSource .com, http://www.lightsource.com/devotionals/in-touch-with-charles-stanley/in-touch-feb-9-2010-11625982-11625982.html (eingesehen am 24. August 2012); eigene Übersetzung.

KAPITEL 16
BEDEUTET WIDERSTAND, DASS ICH NICHT IM WILLEN GOTTES BIN?

1. Douglas Malloch, "Good Timber", zitiert in Al Bryant *Sourcebook of Poetry* (Grand Rapids, MI: Zondervan Publishing House, 1968), 456.

KAPITEL 18
WAS SOLLTE ICH TUN, WÄHREND ICH GOTTES WILLEN SUCHE?

1. Daniel Kolenda, *Your Kingdom Come* (Orlando, FL: E-R Productions, 2011), 36–39. Deutsche Ausgabe: „... bis sich die Türen öffnen" (Frankfurt am Main: E-R Productions, 2011)

KAPITEL 20
WIE KANN ICH IM WILLEN GOTTES BLEIBEN?

1. Edwin Markham quotes, ThinkExist.com, http://thinkexist.com/quotation/ah-great_it_is_to_believe_the_dream_as_we_stand/262707.html (eingesehen am 24. August 2012); eigene Übersetzung.

2. Susanna Wesley, zitiert in *Resource,* July/August 1990, http://www.sermonillustrations.com/a-z/w/wesley_john.htm (eingesehen am 24. August 2012); eigene Übersetzung.

3. Michael L. Brown, *Go and Sin No More: A Call to Holiness* (Ventura, CA: Regal, 2000); eigene Übersetzung.

4. Thomas à Kempis, *The Imitation of Christ,* Project Gutenberg, http://www.gutenberg.org/cache/epub/1653/pg1653.html (eingesehen am 24. August 2012); eigene Übersetzung.

5. John Maxwell, *Leadership Gold: Lessons Learned From a Lifetime of Leading* (Nashville, TN: Thomas Nelson, 2008); eigene Übersetzung.

6 R. Alec Mackenzie, *The Time Trap* (New York: McGraw-Hill Book Company, 1975); eigene Übersetzung.

7. Zitiert von John Marks Templeton in *Worldwide Laws of Life: 200 Eternal Spiritual Principles* (Radnor, PA: Templeton Foundation Press, 1997); eigene Übersetzung.

8. Louis Pasteur quotes, ThinkExist.com, http://thinkexist.com/quotes/louis_pasteur/ (eingesehen am 24. August 2012); eigene Übersetzung.

Weitere Produkte von Daniel Kolenda:

www.shop.bonnke.net

shop@bonnke.net

CfaN CHRISTUS FÜR ALLE NATIONEN E.V.

Christus für alle Nationen
Postfach 60 05 74
60335 Frankfurt am Main
Deutschland

www.cfan.eu